ESG 경영과
자본주의 혁신

이형종·송양민 공저

21세기북스

ESG 경영과
자본주의 혁신

이형종·송양민 공저

21세기북스

목　차

■ 추천사 / 9

■ 들어가며 / 12

제1장　**ESG 경영 시대가 열린다**

한국 ESG 경영의 원년이 시작됐다 18

지속가능 성장전략으로서의 ESG 경영 18
2030년 ESG 보고서 작성 의무화 19
ESG 경영을 선도하는 삼성, SK, LG 21
탈석탄 금융에 앞장서는 신한, 하나, KB, 우리 26
왜, ESG 경영을 해야 하나 31

이해관계자 경영으로 전환하는 글로벌 기업 32

비판받는 주주 제일주의 경영 33
단기성과주의가 초래한 경영폐해 34
이해관계자 경영을 위한 정보공시 논의 36

제2장　**자연자본 경영으로 패러다임 전환 (E)**

환경위기에 직면한 인류 42

한계가 있는 지구의 자연자본 42
역사상 최초로 성장 한계에 직면한 인류 44
성장 한계를 경고한 선각자들 48

파리협정과 기후변화 대책 50

기후변화 위기에 정면 대응하는 파리협정 51
기후변화 정보공시 체제(CDP, TCFD)의 등장 55
탄소배출량 감소 대책에 나선 기관투자자 58
탄소배출 제로 대책을 추진하는 기업들 64
기후변화 대책에서 사업기회를 찾는다 67

기업은 어떻게 기후변화에 대응할까 72

기후변화 위기대책을 촉구하는 국제사회 72

기업에 미치는 기후변화 위험 76
TCFD 정보공시 요구에 적극 대응하라 78

선진국의 그린뉴딜 대책 82

세계 기후변화 대책을 이끄는 바이든 정권 82
기후위기에서 기회를 찾는 엑슨모빌, 인텔, 구글 86
국제경쟁력을 높이는 유럽 그린뉴딜 88

자연자본의 가치를 인식한 인류사회 90

인류의 생물다양성 파괴의 역사 90
생물다양성의 가치를 파악하라 92
자연자본을 평가하는 금융기관과 기업 96
생태계 서비스를 화폐가치로 바꾼다 98

기업의 자연자본 경영 대책 102

생물 다양성의 손실로 높아지는 환경위기 102
자연자본 경영으로 성장하는 푸마, 케링 104
기업의 자연자본 경영을 평가하는 기관투자자 107
자연자본 대책을 강화하는 TNFD 108

제3장 사회적 책임사업으로 성장한다 (S)

사회 과제를 경영전략에 포함하라 112

관심이 높아지는 다양한 사회 과제 112
이익과 사회적 가치를 추구하는 CSV 114
CSV로 혁신을 일으킨 네슬레, 시스코 118
사회적 책임사업으로 성장을 추구하라 120

SDGs 경영으로 성장을 추구하라 122

기업이 SDGs에 대처해야 하는 이유 123
SDGs 경영으로 사업기회를 찾는다 129

SDGs를 경영전략에 반영하라 131
지속가능경영으로 자원을 확보하라 134
지속가능 제품을 요구하는 소비자 136

제4장 선진적 지배구조를 갖춰라 (G)

지배구조 개혁으로 경쟁력을 높여라 138

협치경영을 중시하는 지배구조 138
G 요소를 중시하는 투자자 139
건강한 지배구조를 공개하라 143
이사회의 실효성을 담보하라 145
중요성이 더해가는 사외이사 역할 148
지속가능경영을 감독하는 이사회 역할 150
지속가능경영, 글로벌 기업에게 배운다 152

이사회 다양성이 건강한 지배구조를 만든다 159

이사회의 전문성을 살리는 스킬 메트릭스(Skill Matrix) 159
스킬 매트릭스를 활용하는 IBM, P&G 161
이사회 다양성은 기업생산성을 높인다 164
이사회 다양성을 요구하는 기관투자자 170

사외이사의 역할은 기업가치를 높인다 173

이사회의 전략 기능을 강화하라 173
외부 관점을 활용하여 시야를 넓혀라 175
사외이사를 활용하는 환경을 만들어라 177
이해관계자를 배려하는 이사회 구축 180
영국의 기업 지배구조 개혁에서 배운다 182

제5장 ESG 평가는 비재무정보의 가치를 높인다

혼란스러운 다양한 ESG 평가방식 194

다양한 ESG 정보공시 프레임워크..194
평가기관에 따라 다른 ESG 평가등급 196
ESG 평가기관의 평가방식을 파악하라 198
공신력과 투명성이 필요한 ESG 평가..202

ESG 평가를 받기 위한 인프라 정비 205

경영전략과 ESG 과제의 관련성을 점검하라 205
머티리얼리티(materiality)를 선정하라 206
회사내 ESG 추진체제를 구축하라 209
ESG 정보공시에 적극 대응하라 211
이해관계자와 적극적으로 대화하라 213

ESG 평가의 질을 높이기 위한 대책 217

ESG 평가시스템에 대한 전문가 그룹 평가 217
평가방식의 핵심문제, 비교 가능성과 일관성 219
AI를 통한 ESG 평가기법 등장 221
채권투자에서 활용되는 ESG 평가..223

제6장 자본주의를 혁신하는 ESG 투자

새로운 패러다임 ESG 투자 228

ESG 투자는 자본주의를 살리는 역전의 발상 228
유엔이 제시한 책임투자원칙(PRI) 231
기관투자자의 역할 증대와 개선책 234
인베스트먼트 체인(Investment Chain)을 구축하라 236

환경과 사회문제에 대응하는 ESG 투자 243

사회적 수익을 추구하는 ESG 투자 243
SRI에서 ESG 투자 시대로 변천 244
좌초자산 문제에 대처하는 기관투자자 247

기후 관련 재무위험 대책을 수립하라 ⋯⋯⋯⋯⋯⋯⋯⋯⋯⋯⋯⋯⋯⋯251

ESG 투자의 인게이지먼트 전략 ⋯⋯⋯⋯⋯⋯⋯256

인게이지먼트란 무엇인가 ⋯⋯⋯⋯⋯⋯⋯⋯⋯⋯⋯⋯⋯⋯⋯⋯⋯⋯256
기관투자자는 기업과 대화능력을 높여라 ⋯⋯⋯⋯⋯⋯⋯⋯⋯⋯260
인게이지먼트 조직체계를 구축하라 ⋯⋯⋯⋯⋯⋯⋯⋯⋯⋯⋯⋯⋯265
글로벌 기업의 인게이지먼트 사례 ⋯⋯⋯⋯⋯⋯⋯⋯⋯⋯⋯⋯⋯⋯267

임팩트 투자시장의 성장 ⋯⋯⋯⋯⋯⋯⋯⋯⋯⋯⋯⋯270

ESG 투자와 임팩트 투자의 차이 ⋯⋯⋯⋯⋯⋯⋯⋯⋯⋯⋯⋯⋯⋯270
임팩트 투자가 성장하는 이유 ⋯⋯⋯⋯⋯⋯⋯⋯⋯⋯⋯⋯⋯⋯⋯⋯272
늘어나는 녹색채권 발행 ⋯⋯⋯⋯⋯⋯⋯⋯⋯⋯⋯⋯⋯⋯⋯⋯⋯⋯274

제7장 ESG 평가를 잘 받는 성공전략

무형자산의 가치를 전달하는 통합보고서 ⋯⋯⋯⋯278

무형자산의 가치가 상승하는 글로벌 기업 ⋯⋯⋯⋯⋯⋯⋯⋯⋯279
재무보고에서 기업보고 시대로 전환 ⋯⋯⋯⋯⋯⋯⋯⋯⋯⋯⋯⋯280
통합보고는 기업경쟁력을 높인다 ⋯⋯⋯⋯⋯⋯⋯⋯⋯⋯⋯⋯⋯286
이해관계자와 소통하는 글로벌 기업 ⋯⋯⋯⋯⋯⋯⋯⋯⋯⋯⋯⋯288

기업의 목적에 맞는 통합보고서 작성 ⋯⋯⋯⋯⋯293

투자자는 기업의 목적에 주목한다 ⋯⋯⋯⋯⋯⋯⋯⋯⋯⋯⋯⋯⋯293
백캐스팅 발상으로 장기목표를 설정하라 ⋯⋯⋯⋯⋯⋯⋯⋯⋯295
기업가치 창조 스토리를 담아라 ⋯⋯⋯⋯⋯⋯⋯⋯⋯⋯⋯⋯⋯⋯297
이해관계자의 공감을 얻어라 ⋯⋯⋯⋯⋯⋯⋯⋯⋯⋯⋯⋯⋯⋯⋯300
머티리얼리티를 명확히 설정하라 ⋯⋯⋯⋯⋯⋯⋯⋯⋯⋯⋯⋯⋯303
통합보고서 프레임워크(framework)를 이해하라 ⋯⋯⋯⋯⋯⋯306

■ 참고문헌 / 317

　최근 들어, 많은 사람들이 ESG 경영을 말하지만 생각보다 ESG 경영을 제대로 이해하고 있는 사람은 많지 않은 것 같다. ESG를 알고 있더라도 매우 단편적이고 피상적으로 이해하는 경우가 많다. 이 추천사를 쓰고 있는 필자도 예외가 아니다. 기업 지배구조(G)를 주제로 끝없이 이야기를 펼칠 수 있지만, 환경(E)과 사회(S)로 영역을 넓히면 금방 그 바닥이 드러난다. 그래서 평소에 ESG의 모든 영역을 포괄한 입문서가 절실히 필요하다고 생각했다.

　'ESG 경영과 자본주의 혁신'은 이러한 독자의 공백을 메워주는 데 있어 매우 시의적절하고 진정 ESG 경영을 올바로 이끌어줄 훌륭한 책이다. 우선, ESG 경영에 관해 포괄적인 주제를 다루고 있다는 것이 매우 인상적이다. 대부분 ESG 경영을 논하는 서적은 환경(E), 사회적 책임(S), 기업 지배구조(G)에 관해 현실적인 고민과 대안을 제시하고 있다.

하지만 이 책은 그런 현실적인 문제를 넘어 ESG 평가, ESG 투자, ESG 통합보고서라는 주제를 다루며, 앞으로 기업의 ESG 경영이 나아가야 할 올바른 방향과 지혜를 알려주고 있다. 또한 ESG 경영에 필요한 매우 다양한 정보를 제시할 뿐만 아니라 그 정보의 깊이에 있어 기존의 경영서적을 능가하고 있다고 확신한다. ESG 경영에 관한 문제의 핵심을 이해할 수 있는 배경지식과 역사, ESG 요소와 관련된 국제적 동향과 핵심적인 논의사항, 한국의 실제 대응상황을 구체적인 사례와 통계치로 상세하게 설명하며 독자의 흥미와 관심사항을 충족하고도 남음이 있을 것이라고 생각한다.

특히 ESG 경영에서 가장 광범위한 환경(E) 분야에는 각종 국제 이니셔티브와 그 대책에 관한 용어가 많은데, 필자는 이 책을 읽고 나서 기후변화 대책과 자연자본 경영과 관련된 환경분야의 다양한 용어가 낯설지 않게 느껴졌다.

마지막으로 이 책은 단순히 현상을 설명하거나 나열하는 데 그치지 않고 있다는 점이다. 구체적으로 경영자가 현장에서 실천할 수 있도록 실용적인 팁과 유용한 정보를 제시하고 있다. 지금까지 어떤 책도 다루지 않았던 현실적인 ESG 평가 문제와 ESG 통합보고서 작성에 관한 정보는 독자들에게 큰 도움이 될 것이라고 생각한다.

입문서인만큼 당연히 책 전체를 관통하는 핵심적인 주장이 있는 것은 아니다. 하지만 저자가 힘주어 강조하는 것 중에 진정 공감하는 내용이 적지 않다. 이들 중 ESG 과제를 경영전략에 연계시켜야 한다는 점, ESG 과제는 위기요인인 동시에 기회요인이라는 점, 그리고 기업은 그 목적과 존재 의의를 명확히 해야 한다는 점이 매우 인상적이고 기업 경영자라면 반드시 새겨야 할 대목이라고 생각한다. 필자는 본문 중에서 ESG 경영에 임하는 경영자라면 꼭 생각해봐야 하는 대목을 간추려 발췌해 보았다. 이 대목을 보더라도 이 책의 진정한 가치를 느낄 수 있을 것이다.

"ESG 과제는 위험과 기회요인으로서 기업의 사업모델과 사업전략에 중대한 영향을 미친다. 사회적 책임과 환경문제 등 새로운 규제에 의해 회사의 제품과 서비스를 제공할 수 없고, 동시에 ESG 과제에 적극 대처하면서 신기술을 개발하여 새로운 시장영역을 개척할 수도 있다. 이 때문에 기업 전략에 영향을 줄 가능성이 있는 ESG 과제를 검토할 때 위험과 기회의 관점에서 회사에 미치는 영향을 철저하게 분석해야 한다(p205)".

"통합보고서는 장기에 걸쳐 기업의 가치창조 스토리를 담고 있어야 한다. 동일한 사업을 하더라도 어떻게 기업가치를 창조하느냐에 따라 그 내용은 본질적으로 다를 수밖에 없다. 따라서 통합보고서를 작성할 때 사회에 어떤 가치를 제공하고 싶은지, 회사는 무엇을 위해 존재하는지 기업의 목적과 존재의의를 다시 명확히 설정해야 한다 (p.293)".

김우찬 (고려대학교 경영대학 교수)

| 들어가며 |

조 바이든 미국 대통령은 취임식 당일 이전의 트럼프 정권이 탈퇴한 파리협정에 복귀하겠다고 말했다. "지구온난화는 실존적 위협입니다. 우리는 윤리적 의무를 갖고 있습니다. 세계적인 과학자들은 시간이 얼마 없다고 말합니다"라는 짤막한 메시지를 통해 기후위기 대응의 당위성을 강조했다. 그리고 바이든 대통령은 전 세계의 온실효과 가스 배출량을 2050년까지 실질 제로로 하는 목표를 향해 전 세계를 이끌어 가겠다고 선언했다. 구체적으로 기후위기에 대응하여 앞으로 10년간 5,500조 원(55조 달러)을 친환경 산업에 투자하기로 했다.

지금 세계 각국의 정치·경제 지도자는 기후위기의 위협에 대한 인식이 커지면서 기후변화 대책의 우선순위를 올리며 정책을 강화하고 있다. 세계경제포럼(WEF)은 매년 기후변화가 경제에 미치는 영향을 중요한 테마로 논의하고 있다. 또한 최근 기후재해의 증가 등으로 탈탄소(脫炭素)의 필요성을 인식한 소비자와 투자자가 기업을 바라보는 눈도 크게 변하고 있다.

많은 글로벌 기업은 이러한 글로벌 추세를 받아들이고 파리 협정에 따르거나 또는 이 보다 더 큰 규모와 속도로 탈탄소화를 추진하겠다고 잇따라 선언하고 있다. 애플과 구글은 2030년까지, 아마존은 2040년까지 탄소중립을 선언하였다. 애플은 2030년까지 전체 공급망을 포함해서 100% 탈탄소화를 실천하겠다고 발표했다. 마이크로소프트는 이미 2012년에 탄소중립을 달성했고, 2050년 탄소마이너스 목표를 제시했다.

전통적인 화석연료를 사용하는 기업들도 가세하고 있다. 자동차 기업 포드, 세계 최대 항공사 델타항공, 석유회사 BP도 2050년 탄소중립을 선언했다. BP는 석유사업을 중단하고, 친환경과 재생에너지 사업을 중심으로 사업을 재편하고 있다.

또한 세계의 중앙은행과 금융감독당국은 금융부문의 탈탄소화 대책을 강화하는 움직임을 보이고 있다. 기후위험은 복잡하고 예측할 수 없는 환경적·사회적·경제적 연쇄반응을 초래할 수 있기 때문에 발생할 수 있는 새로운 금융시스템 위기에 대비해야 한다며 국제사회에 경종을 울리고 있다.

세계최대 자산운용회사 블랙록(BlackRock)은 기후위기는 투자위기라는 메시지를 보내며 기업에게 기후변화 대책을 강력하게 요구하고 있다. 올해 초 블랙록의 CEO는 기업 CEO들에게 보낸 연두서간에서 기후위기에 적절히 대응하지 못한 기업으로부터 투자자금을 회수할 것이며, 기후위기 문제를 생각하지 않는 국가와 기업은 추락할 것이라고 경고했다.

지금 전 세계는 유럽과 미국의 주도 아래 탈탄소를 강화하는 정책을 급속하게 추진하고 있다. 기후정책 강화로 인해 탄소를 많이 배출하는 제품과 서비스는 불리하게, 탈탄소에 기여하는 것은 유리하도록 글로벌 시장이 빠르게 재편되고 있다. 이러한 국제적 추세를 무시하거나 따라잡지 못하는 기업은 글로벌 경쟁무대에서 밀리고, 최악의 경우 시장에서 퇴출될 수 있다. 이제 기업이 기후문제를 비롯한 ESG 이슈에 진지하게 대처하는 것은 글로벌 경제환경에 발맞춰 나가는 것이며, 소비자의 신뢰를 받고, 최종적으로 생존의 필수요소임을 인식해야 한다.

산업혁명 이후 200~300년간 화석문명에 의존해온 글로벌 자본주의체제는 현재 대전환점을 맞이하고 있다. 화석연료에 기반한 산업기반이 지속된다면 지구환경과 인류사회는 심각한 상황에 직면할 것이라는 위기의식이 커지고 있다. 이대로 가면 안 된다는 위기의식의 발로에서 국제사회는 인류공동체가 계속해서 번영할 수 있는 지속가능성(sustainability) 혁명의 서막을 올리기 시작했다.

지금까지 일어난 인류 역사상의 산업혁명은 자연 발생적인 기술혁신의 결과였다면 지금 일어나는 지속가능성 혁명은 인류가 과감하고 자발적인 의지로 미래모습을 바꾸려는 대혁명이다. 세계는 성공적인 지속가능성 혁명을 위해 기업이 주도적으로 새로운 경영패러다임으로서 ESG 경영을 추진하길 기대하고 있다. 투자자는 환경과 사회를 배려하며 장기적으로 기업가치를 높이는 경영방식에 관심을 갖기 시작했다.

코로나 팬데믹 사태 이후 소비자는 환경과 공생하려는 의식이 커지고 있다. 고객은 더욱 친환경 제품과 서비스를 원하고, 기업의 종업원은 더 일하기 편하고 유연한 근로환경을 요구하고 있다.

이런 환경에서 기업은 환경(E), 사회(S), 지배구조(G)의 관점을 전체 사업과 조직상황에 적용하여 새로운 사업모델을 찾아야한다. 기업은 급변하는 경제환경에 맞춰 경영방식도 바꾸어야한다. 당장의 생존전략에서 지속적 성장전략을 추구해야 한다.

단기실적 중심의 경영방식에서 벗어나 주주 외에도 고객, 직원, 공급업체, 지역사회 등 다양한 이해관계자의 이익을 추구하는 ESG 경영으로 전환해야 한다. 기업은 사업활동으로 영향을 받는 사람뿐만 아니라 자연환경, 다양한 동식물, 아직 태어나지 않는 미래세대도 이해관계자로 생각하고 경영해야 한다. 그래야 기업은 사회적 가치를 창출하는 존재로 인정받고 자신의 장기적 생존도 보장받을 것이다.

다시 강조하지만, ESG 경영은 외부규제나 압력에 굴복하여 마지못해 하는 것이 아니다. 기업 스스로 결단을 내리고 대처해야 하는 장기적 생존방식으로 생각해야 한다. 좀더 엄밀하게 말하면, 장기적으로 기업가치를 높여가는 적극적인 경영전략으로 생각해야 한다.

이러한 의미에서, 이 책은 ESG 경영을 고민하는 기업에 핵심적인 방향을 제시하는 길잡이가 될 것이다. ESG 경영을 투자판단 요소로 생각하는 투자자에게는 진정한 기업가치를 올바로 바라보는 방법을 알려주는 지침서가 될 것이다.

이 책을 계기로 한국의 많은 기업이 진정한 ESG 경영을 효과적으로 추진하고, ESG 경영을 기반으로 장기적으로 그 기업가치를 높여나가길 진심으로 기대한다.

제 1 장

ESG 경영 시대가 열린다

한국 ESG 경영의 원년이 시작됐다

▌지속가능 성장전략으로서의 ESG 경영

ESG 경영의 글로벌 조류(潮流)가 한국에도 거세게 밀려오고 있다. 앞으로 상세하게 설명하겠지만, ESG 경영은 간단히 말해, 환경(E), 사회(S), 지배구조(G) 요소를 기업경영에 적극 반영하여 단기적 성과뿐만 아니라 장기적인 기업가치를 높이는 경영방식을 말한다. 현재 정부와 시민단체, 기업 등 우리 사회 모든 곳에서 ESG 대책을 거론하고 있다. ESG 대응은 그만큼 절박하고 긴급한 시대적 요청이다.

문재인 대통령은 2021년 3월 31일 '상공의 날' 기념식에 참석해 정부가 기업의 ESG 경영을 적극 지원하겠다고 말했다. 문대통령은 "재무적 성과중심에서 ESG 요소도 중시하는 따뜻한 자본주의 시대를 열어야 할 때"라며 ESG 경영의 시대적 사명을 강조했다.

ESG 경영 추진의 주체는 어디까지나 기업이다. 대한상공회의

소 최태원 회장은 최근 "ESG는 우리 기업에 선택사항이 아니라 필수사항이다. ESG 경영을 어떻게 추진하느냐에 따라 한국기업이 글로벌 시장을 선도할 수도 있고, 뒤처져서 무너질 수도 있다. 한국기업은 ESG를 규제가 아닌 새로운 사업창출 기회로 생각하고, ESG 경영에 적극 대처하자"고 말했다.

ESG 경영이라는 개념이 탄생한 것은 2000년대 초반이다. 그로부터 약 20년이 지난 지금, ESG 자본주의체제를 개선하고, 기업경영을 탈바꿈하는 핵심요소로 자리잡고 있다. 투자자는 투자의사 결정에 ESG 경영을 평가하고 있다. 이제 투자자는 단기 재무적 측면의 수익성만으로 투자를 판단하지 않고, 기업성장의 장기 지속가능성을 평가하고 있다. ESG를 무시하는 기업은 투자가와 소비자에게 외면받는 시대가 도래한 것이다.

이제 우리나라 기업들도 싫든 좋든 간에 ESG 경영을 선택하지 않을 수 없게 되었다. 단순한 이윤추구형 경영 외에도 새로운 ESG 요소를 고려하는 경영전략을 추진해야 한다. 기업의 사회적 책임 수행과 사회적 공헌에 따라 기업가치가 달라질 수 있다. 기업이 사회적 과제를 경영대책으로 추진하는 것은 외부에 결코 좋은 모습을 보이려는 것이 아니다. 기업이 지속적으로 성장하고, 장기적으로 이익을 늘려 기업가치를 높이기 위한 필수요건이 되었다.

▌ 2030년 ESG 보고서 작성 의무화

올해는 국내 경제계에서 ESG 경영의 원년이라 말할 수 있다. 국내 대기업과 금융기관은 올해 들어 잇따라 ESG 경영을 선언하고 있다. ESG 경영에 관한 뜨거운 관심은 통계에 잘 드러나고 있다. 전국경제인연합회의 조사(2021년 4월)에 따르면, 한국 500대 기업의 경영자 66.3%는 ESG에 관심을 갖고 있다고 응답하고 있다. 또 절반의 기업이 ESG 위원회와 ESG 실무 전담조직을 이미 설치했거나 설치할 예정이라고 응답했다.

국내기업들은 대체로 회장이나 사장실 밑에 ESG 조직을 두어 ESG 경영의 출발점으로 삼고 있다. 선진국도 ESG 추진 조직을 만들고 있다. ESG 전담조직의 설립은 의무사항이 아닌데도 대기업들은 이사회 안에 ESG 위원회를 만들고 있다. ESG 경영을 적극 수용하고 최고 의사결정기구인 이사회에서 관리하겠다는 뜻으로 풀이된다. ESG 위원도 널리 알려지거나 중량감 있는 인재를 영입하여 중책을 맡기고 있다. 그러나 그 인물의 명성만큼 ESG 경영에 전문성을 갖추었는지는 확실치 않다.

유행처럼 설치하는 ESG 위원회의 역할도 아직 명확하지 않다. 아마도 ESG 위원회는 기업의 ESG 경영전략과 그 핵심사업을 감독·감시할 것으로 보인다. 그러나 현재 이사회가 경영진을 감시하고 견제하지 못하는 상황에서 ESG 위원회도 거수기 역할에 지나지 않을 가능성도 있다.

ESG 위원회가 형식적인 홍보용 조직에 그치지 않고 ESG 경영을 적극 실천하는 실질적인 사령탑으로 기능하도록 해야 한다. 기업을 둘러싼 이해관계자는 기업의 ESG 경영 비전과 전략을 제시하고, ESG 경영의 실행을 감독하는 중대한 역할을 기대하고 있다는 점에 주목해야 한다.

한편, 우리나라 금융정책을 책임지고 있는 금융위원회는 지속가능경영보고서 공시계획을 발표했다. 2025년까지 자율공시를 활성화하고, 코스피 상장기업을 대상으로 2030년까지 보고서 발행을 의무화한다는 계획이다. 이에 발맞춰 국내 주요 그룹은 연초에 ESG 경영을 선언하고, ESG 추진 조직을 만들며 구체적인 준비를 서두르고 있다. 주로 계열사의 업종에 따라 환경과 사회분야에서 구체적인 대책을 내놓고 있다.

▌ESG 경영을 선도하는 삼성, SK, LG

현재 국내기업의 ESG 경영 수준은 어느 정도일까? 올해 초 전경련의 조사결과에 따르면, 국내기업의 ESG 경영 수준은 선진국의 70%정도로 나타났다. 그 중에서 삼성전자, SK그룹, LG화학, KB금융이 ESG 경영을 잘 하고 있는 기업으로 조사되었다.

삼성전자는 '지속가능경영사무국'을 CEO 직속의 지속가능경영추진센터로 격상하고 전사 지속가능경영의 컨트롤 타워로서 역할을 강화했다. 탄소저감(炭素低減), 자원순환, 생태복원을 통해 환경을 보호하고 인권과 다양성 존중, 미래세대 교육, 기술혁신을 통한 포용적인 사회를 만들기 위해 지속가능경영을 강화하고 있다. 삼성전자는 제품의 기획부터 폐기 단계까지 환경 영향을 최소화하기 위해 에너지 효율 개선, 유해물질 저감, 지속가능한 소재 사용 등 다양한 활동을 전개하고 있다. 제품 포장재 내 플라스틱 사용을 대폭 줄였고, TV 포장재를 재활용할 수 있는 에코 패키지를 선보였다.

삼성전자는 2020년까지 미국, 유럽, 중국 지역의 모든 사업장에서 100% 재생에너지 사용을 추진한다는 목표를 달성했다. 갤럭시 스마트폰 친환경 포장재의 자원순환 우수성과 폐(廢)전자제품 수거 등 지속가능 자원 관리 활동을 인정받아 2021년 3월 미국 환경보호청(EPA) 주관의 SMM 어워드(Sustainable Materials

Management Awards)를 수상하기도 했다.

SK그룹은 회장을 필두로 그룹차원에서 ESG 경영을 선도하고 있다. 그룹회장의 ESG 경영에 대한 비전과 방침에 따라 계열사들은 독자적인 ESG 경영에 적극 나서고 있다.

2020년 11월 SK그룹의 8개 계열사가 우리나라 최초로 'RE 100'에 가입했다. SK하이닉스는 연초에 중장기 추진계획 'SV2030' 로드맵을 수립·발표하고 중장기 목표에 구체적인 사회적 가치창출 목표를 담았다. 'SV2030' 로드맵은 환경, 사회안전망, 동반성장, 기업문화 등 ESG 경영의 목표를 구체적으로 제시하고 있다. 그중에 환경비전인 '그린 2030'을 통해 2050년까지 사용하는 전력량의 100%를 태양광과 풍력으로 조달한다는 목표를 세웠다.

이러한 목표를 달성하기 위해 협력사의 기술경쟁력을 높이기 위한 상생협력 플랫폼 'We Do Tech Center'를 설립하고, 기술협력 투자를 3조 원까지 늘리고, 협력사의 매출증대를 지원할 예정이다.

또, SK그룹은 계열사의 이사회 역할과 권한을 강화하여 선진적인 지배구조를 갖추기로 했다. SK하이닉스는 사외이사를 선임할 때 그 후보자는 100% 사외이사로 구성된 추천위원회에서 의결하기로 했다. 2021년부터 ESG 관련 정책을 추진하는 CEO 주관 ESG 경영위원회를 운영할 계획이다.

현대자동차는 탄소중립 전략과 전기차·수소차 개발사업을 연계하고, 전기차와 수소차를 기반으로 미래 모빌리티(mobility) 시장을 선도하겠다고 발표했다. 연초에 이러한 미래 시장을 선도하기 위해 앞으로 5년간 그룹의 총투자액을 100조 원으로 크게 늘린다고 발표했다. 현대자동차는 또 산하 계열사에 독자적인 ESG 경영조직을 구축하여, 그룹 계열사 전체에서 ESG 경영을 중시하는 방향으로 운영할 계획이다.

현대중공업그룹은 ESG 경영에 초점을 두고 지배구조체제를 구축하고, 각 계열사에 ESG 위원회를 설치하기로 했다. ESG 위원회는 각 계열사의 ESG 경영전략과 그 실행계획을 심의하는 역할을 하고, 사내이사 1명과 사외이사 3~4명으로 구성된다. 또한 그룹의 ESG 정책과 현안문제를 논의하고 지원하기 위한 그룹 ESG 협의체, ESG 정책수립을 외부의 객관적 관점에서 지원하는 ESG 자문그룹도 운영하기로 했다.

LG그룹은 그룹 ESG 위원회를 신설하고, 이사회 활동을 강화하는 지배구조 개선대책을 발표했다. LG전자, LG디스플레이, LG화학은 탄소배출량 감축, 환경과 안전을 중시하는 대책을 추진하고 있다.

특히 LG화학은 지속가능성을 핵심 경쟁력이자 최우선 경영과제로 삼고 전 사업 영역에서 체질 개선에 나서고 있다. LG화학은 2050년 탄소 배출량을 2019년 배출량 수준인 1천만 톤으로 억제한다는 계획이다. 현재의 사업 성장성을 고려했을 때 2050년 LG화학의 탄소 배출량은 약 4천만 톤 규모로 전망되어 탄소중립 성장을 위해서는 3천만 톤 이상을 감축해야 한다.

LG화학은 친환경 PCR(Post-Consumer Recycled) 플라스틱과 생분해성 플라스틱 소재 등 폐(廢)플라스틱 자원의 선순환을 위한 제품 개발에도 적극 나서고 있다. 플라스틱 생산, 사용 후 수거, 리사이클까지 망라하는 ESG 비즈니스 모델을 만들고 있다.

LG화학은 이러한 환경과 사회적 책임 프로젝트의 투자재원을 확보하기 위해 총 8,200억 원 규모의 ESG 채권을 발행했다. 채권 발행으로 조달된 자금은 이산화탄소 배출량 감축을 위한 재생에너지 전환 투자, 친환경 원료 생산 공정 건설, 산업재해 예방 시설 개선 및 교체 등에 전액 투자하기로 했다.

롯데그룹의 화학계열사(롯데케미칼, 롯데정밀화학, 롯데알미늄, 롯데비피화학)는 친환경 사업강화, 자원 선순환 확대, 기후위기 대응, 그린생태계 조성이라는 친환경 사업분야에 5조 2,000억 원을 투자하기로 했다. 또한 화학 사업부문에 친환경 협의체를 발족하여 시너지 효과를 내고 신규아이템을 발굴할 계획이다. 이러한 대책을 통해 2030년에는 친환경 사업의 매출을 약 6조 원 규모로 성장시킨다는 목표를 제시하고 있다.

롯데케미칼은 2030년에도 2019년의 탄소배출량 수준을 유지하는 탄소중립 성장을 추진하고 있다. 재생에너지 활용 비율을 확대하기 위해 자체계획을 수립하여 추진한다. 롯데건설은 충간소음 제로화하기 위해 전문가로 구성된 소음진동 솔류션팀을 신설하는 등 환경대책을 추진하고 있다. 롯데제과, 롯데홈쇼핑 등 주요 계열사는 올해부터 주주 친화경영을 강화하는 관점에서 정기주주총회에 전자투표제를 도입하였다.

공기업인 KT&G는 2017년부터 본격적으로 ESG 경영을 추진하고 있다. 2005년부터 2020년까지 사회공헌 활동에 무려 1조 968억 원을 지출했다. 이러한 노력으로 2021년 3월 모건스탠리 캐피털인터내셔널(MSCI)의 ESG 평가에서 AA등급을 받았다. 이는 글로벌 최고 3개의 담배기업보다 높은 성적이었다.

이같은 추세를 감안할 때 앞으로 국내에서 ESG 경영을 선언하고, ESG 대책을 외부에 공개하는 기업은 대폭 늘어날 것으로 보인다. 기업경영자가 직접 외부에 ESG 추진내용의 성과를 공개한다면 공신력도 높이고 큰 신뢰를 받을 것이다.

국내 대기업의 ESG 경영 추진 사례

그룹 명	ESG 경영 추진내용
삼성	-삼성전자: CEO직속의 지속가능경영추진센터 운영, 사업부에 전담조직 설립 -삼성디스플레이: RBA(책임있는 산업연합)에 가입 -삼성SDI: 심해저 광물채굴방지 이니셔티브 참여 -삼성엔지니어링:환경 기술확보를 위해 300억 원 출자 -삼성물산: ESG 위원회 설립
SK	-일부 계열사 RE 100가입, 이사회의 전문성, 독립성 강화 -SK하이닉스: SV로드맵을 통한 중장기 ESG 경영 목표 제시 -SK이노베이션: ESG 기반의 사업모델 혁신(전기차 폐(廢)배터리의 리싸이클 -SK건설: 친환경 사업을 중심으로 포트폴리오 전환 계획 (태양광 발전사업 추진) -SK네트웍스: 사외이사로만 구성된 감사위원회 설치
LG	-㈜LG: 이사회내에 ESG 위원회, 내부거래위원회 설립, 이사회의 다양성 강화, 상반기 지배구조 개선방안 확정 예정 -LG전자: 신재생에너지 클러스터 조성, 탄소배출량을 2030년까지 50% 감축 -LG디스플레이: 안전과 환경정책을 관리하는 최고안전환경 책임자(CSEO) 설립 -LG화학: 2050탄소중립 성장전략 발표
현대자동차	-전기차·수소차를 기반으로 미래 모빌리티 시장 선도 -계열사에 독자적인 ESG 경영조직 구축
롯데	-자산 1조 원 이상 계열사에 투명경영위원회 설립 -롯데케미칼: 친환경 목표 '그린프로미스 2030' 선언, ESG 채권 발행(4,000억 원) -롯데월드: 플라스틱 빨대 폐지, 친환경 생분해성 빨대 도입 -롯데백화점: 헌옷 기부캠페인 등 에코챌린지 진행
두산	-이사회와 별도의 CSR위원회 운영 -두산중공업: 2030년까지 온실효과 가스 20% 감축, 풍력발전을 활용한 그린수소 사업 참여, 전기굴착기 개발 확대

그룹 명	ESG 경영 추진내용
신세계	- 신세계백화점: 점포의 온실효과 가스 배출량 감소, 친환경 건축물 인증제도에 참여 - 이마트: 친환경 캠페인(모바일 영수증 발급 등)
한화	- ㈜한화: ESG 가치창출을 위한 ESG 위원회 설립(과반수를 이사이사로 구성) - 태양광 발전설비를 기부하는 '한화해피선샤인' 실시 - 중국과 몽골지역에 숲을 조성하는 '한화태양의 숲' 캠페인 실시
현대중공업	- 각 계열사에 ESG 위원회 설치(사외이사 3~4명) - 그룹ESG 협의체, ESG 자문그룹 운영
KT	- 이사회 내 지속가능경영위원회 설치, ESG 경영추진실 운영 - 사외 ESG 경영자문위원회 설치

자료: 각종 미디어 보도자료

▌ 탈석탄 금융에 앞장서는 신한, 하나, KB, 우리

　기업의 자금조달과 투자를 담당하는 금융기관도 ESG 경영에 앞장서고 있다. 금융기관은 탈석탄 금융을 중심으로 ESG 경영을 선언하고 있다. 탈석탄 금융이란 석탄 화력발전소를 건설하는 신규투자, 채권 인수를 완전히 중단하는 것을 말한다. 주요 은행들은 지난해부터 ESG 채권을 발행하며 사회적 책임 달성과 동시에 유동성을 확보하고 있다.

　신한금융그룹은 탈석탄금융을 선도하고 있다. ESG 기획팀을 신설하여 ESG 경영과 함께 친환경 경영을 확대할 예정이다. 2020년 9월 적도원칙(Equator Principles)에 가입했으며, 앞으로 국내외 금융기관과 적도원칙 관리체계를 공유해나갈 계획이다. 적도원칙에 가입한 조직은 국제기준에 따라 환경과 사회를 배려하는 가이드라인을 마련하고, 프로젝트를 관리하는 내부 관리체제를 구축해야 한다.

하나금융그룹도 정부의 2050년 탄소중립 목표에 따라 탈석탄금융을 선언했다. 인권침해와 환경파괴와 관련된 사업을 선별하여 금융을 지원하고, 올해 적도원칙에 가입할 예정이다. 또한 그룹 차원에서 지속가능경영체제를 개발하여 환경과 관련된 ESG 금융 실적을 관리할 방침이다. 하나금융그룹은 '2019 지속가능경영보고서'를 발행했고, 앞으로 기후변화 위험을 분석하고 보고서에 위험관리 시나리오 계획을 포함할 예정이다.

KB금융그룹은 2020년 'ESG 그린웨이브' 라는 중장기 경영전략을 수립하고 본격적으로 ESG경영을 추진하기 시작했다. 기후변화 위기에 대응하고, 사회적 책임을 확대하기 위해 전 계열사가 'ESG 이행원칙'을 선언하고, ESG위원회를 설립했다. 2011년부터 그룹차원에서 지속경영 보고서의 발간에 공들이고 있다. 그룹 13개 계열사의 ESG담당 부서가 참여하여 선진국 은행의 지속가능성 보고서를 참고하고, 국제 가이드라인(GRI, TCFD 등)에 따라 지속가능경영 보고서를 만들고 있다.

우리금융그룹은 2021년 4월 ESG 금융원칙을 제정했다. 금융을 통해 ESG 위험을 관리하고, 환경과 사회적 과제 해결을 지원한다는 내용이다. 앞으로 ESG 금융 원칙을 활용하여 수신과 여신, 채권, 자산운용 등 각 사업의 상품과 서비스 등에 적용하고, 운용 성과를 외부에 공개할 계획이다. 또한 ESG 경영위원회, 계열 금융회사의 CEO로 구성된 그룹ESG 경영협의회를 통해 ESG 경영에 관한 의사결정체계를 구축하고, 지난해 신설된 ESG 전담조직과 함께 ESG 경영에 박차를 가할 전망이다.

삼성자산운용은 탈석탄금융을 선언하고, 기후변화 관련 재무정보공시 협의체(TCFD)서포터즈에 가입하였다. 본격적으로 ESG

경영에 착수하기 위해 ESG 위원회도 설치하였다. 삼성자산운용은 친환경과 신재생에너지관련 사업에 2조4000억 원을 투자하고 있다. 해외 펀드에 투자하는 재간접 펀드로 출시한 삼성에너지트랜지션펀드와 삼성글로벌클린에너지펀드는 최근 높은 수익률를 기록하고 있으며, 그 설정액이 크게 늘어나고 있다. 최근 여러 자산운용사들은 크게 성장하는 사회적 책임투자를 의식하고, 특색 있는 다양한 ESG 펀드를 출시하고 있다.

보험업계에서 삼성화재는 ESG 경영에 적극적인 모습을 보이고 있다. 삼성화재는 일찍부터 지속가능경영사무국에서 ESG 관련 대책을 추진해왔고, ESG 경영으로 다우존스 지속가능경영(DJSI)월드지수에 편입되는 성과를 얻었다. DJSI는 다우존스그룹이 만든 지표로, 세계 기업들의 ESG 경영성과를 종합적으로 평가하는 지표로 활용되고 있다.

국내 금융기관의 ESG 경영 추진 사례

금융기관	ESG 경영 추진 내용
신한금융	-탈석탄금융 추진, 적도원칙 가입, TCFD 지지 선언 -전략기획부에 ESG 기획팀 신설 -ESG 경영 우수기업과 협력사에 금리우대 혜택 제공
하나금융	-'넥스트 2030' 경영원칙 선언, ESG 금융추진 -2021년 환경사회 리스크관리체계 구축(적도원칙 가입예정) -지속가능경영보고서 발행
우리금융	-ESG 경영위원회, ESG 경영협의회 설치 -그룹 ESG 금융원칙을 제정하여 ESG 위험관리 체계 구축 -2021년 내 ESG 비전과 세부전략 발표예정
KB금융	-탈석탄금융 선언, 'KB그린웨이 2030' 추진(ESG 금융 확대) -'RE 100' 가입 및 2050탄소중립 실현

금융기관	ESG 경영 추진 내용
농협	- ESG 경영 계획 발표 및 탈석탄금융 공식화 - '사회가치 및 녹색금융위원회', 'ESG 전략협의회' 신설 - 그린임팩트 금융과 농업임팩트 금융 추진
IBK은행	- ESG 전담팀, ESG 위원회 설립, 국제표준 이니셔티브 가입 - ESG 캠페인(나무심기) 추진
삼성화재	- 환경경영시스템(ISO14001), 에너지경영시스템(ISO50001) 　국제인증취득 - 다우존스 지속가능경영월드지수에 편입 - UN지속가능보험원칙(PSI)에 가입 - ESG 투자 가이드라인과 ESG 언라이팅 가이드라인을 수립
삼성자산운용	- 탈석탄금융 선언 및 TCFD서포터즈에 가입 - 친환경과 신재생에너지 사업에 투자 및 ESG 펀드 출시
KB손해보험	- 보험서비스 전반에 페이퍼리스 체계 구축
삼성생명	- 이사회내 ESG 위원회 설립
한화생명	- 지속가능위원회 신설(비재무 리스크 관리) - 그린오피스 구축(배출되는 온실효과 가스의 체계적 관리)
미래에셋대우	- ESG 위원회 설립(ESG 관련 정책의 총괄)
삼성증권	- 리서치센터 산하에 ESG 연구소 설립
우리카드	- 환경경영시스템 국제표준규격 ISO14001 획득 - ESG 그린선포식 개최
삼성카드	- 지속가능위원회, ESG 사무국 설립, ESG 채권 발행(1,000억 　원 규모) - 국제규격의 지속가능경영 보고서 출간

자료: 각종 미디어 보도자료

한국기업지배구조원은 국내에서 활동 중인 대표적인 ESG 평가기관이다. 2011년부터 상장기업 900여 개를 대상으로 ESG 경영을 평가하여 발표하고 있다. 평가기준은 전체 18개 대분류에 따라 281개의 평가항목으로 구성되어 있고, 평가결과에 따라 7

개 등급(S, A+, A, B, B+, C, D)을 부여한다. 2020년에는 포스코인터내셔널, 풀무원, KB금융지주, S-Oil, LG상사 등이 우수기업으로 선정되었다.

2020년 ESG 경영 우수기업

구분	ESG 분야	지배구조 분야
대상	포스코인터내셔널	SC제일은행
최우수	풀무원, KB금융지주	포스코, 신한금융지주
우수	S-Oil, LG상사, CJ프레시웨이, DGB금융지주, JB금융지주	KT, 아모레퍼시픽, 에버다임, BNK금융지주

자료: 한국기업지배구조원 홈페이지

포스코인터내셔널은 E(환경경영), S(사회책임경영), G(기업지배구조)의 통합등급에서 A+를 받아 2년 연속 ESG 부문 대상을 수상했다. 포스코인터내셔널은 '2019 기업시민보고서'를 발간하여 ESG 경영성과를 공개하고 있다. 그 보고서는 포스코인터내셔널의 기업이념에 따라 3가지 활동영역(사업, 사회공동체, 임직원)의 성과를 구체적으로 담고 있다.

식품기업 풀무원은 4년연속 통합등급 A+를 받았고, 2020년에 최우수 기업상을 받았다. 풀무원은 환경을 고려하여 육류사용을 줄이고 식물성 식품식품으로 대체하여 소비자의 지속가능성을 실현하고 있다. 풀무원의 올가홀 푸드는 지속가능한 해양수산물을 가공·유통하는 기업에게 주는 MSC-COC(Chain of Custody)인증을 받았다.

ESG는 규제 때문에 하는 게 아니다. ESG 경영을 실천하면 국민들로부터 좋은 평가를 받을 수 있다. 또 투자자들 사이에서 좋은 브랜드 가치를 유지하여 유리하게 자금을 조달받을 수 있다. 이를 거꾸로 뒤집어 말하면, 앞으로 ESG 경영을 하지 않으면 불이익을 당할 수 있다는 얘기다. ESG 투자 방침을 세운 연기금과 자산운용사 등 기관투자자들은 이미 투자지표로 ESG 경영을 채택하고 있다.

또 ESG 경영은 금융기관의 대출심사에서도 긍정적인 영향을 줄 수 있다. 신한은행은 이미 ESG 경영이 우수한 기업을 대상을 대출금리 우대혜택을 주고 있다. 앞으로 금융기관은 ESG 금융을 대폭 확대할 것이다. 금융기관이 거래처의 ESG 경영을 촉진하면 거래처의 지속가능성이 높아지고, 결과적으로 금융기관에도 이익이 되기 때문이다.

ESG 경영을 하면 거래기업과 소비자 등 다양한 이해관계자(Stake holders)들과 좋은 관계를 유지할 수 있다. ESG 경영에 대한 투자자와 소비자의 관심이 높아지면서 기업들은 예전과 다른 높은 윤리성을 유지해야 할 의무도 생기고 있다. 결국 ESG 경영은 사회적 투명성 제고에도 기여하고, 회사에 대한 직원의 자부심 증대에도 영향을 주는 중요한 대책이다.

경영자는 ESG 경영으로 더 좋은 경영을 하겠다고 선언하는 것만으로 충분하지 않다. ESG 경영은 단순히 외부를 향해 외치는 선언이 아니라 기업은 ESG 경영을 받아들이고 경영패러다임의 전환점으로 삼아야 한다. 기업들은 ESG 요소가 경영전반에 미치는 영향을 생각하고 장기 경영전략에 반영해야 한다.

이해관계자 경영으로 전환하는 글로벌 기업

2019년 8월 미국의 경영자 단체 '비즈니스 라운드테이블 (Business Roundtable, 이하 BRT)'은 회원 기업들의 최고 경영자의 이름으로 '기업의 목적에 관한 성명(Statement on Corporate Purpose)'을 발표했다. 기존의 기업경영의 목적을 바꾸어 고객, 공급자, 지역사회, 종업원을 더욱 존중하는 경영을 하겠다고 선언하였다. 1997년 이후 지속된 주주우선 원칙을 대신하여 소비자, 종업원, 거래업체, 지역사회 등 모든 이해관계자(stake-holders)에게 헌신하는 방침을 제시한 것이다.

BRT는 이해관계자에게 제공하는 가치를 '각 기업이 고유의 목적을 수행하면서 공유하는 기본적인 헌신'으로 설정하였다. 기업은 부(富)를 창출하는 존재이고 주주, 환경, 사회적 책임, 우수한 지배구조 목표를 달성하는 방법으로 기업의 업적을 측정할 필요가 있다고 지적했다. 한마디로 말해, 이해관계자에 대한 가치제공을 기업의 목적, 즉 사회적 존재의의의 근간으로 설정한 것이다.

BRT는 건전한 공공정책에 기반한 포용적 경제성장을 지향하기 위해 1972년에 설립된 로비단체이다. 애플, 아마존, GM, 월마트를 비롯해 미국 주요 기업의 경영자가 회원으로 참여하고 있다. 성명 발표 후 2년이 지난 시점에 206개 회사의 경영자가 서명했다.

▎비판받는 주주 제일주의 경영

기업들이 주주 외에 모든 이해관계자에게 기여하는 경영을 해야 한다는 것은 특별히 새로운 개념은 아니다. 이른바 '이해관계자 자본주의(Stakeholder Capitalism)'는 1970년대에 미국과 영국 등 앵글로 색슨 국가들에서 확산된 '주주(株主)제일 자본주의(Shareholder Capitalism)'에 뒤이어 등장한 기업모델이다. 이 개념은 2008년 세계 금융위기를 계기로 부활하고, 현재 투자자의 관심이 높아지는 ESG 경영에 힘입어 더욱 기세가 커지고 있다.

이해관계자 자본주의란 기업을 둘러싼 주요 이해관계자 전체의 가치제공을 중시하고, 장기에 걸쳐 기업가치를 높이려는 사고(思考)다. 이러한 사고는 주주관점에서 환경(E), 사회(S), 지배구조(G)를 중시한 투자활동을 하는 지속가능한 투자(sustainable investment), 또는 ESG 투자의 관점에 적합하다.

미국에선 ESG 관점에서 주주 행동주의(activism)를 펼치는 ESG 행동주의가 지지를 얻고 있다. 일단의 ESG 행동주의자들은 2017년 미국의 석유회사 엑슨모빌(ExxonMobil)에 대해 기업활동이 기후변화에 미친 영향을 공시해달라는 주주제안을 제출했다. 회사의 반대에도 불구하고, 해당 의안은 가결되어 결국 엑슨모빌은 기후변화의 영향정보를 공시하였다. 이 주주제안은 강제력이 없었지만, 62%의 주주가 찬성하여 가결되었다.

또 2018년 스타벅스에 대해 플라스틱 빨대의 사용을 금지하는 주주제안이 제출되어 30%의 지지를 얻었다. 지속가능한 발전에 대한 시민들의 인식이 높아지면서 이후 스타벅스는 2020년 말까지 플라스틱 빨대를 전면 폐지하기로 결정했다. 쉽게 말해, 미국기업들은 이해관계자 전체에게 장기적 가치를 제공하는 ESG 경영을 요구받고 있다.

지금까지 통용되었던 기업 지배구조에 대한 불만도 높아지고 있다. 주주 제일주의가 초래한 부의 집중과 경제격차는 미국식 자본주의의를 비판하는 원인이 되었다. 2008년 글로벌 금융위기 이후 미국식 주주 제일주의에 대항하여 전 세계적으로 반엘리트, 반자본주의 움직임이 나타난 적이 있다. 고액연봉을 받고 있는 미국 대기업 경영진은 부유한 사회 엘리트의 상징이자, 시민들에게 비판의 표적이 되고 있다. 이러한 비판여론에 떠밀려 미국기업들은 기업경영방식을 '주주 제일주의'에서 '이해관계자 주의'로 전환하고 있다.

▌단기성과주의가 초래한 경영폐해

세계적인 전기·전자업체 독일 지멘스(Siemense)는 2020년부터 임원의 보수를 결정할 때 기업의 지속가능경영 요소를 포함하고 있다. 임원보수에서 주식으로 보상하는 임금 부분(전체 보수의 20%)은 기업 내부에서 산정하는 지속가능한 경영인덱스의 실적에 연동하여 결정한다. 지멘스가 도입한 지속가능 경영인덱스는 탄소배출 감축량, 종업원 1인당 교육시간, 고객만족도로 구성된다. ESG 경영 시대를 맞아 세계경제포럼(WEF)도 독일 지멘스의 이 같은 경영방식을 지원하고 있다.

지금까지 경영자 보수는 기업 실적과 주가에 연동하는 방식이 일반적이었다. 대기업 CEO들은 일반적으로 스톡옵션(stock option) 등의 인센티브를 통해 연봉의 수십 배에 달하는 막대한 수입을 올리고 있다. 이러한 경영자 보수책정은 결과적으로 주주 제일주의를 발전시켰고, 경영자가 눈앞의 이익을 좇는 단기성과주의 경영으로 몰아갔다. 단기성과주의 경영은 빠른 경제성장을 가져오는 장점도 있지만, 과도한 단기실적 추구로 인해 기업경영을 위기로 몰아넣는 부작용도 초래하였다. 2008년 발생한 글로벌 금융위기가 그러한 사례에 속한다.

단기성과주의 경영의 원인과 결과

원인	−더욱 치열한 시장경쟁, 단기적 보고와 정보유통 −자금과 정보의 더 빠른 유통
결과	−단기목표와 측정 기준 설정 −기업은 장기적 가치를 폄하하고, 단기적 의사결정에 보상 −시장에서 단기적 성과를 보고·평가·대응하는 문화

자료: Rising to the challenge of short-termism(2016), 필자 재구성

이 같은 '주주 제일주의'와 '단기성과주의 경영'에서 벗어나려는 조류가 글로벌 차원에서 형성되고 있다. 특히 주주 제일주의를 선명하게 내세웠던 미국과 영국을 중심으로 이해관계자를 중시하는 자본주의 형태에 관심을 갖기 시작했다. 이제 성장신화에 의한 경제성장은 사회적 과제를 해결하지 못한다는 것을 인식했기 때문이다. 오히려 사회적 과제해결을 통한 경제성장을 실현하려는 수정된 자본주의 형태가 태동하고 있다. 바로

'이해관계자 자본주의'가 대안으로 떠오르고 있다. 즉 다양한 이해관계자와 관계를 중시하고, 기업활동의 성과를 이해관계자와 나누면서 장기적인 기업가치를 높여가는 것이 중요하다는 의미다.

불과 10년 전만 해도 ESG 개념이 세상에 자리잡을지 아무도 확신하지 못했다. 그러나 경제활동에서 자원을 절약하는 공유경제가 확산하고 있고, 자원과 에너지를 가급적 적게 이용하고 폐기물을 가급적 적게 발생시키는 ESG 생산과 소비가 주목받고 있다. 모든 기업들은 세상의 흐름이 바뀌고 있다는 사실에 주목해야 한다.

▍ 이해관계자 경영을 위한 정보공시 논의

세계경제포럼(WEF)은 2020년 1월 글로벌 경영컨설팅업체 딜로이트, KPMG, PwC 등과 협력하여 ESG 평가항목에 관한 초안을 만들었다. 여기에서 제시된 주요 평가항목은 지배구조, 지구, 사람, 번영 4가지 항목이다.

다국적 기업들은 WEF가 제안한 평가항목을 연차보고서에 포함시키는 등 적극적인 수용 자세를 보이고 있다. 4대 컨설팅 회사가 개발에 관여하고 있다는 권위를 고려하면 제안 내용에 대한 많은 지지를 얻을 수 있을 듯하다. 통일적인 ESG 정보공개를 폭넓게 받아들일 수 있다면 기업과 이해관계자와 커뮤니케이션은 원활해지고, 기업은 이해관계자 자본주의로 전환하기 쉬워질 것이다.

최근 세계의 기관투자자의 관점도 크게 바뀌고 있다. ESG 관점을 가진 기업이 늘어나면서 기관투자자는 기업의 장기적 기

WEF가 제안한 4가지 정보공시 항목

구분	주제	하위주제
지배구조	지배구조의 목적	목표설정
	지배구조체제의 질	이사회 구성
	이해관계자 인게이지먼트	중요이슈가 이해관계자에 미치는 영향
	윤리적 행동	반부패, 윤리적 조언과 보고체계의 보호
	위험과 기회의 감독	사업프로세스에 위험과 기회의 통합
지구	기후변화	온실효과가스 배출, 중요한 기후위험과 기회에 대해 TCFD제언에 따른 보고
	자연손실	토지활용과 생태학적 민감도
	신선한 물의 활용가능성	수분이 많은 지역의 담수 소비량
사람	존엄과 평등	성별 급여의 평등, 다양성과 포용, 임금수준
	다양성과 포용	아동과 강제노동의 발생위험
	건강과 웰빙	건강과 안전
	미래를 위한 스킬	교육훈련 제공
번영	부의 창출과 고용	순고용창출, 순경제기여도, 순투자
	더 좋은 상품과 서비스를 위한 혁신	R&D 투자비율
	공동체와 지역사회 활력	공동체 투자, 국가별 세금신고

자료: WEF(2020)

업가치 향상을 중시하는 경향이 강해지고 있다. 주식을 장기 보유하고 의결권 행사를 통해 스튜어드십(stewardship) 역할을 강화하고 있다. 궁극적으로 기업의 이해관계자를 중시하는 경영을 지원하고 있다.

기관투자자는 투자기업들에게 환경과 사회문제 해결을 위한 대책을 강화하도록 압박하고 있다. 세계 최대 자산운용회사 블랙록(BlackRock)은 적극적으로 기업의 ESG 경영을 촉구하고 있다.

영국과 일본은 스튜어드십 코드(stewardship code, 모범규준)를 개정하여 기업과 금융기관들이 다양한 이해관계자의 관점을 경영에 반영하도록 하고 있다. 스튜어드십 코드란 기업의 지속적 성장을 위해 기관투자자는 투자 대상 기업과 건설적인 대화를 하고, 고객들의 투자금을 최선을 다해 관리하도록 적절하게 수탁자 책임을 수행하는 원칙을 정해둔 것이다. 이러한 스튜어드십 코드에는 ESG 관점이 반영되어 있다.

영국 회사법 172조의 내용

회사의 이사는 주주 모두의 이익을 위해 회사의 성공을 촉진할 가능성이 가장 높다고 성실히 생각하고 행동해야 한다. 이러한 행동을 할 때 다음 사항을 고려해야 한다.
- 모든 의사결정으로 인해 장기적으로 발생할 가능성이 있는 결과
- 회사 종업원의 이익
- 회사와 공급자, 고객, 기타 관계자와 회사간의 사업상 관계발전을 촉진할 필요성
- 회사의 영업활동으로 인해 지역사회와 환경에 미치는 영향
- 회사의 사업활동이 높은 수준의 평가를 유지하는지의 유용성
- 회사의 직원을 대우할 때 공평하게 행동할 필요성

자료: legislation.gov.uk

영국은 2018년에 개정된 기업지배구조 모범규준(CGC)에서 이해관계자 전체의 이익을 중시하는 이해관계자 주의의 도입을 요구하고 있다. 또 기업들에게 주주와 광범위한 이해관계자의 의견에 대응하는 기업문화를 중시하도록 촉구하고 있다. 특히 이사회 운영과 관련, 기업의 다른 주요 이해관계자의 의견을 이

해하고, 연차보고서에 이해관계자의 관심사항을 기술할 것을
요구하고 있다. 영국 회사법(172조)은 기업 이해관계자의 관심사
항에 대해 앞의 표와 같이 규정하고 있다.

제2장

자연자본 경영으로 패러다임 전환 (E)

환경위기에 직면한 인류

▌한계가 있는 지구의 자연자본

인류는 지구라는 폐쇄된 공간에서 살아간다. 지구 밖에서 태양광 에너지만 들어오고, 우주로 나가는 것은 열방사(熱放射)뿐이다. 어디에서 새로운 물이 만들어지지 않고 지구상의 물질이 형태를 바꾸어 순환한다. 인간의 생활에 필요한 모든 자원을 지구에서 추출하고 가공한 후 소비하고 다른 형태로, 대부분 폐기물로 지구에 돌리는 경제활동을 하고 있다.

석유를 추출하고 태워서 이산화탄소로 돌리는 것도 그 중의 하나다. 자원을 지구에서 추출하여 오염물로 지구에 배출할 때까지를 스루풋(throughput)이라고 말한다. 물질순환(material flow)이라는 말로 생각해도 좋다. 스루풋에는 지구가 처리할 수 있는 양에 한계가 있다.

지구의 자연자본(natural capital, 예를 들어 지구에 있는 삼림과 담수, 지하자원, 생물 등)은 한계가 있다. 인간이 배출하는 이산화탄소와 폐기물을 지구가 흡수할 수 있는 여력도 한계가 있다. 그런데도 불구하고 우리 인간은 지구가 처리할 수 있는 능력 이상으로 소비를 한다. 그 부족한 부분을 미래세대의 몫을 미리 가져다 쓰고 있는 셈이다. 쉽게 말해 우리 인간은 월급을 가불하듯이 자연자본을 가불해서 생활해나가고 있다고 할 수 있다.

생태경제학자인 허만 데일리(Herman Daly)는 지구에 과잉부담을 주면서 경제성장을 지속하는 것은 불가능한 일이라고 말하고, 정상경제(定常經濟, Steady-state Economy)의 회복을 제창했다. 정상경제란 지구가 처리할 수 있는 수준으로 생산량을 줄인 후에 스루풋을 일정하게 지속해 가나는 경제 형태를 말한다. 스루풋을 낮게 유지하는 경제시스템에서도 하나의 자원으로 두 배의 물건을 만들면서 경제활동을 활성화할 수 있다는 것이다.

현재 우리 지구에 살고 있는 인류는 76억 명이다. 이 많은 사람들이 살아가기 위해서 매일 수억 톤의 자연자본을 소비하고 있다. 지구가 도저히 견딜 수 없는 수준이다. 이같은 위기에 직면하여 세계는 무분별한 성장을 억제하고 지구에서 배출하는 자원을 낮게 유지하려는 대책을 논의하고 있다.

물론 이런 움직임에 대한 반론도 만만치 않다. 적절한 경제성장 없이 빈곤과 실업구제, 사회보장 문제 등에 들어가는 비용을 어떻게 조달할 수 있느냐는 반론이다. 이에 대해 허만 데일리 박사는 성장하고 있는 것 같은 경제도 환경적·사회적 비용을 계산해 보면, 사실상 마이너스 성장으로 들어갔다고 설명한다. 허만 박사가 말하는 환경적 사회적 비용이란 지구온난화, 핵폐기물, 원자력 발전 리스크, 유전고갈, 삼림소실, 토양침식, 생물다양성 위기 등을 가리킨다.

전 세계는 2020년 봄부터 코로나 19 팬데믹(pandemic)이라는 전
대미문의 감염병 확산 사태를 맞고 있다. 대부분의 사람들이 집
에서 격리된 채 살고 있으며, 회사들은 직원에게 집에서 일하는
재택근무를 권장하고 있다. 커피숍, 식당, 노래방 등 자영업체
들이 시간제 영업을 하고 있으며, 대형 제조공장들도 시시때때
로 문을 닫고 있다. 코로나 바이러스가 우리 인간을 공격하면서
벌어진 일들이다.

코로나 바이러스는 원래 박쥐 등 야생동물 속에서 기생해 살
고 있었다. 인간이 반복적으로 자연을 파괴하면서 야생동물이
인간이 사는 곳으로 넘어왔고, 그 결과 인간과 야생동물 간의
접촉이 빈번하게 늘어났다. 최초 중국을 점령했던 코로나 바이
러스는 국경이 사라진 글로벌 경제시대를 맞아 순식간에 전 세
계로 퍼져나갔다. 인류역사상 이렇게 빠른 속도로 전 세계를 덮
친 감염병은 없었다.

이 코로나 바이러스는 인간의 환경파괴를 시정하려고 생태계
에서 보낸 사자일지도 모른다. 생태계(ecosystem)는 인간에게 아
름다운 공기와 물, 풍부한 식재자원을 공급하고, 안정된 생물권
을 유지해준다. 인간이 생존하는 데 반드시 필요한 시스템이다.
이 시스템에 여러 종류의 다양한 생물이 부품으로 포함되어 있
고, 모든 종(種)이 생태계 사슬 속에서 중요한 역할을 하고 있다.

산업혁명 무렵까지 아직 자연자본은 충분히 풍부했고 인류는
그 한계를 인식하지 못했다. 20세기에 들어와 인구가 폭발적으
로 증가하면서 풍부한 자연자본을 이용하여 비약적으로 성장
했다. 인간은 물질적 풍요 속에서 끊임없이 소비를 즐겼다. 인

간은 화석연료를 활용하여 쾌적성과 편리성을 추구하는 물질문명을 발전시켜왔다.

글로벌 경제가 통합되면서 국제무역이 확대되고 지속적인 인구증가로 자연자본의 소비량은 폭발적으로 증가하였다. 세계는 오랫동안 경제성장을 최고의 가치로 여겼다. 그 성장지표는 GDP(국내총생산, Gross Domestic Product)였다. 경제학자, 정치가, 그리고 기업들은 경제성장이 인간의 풍요로운 생활을 위한 절대조건으로 생각해 왔다. 현재 저출산 고령화가 빠르게 진행되고, 장래 인구가 감소하는 사회에서도 성장을 외칠 것이다. 경제성장을 위해 또 내수확대를 위해 과잉소비를 국민에게 장려하고 있다.

그러나 그 한편에서 GDP가 증가하는 만큼 지구의 자연자본이 수탈되고 폐기물이 증가하고, 환경이 오염되고 있다. GDP가 증가하는 만큼 지구온난화(global warming) 현상과 생물다양성(biodiversity)의 절멸(絶滅) 현상은 더 심각해지고 있다.

이제 인류의 풍요로운 물질문명은 한계에 직면하고 있다. 자본주의 경제에서 환경파괴와 자원고갈은 세계 경제를 위협하고 인류의 미래를 계속 손상하고 있다. 인류는 대체물이 없는 재생할 수 없는 자연생태계, 생물다양성 등 지구의 생명 부양력(扶養力)을 파괴하고 있다.

생태경제학자 리차드 노가드(Richard Norggard) 교수는 이러한 인류의 물질적 진보를 '배반된 발전(Development Betrayed)'이라고 표현했다. 현재 인간이 누리는 물질적 풍요는 생존의 근간이 되는 자연을 파괴하여 얻은 것이라는 의미다.

현대문명의 본질인 물질주의를 기반으로 끊임없이 편리성과

욕망을 추구하고, 오로지 성장을 요구하는 글로벌 경제 모델은 이미 지속가능성을 상실하였다. 21세기의 인류는 한계에 직면한 최초의 세대일지도 모른다. 인류가 지속적으로 생존하려면 생태계와 생물다양성의 절멸, 기후변화·대기·수질·토양 오염 등 지구환경문제에 대응해야 한다. 한계가 있는 지구를 보전하며 지속가능한 사회를 구축해야 하는 숙명적 과제를 안고 있다.

그러나 한계가 있는 지구의 자연자본에 대한 우리 인간의 인식은 낮다. 인류의 생존에 필요한 자연자본이 아직 풍부할 것이라고 생각한다. 경제가 성장하면서 자연자본의 소비량도 빠르게 늘어나고 있다. 엄청난 양의 자연자본을 채취·채굴하면서 자연을 파괴하고 있다. 재생할 수 있는 생물자원도 재생속도를 넘어 채취하여 감소한다면 재생 불능상태에 빠질 수 있다.

자원과 환경은 편지의 종이와 봉투와 같은 관계에 있다. 편지를 읽으려고 하면 봉투를 뜯어야만 하듯이 자원(편지지)을 채취하여 이용하려면 환경(봉투)을 파괴할 수밖에 없기 때문이다. 필요한 자원을 얻기 위해 열대우림 등 생태계와 생물다양성이 풍부한 개발도상국으로 점점 이동하여 자연환경을 파괴하고 있다.

산림파괴 및 불법 벌채 등으로 자연산출국은 인권, 환경, 노동, 부패문제의 온상이 되고 있다. 대다수의 사람은 심각한 환경파괴 문제를 깊이 인식하지 않고 있다. 실제로 자원을 채취·채굴하는 현장을 보면 얼마나 환경이 심각하게 파괴되고 있는지 바로 알 수 있다.

21세기 이후 광물자원은 그 수요가 크게 증가하여 탐광활동이 활발하고 추진되고 있다. 막대한 수요량 때문에 광석 비율이 떨어지고, 채굴(採掘) 규모가 거대해졌다. 특히 금·은·동의 노천 채굴로 약간의 금속을 채취하기 위해 광대한 토지를 파헤치고 있다. 이러한 채굴 활동으로 대지 지표의 생태계가 완전히 파괴되고 있다. 이외에도 선광(選鑛)이라는 공정에서 막대한 양의 미광(尾鑛, 광석찌꺼기) 폐기물이 발생한다. 미광은 하천이나 호수로 떠내려가 주위를 오염시키는 위험한 환경문제를 일으키고 있다.

예를 들어 자연에서 채굴되는 금 광석 1톤당 금 함유량은 약 6g에 불과하다. 광석 자원의 채굴이 얼마나 환경파괴를 일으키는지 알 수 있다.

반면에 사용기한이 지난 소형가전 제품은 금·은·동 등 귀금속과 희소금속이 포함되어 있다. 도시에는 이러한 가전제품이 풍부한 광산이라는 의미에서 '도시광산'이라고 부른다. 실제로 회수된 휴대폰 1톤에서 약 280g의 금을 회수할 수 있다고 한다. 도시광산은 리싸이클로 회수되기 때문에 삼림채굴과 지하수맥의 오염을 일으킬 가능성이 있는 광산채굴과 달라 환경에 미치는 영향이 적다.

희소금속은 많은 수요에 비해 매장량이 매우 적은 금속이다. 앞으로 에너지 전환 정책으로 희소금속의 수요는 늘어날 것이다. 구리는 대표적인 희소금속이다. 이전에는 기초금속으로 모든 산업에서 수요가 많았으나 이제 위기상황에 있는 희소금속으로 취급되고 있다. 산업에서 수요량이 많지만, 구리광석 비율은 계속 떨어지고, 신규발견 광상(鑛床)도 줄어들고 있다. 구리는 경제성장의 제약조건이 되고 있다. 또한 구리를 대체할 물질이 없다는 것이 결정적이다.

1968년에 이미 이러한 지구의 한계를 지적한 선각자들이 있었다. 지구의 위기를 느낀 전 세계의 정치인, 기업가, 학자들이 로마클럽(Roma Club)을 결성하였다. 1972년 로마클럽에서 발표한 보고서 '성장의 한계(The Limit to Growth)'는 지구의 한계에 관해 경종을 울렸다. 보고서는 "자원, 환경, 토지 등 지구의 물리적 용량에 한계가 있다. 인구증가와 경제성장을 방치하면 인류는 위기적 상황에 빠진다. 이를 억제하려면 가능한 인구와 경제의 제로(zero) 성장을 실현해야 한다."고 지적했다.

'성장의 한계'가 발표된 지 40년이 지난 시점에 노르웨이 비즈니스스쿨 교수 요르겐 랜더스(Jorgen Randers)는 또 한 번 세계에 경종을 울렸다. 로마클럽의 보고서 '성장의 한계'의 공동연구자였던 그는 "2052"(한국 번역본, "더 나은 미래는 쉽게 오지 않는다", 생각연구소)라는 저서에서 장래 40년간 환경과 경제를 예측했다. 그는 사회경제 시스템의 근본적인 변화에 따라 우리 인류는 장차 '자본주의', '경제성장', '민주주의', '세대간 평등', 그리고 '지구의 기후와 인간과의 관계'에서 위기를 맞을 것이라고 예측했다.

이러한 문제를 중심으로 2052년의 세계를 비관적으로 예측했다. 대략적으로 말하면 인류와 지구는 21세기에 더 이상 위와 같은 문제를 해결할 수가 없어 스스로 무너질 것이라는 것이 랜더스 교수의 주장이다.

로마클럽의 보고서는 지속가능한 성장기반으로서 자원과 환경의 중요성을 세계에 호소하였다. '성장의 한계'로부터 약 50년 이상이 경과한 지금 최악의 시나리오가 전개되고 있다. 현재 화석연료의 고갈과 기구온난화 문제를 안고 있는 지구는 한계에 봉착해 있다. 21세기에도 세계의 경제규모는 확대되고, 지구 환경은 빠르게 악화되고 있다. 인류는 광물, 에너지 자원, 생물 자원, 대기·수질·토양 등으로 구성된 자연자본이라는 풍요로운 기반과 자원을 파괴하고 있다.

이제 국가는 자원 쟁탈전을 벌이며 천연자원과 지구환경의 용량에는 한계가 있다는 현실을 이해하기 시작했다. 경제성장을 지상과제로 여겨온 지구공동체는 풍요로움의 한계를 맞이하고 있다. 21세기 한계에 직면한 국제사회는 지속가능한 사회를 구축하기 위해 국제적 대책을 활발하게 추진하기 시작했다.

파리협정과 기후변화 대책

2003년 여름에 열파가 유럽을 급습했다. 유럽 대륙에 금세기 최대의 자연재해였다. 130억 유로의 손실이 발생하고, 수만 명이 희생되었다. 그 여름 어느 시점에서 파리의 평균 최고온도는 평상시보다 약 15도나 높아졌다. 열파는 3주 이상 계속되었다.

세계보건기구(WHO)의 추정에 따르면, 2030년에 기후변화에 관련된 건강피해로 지구 전체에서 연간 20억~40억 달러의 손실이 발생한다. 1억 명의 사람이 추가적으로 빈곤에 빠진다. 2030년부터 2050년까지 기후변화로 매년 25만 명이 추가적으로 사망한다. 가뭄과 물 공급이 단절되면 식료품 생산이 영향을 받고, 기후변화로 분쟁 위험도 높아진다. 사하라 이남의 아프리카는 특히 내전 위험이 높고, 현재의 기준으로 온난화가 진행되면 2030년까지 추가적으로 39만3,000명의 전사자가 발생할 전망이다.

기후변화 위기는 인간의 생명에 관련된 문제뿐만 아니라 그 것이 반영구적으로 지속된다는 점도 심각하다. 또한 가장 큰 타격을 받는 것은 경제적 자원에 가장 혜택을 받지 못한 사람들이다.

국제 NGO 옥스팜(Oxfam)과 스톡홀름 환경연구소(SEI)에 따르면, 1990~2015년까지 연간 배출량은 60% 증가하고 누적된 탄소 배출량은 2배가 늘었다. 세계 인구의 10%를 차지하는 최고 부유층이 누적 탄소배출량의 52%에 책임이 있었다. 또 지난 25년 동안에 지구의 탄소예산 중 31%를 고갈시켰다. 최고 부유층 5%가 탄소배출 전체 증가의 37%에 책임이 있었고, 최고 부유층 1%의 전체 탄소배출 증가량은 최고 빈곤층의 3배가 되었다. 보고서는 각국 정부가 기후위기와 불평등 문제를 동시에 해결하는 데 중점을 두어야 한다고 지적했다.

▍기후변화 위기에 정면 대응하는 파리협정

2015년 12월 체결된 파리협정은 기후협정에 관한 국제사회의 대책을 크게 전환하는 역사적으로 획기적인 합의였다. 기후변화에 관한 2020년 이후의 새로운 국제구조를 규정한 파리협정이 채택되었다. 국제연합(유엔) 기후변화구조조약 제21회 체약국회의(COP21)에서 온실효과 가스의 2대 배출국가인 미국과 중국, EU가 비준하여 파리협정은 예상보다 일찍 발효되었다. 온실효과 가스 배출감소 목표를 설정한 교토의정서를 대체하는 국제적 협정이었다.

사실, 1997년 12월 체결된 교토의정서는 선진국에 대해 온실효과 가스 총배출량의 배출감소 목표를 할당하고, 그 달성을 의무화하였다. 교토의정서도 파리협정과 동일하게 획기적인 합의였다. 그러나 탄소배출 감소량의 목표는 1990년에 비해 5%정도만 줄어들어 기후변화의 억제에 충분하지 않았다. 그 당시 세계 최대의 온실효과 가스 배출국이었던 미국이 이탈하고, 선진국만 법적 구속력이 있는 실효성이 없는 구조였다.

지금은 1990년대 후반과 달리 국제적 상황이 크게 변했다. 중국과 인도 등 개발도상국가의 온실효과 가스 배출량이 급증하고 있다. 온실효과 가스 배출량을 감소하려면 선진국뿐만 아니라 모든 국가가 협력하는 국제구조가 필요하다.

이에 파리협정은 세계의 모든 국가에 온실효과 가스 배출감소 대책을 의무화하였다. 2020년 이후 파리협정에 따라 모든 체약국은 온실효과 가스의 배출감소 목표를 자주적으로 설정하고, 그 달성을 위한 배출감소 대책을 추진해야 한다. 달성 정도를 정기적으로 보고하고, 5년마다 세계 전체의 진도를 평가하는 사이클을 반복한다.

교토의정서는 배출감소 목표의 달성을 평가하는 대상 기간을 설정하는 방식을 채택하였다. 이렇게 교토의정서에는 약속기간마다 운용규정에 관한 교섭이 필요하다. 이런 규정 설정에 과도한 시간과 노력이 낭비되었다.

반면에 파리협정은 교토의정서와 같이 한정된 약속기간을 설정하지 않고, 5년간의 사이클을 2020년 이후 영구적으로 반복해나간다. 즉 장기간에 걸쳐 기후변화 과제에 대한 국제구조가 고정된다. 파리협정의 합의에 따라 국제사회는 탄소배출량 감소를 위한 구체적인 행동으로 이행하게 되었다.

기후변화 문제를 교섭할 때 선진국과 개발도상국은 극심하게 대립하였다. 기후변화 대책의 실효성을 갖기 위해 배출감소 능력을 요구하는 선진국에 대해 개발도상국은 역사적으로 온실효과 가스를 대량으로 배출한 선진국의 솔선하는 행동과 약속을 요구하였다. 국제적 대립에도 불구하고 파리협정이 합의에 도달한 것은 개발도상국의 관심사항을 적극 지원했기 때문이다. 파리협정은 기후변동에 따른 악영향을 줄이기 위한 대책 실시(적응), 개발도상국의 기후변화 대책 실시를 위한 자금지원, 기술이전, 능력향상을 지원하고 있다.

파리협정 이전까지는 어느 정도의 온실효과 가스의 배출량을 감소할지를 명확하게 규정하지 않았다. 기후변화에 관한 정부간 협의체(IPCC, Intergovernmental Panel on Climate Change)은 2014년에 기온상승을 2℃ 미만으로 억제하려면 금세기 말까지 인위적인 온실효과 가스 배출량을 제로 또는 마이너스로 해야 한다고 분석했다. 파리협정은 세계의 평균 기온상승을 산업혁명 전과 비교하여 2℃보다 낮게 억제하는 2℃목표를 정하고, 금세기 후반에는 실질적으로 제로로 한다고 발표했다.

국제사회는 그 목표를 달성하기 어렵다는 것을 인식했지만 기온상승이 2℃를 넘을 경우 자연환경, 사회경제, 건강, 복지에 미치는 심각한 악영향을 고려하고, 2℃ 목표에 합의하였다. 기온 상승 2℃ 미만이라는 목표를 설정하고 세계의 온실효과 가스 배출량을 정량적으로 제시했다는 점에서 의미가 있다.

파리협정에 따라 세계 각국은 온난화 대책의 목표를 자주적으로 설정하고, 그 달성 대책을 추진해야 한다. 자주목표(INDC=Intended Nationally Determined Contributions)에 통일규정은 존재하지 않고, 모든 국가가 자주적으로 설정한다. 각국은 다양한 상황과 능력에 따라 자주적으로 목표를 설정하지만 달성할 의무는 없다. 오로지 온난화 대책의 실시에 대해서만 의무를 부과하고 있다.

얼핏 보면, 법적인 달성 의무가 없기 때문에 느슨한 구조로 보일 수 있다. 그러나 각국이 설정한 목표의 세부내용, 전제에 관한 정보, 목표 달성을 위한 진도관리의 정보는 투명성을 갖춰야 한다. 즉 전제와 정량적 자료를 공개하고 설명해야 한다. 자주적으로 설정한 목표의 달성 여부는 국제사회에서 한 국가로서 신뢰성과 능력평가에 직결된다. 따라서 파리협정은 기후변화 문제에 대처하는 국가의 자세와 대처능력을 통해 국가의 위상을 엿볼 수 있는 매우 엄격한 제도로 볼 수 있다.

파리협정에서 정한 기온상승 2℃ 미만의 장기 목표에 따라 각국은 2020년 이후 5년마다(예를 들어 2025년 또는 2030년) 목표를 다시 제출해야 한다. 5년마다 목표를 제출할 때 원칙적으로 지금까지 목표보다 높은 목표를 제시해야 한다. 따라서 국가는 파리협정의 목표달성에 공헌하기 위해 기후변화에 대처하는 전반적인 산업활동을 점검할 필요가 있다.

파리협정에 따라 각국은 2030년(일부 국가는 2025년) 배출감소 목표의 달성을 위해 대책에 속도를 내고 있다. 미국과 유럽은 자주목표(INDC)에 제시된 2030년의 배출감소 목표 외에 더 장기적인 배출감소 목표도 설정하고 있다.

예를 들면 EU는 1990년에 비해 85~90% 감소하는 목표를 유럽이사회에서 결정하였다. 영국은 2050년에 1990년에 비해 80% 이상 감소하는 목표를 기후변동법에 따라 결정하고 있다. 5년간 온실효과 가스 배출량의 상한 '탄소예산(Carbon Budget)'을 설정하여 배출량을 관리·감축하고 있다. 1990년에 비해 2050년에 독일은 80~95%, 미국은 80%를 감소하는 목표를 제시하고 있다.

세계 온실효과 가스 배출량의 약 60%는 석탄과 석유, 천연가스 등 화석연료의 연소에 따라 발생하는 이산화탄소다. 온실효과 가스 배출량의 제로목표는 화석연료에서 이산화탄소 배출을 중단해야 한다는 의미다. 즉 화석연료에 의존하는 사회경제 시스템을 근본적으로 전환해야 한다. 저탄소·탈탄소사회를 지향하는 국제사회의 메시지가 파리협정에 담겨 있다.

석탄·석유연료와 같은 화석연료는 현대 경제사회를 지탱해온 필수적인 에너지원이다. 세계의 모든 사회인프라도 화석연료의 사용을 전제로 구축되었다. 그러나 화석연료에서 벗어날 때 소요되는 경제적 비용을 고려하면 탈탄소사회로 방향을 바꾸는 것은 매우 중요한 판단이다. 그만큼 기후변화 문제는 인류의 장래를 위협하는 심각한 과제가 되었다.

▌기후변화 정보공시 체제(CDP, TCFD)의 등장

파리협정에서 제시한 목표에 따라 국제기구는 기업의 기후변화에 관한 정보공시를 요구하고 있다. 기업의 기후변화 대책은 ESG 투자의 환경분야의 평가에서 매우 중요하다. 탄소정보공개프로젝트(CDP)와 기후변화에 관한 재무정보공시TF(TCFD)는 기업에 기후변화의 정보공시를 주도하는 대표적인 국제기구이다.

현재 각국 정부는 자국 경제를 저탄소(低炭素)경제로 전환하면서 기후관련 대책수립을 빠르게 추진하고 있다. 이런 움직임에 대응하여 CDP는 기업들에게 생산활동에서 발생하는 온실효과 가스(Green House Gas) 배출량을 측정하고 증권시장에 이에 관한 정보공시를 하도록 권유함으로써 전 지구적 차원에서 기후변화 요인을 효과적으로 축소하는 데 주력하고 있다.

CDP는 2000년부터 FT500(영국경제지 파이낸셜 타임스가 매년 발표하는 세계증시 시가총액 상위 500개 기업)을 시작으로 주요 국가의 시가총액 상위 기업을 대상으로 환경전략과 온실효과 가스 배출량의 공개를 요구하고 있다. 현재 96조 달러의 총자산을 가진 525개 이상의 기관투자자를 대신하여 세계 유수의 대기업에 대해 기후변화와 저탄소와 관련된 정보공시를 요구하고 있다.

구체적으로 CDP는 산업섹터별 세계의 선진기업에게 환경관련 정보공시에 관한 질의서를 보내고, 그 답변을 분석·평가한다. 그리고 기업의 대책내용에 대한 평가점수를 세계에 공개하고, 기업가치를 측정하는 중요한 지표로 활용하도록 권고하고 있다. 기업의 환경분야의 비재무적 정보를 정량적으로 공개하는 자료는 ESG 투자자에게 귀중한 정보다.

CDP의 기후변화 질의서는 시장 니즈(needs)에 따라 2018년에 다시 설계되었다. 재설계된 질의서에는 산업섹터 고유의 질문 통합, TCFD의 권고사항 편입, 전향적 지표 중시 등의 대책이 포함되었다. CDP는 기후변화에 대해 영향력이 큰 12개 섹터에 대한 고유의 질문을 포함하고 있다.

금융기관은 저탄소사회로 이행하는 데 중요한 역할을 할 수 있다. TCFD는 금융산업에서 탄소관련 투자자산의 문제점, 금융시스템에 노출된 기후관련 위험을 충분히 이해하기 위해 섹터별 기후관련 자산공개의 중요성을 강조하고 있다. 금융기관은 대출, 금융중개, 투자, 보험인수 활동에서 기후관련 문제의 영향을 검토하도록 중점을 두고 있다. 금융회사는 사업활동에서 CDP 기후변화 질의서에 답변할 필요가 있다. 은행, 보험회사,

자산운용회사는 답변할 때 고려할 정보 종류를 명확히 제시한 구체적인 가이드라인이 나와 있다. CDP공시 방법과 질의서 작성방법은 CDP 홈페이지(www.cdp.net)에서 참고하길 바란다.

규제당국은 TCFD와 함께 기후변화 위험에 대응하고 있다. TCFD는 2017년 6월 기후변화 관련 재무정보의 임의 공시구조에 관한 최종보고서를 발표하였다. 금융안정을 위협하는 새로운 위험 중에 기후변화가 금융업계에 미치는 영향으로서 이행 위험과 물리적 위험, 그리고 기회와 위험의 재무적 영향을 파악하고, 정보공시를 촉진한다는 내용이다. TCFD는 기업과 투자자 쌍방이 기후변화의 정보공시를 장려하고 있다. 공시내용에는 2℃목표의 경로에 따라 시나리오 해석을 하고 있는지, 기후관련 과제가 전략과 재무계획에 어떻게 영향을 미치는지 명시하고 있는지를 포함하고 있다.

TCFD의 정보공시 요구에 따라 재무보고서에 포괄적으로 비교 가능한 환경자료의 공시요청은 더욱 커지고 있다. 각 기업은 위험방지 대책으로 사업계속전략(BCP)을 수립하여 물리적 위험에 대응하고 있지만, 재무적 영향을 파악하면서 이행 위험을 공시하는 것은 상당한 준비가 필요할 것으로 보인다.

특히 파리협정의 2℃ 미만의 장래 기후 시나리오를 고려하여 조직의 전략을 설명하려면 장기적 시나리오의 플래닝 경험을 축적해야 한다. 현재 보고서에 근거한 공개는 의무화되어 있지 않지만 프랑스는 TCFD의 대책을 적극 수용하고 있다. 에너지전환법 173조에서 기업과 금융기관의 기후변화 관련 정보공시 의무를 명확히 규정하였다. 상장기업, 은행, 기관투자자가 연차보고서에 기후변화 위험에 관한 정보공시를 의무화하였다.

2020년 11월 영국도 TCFD의 제언에 따라 기후변화가 재무와 사업에 미치는 영향의 정보공시를 기업에 의무화하기로 했다. 먼저 런던 증권거래소 주요 상장기업을 대상으로 TCFD의 기준에 따른 공시를 의무화한다. 금융당국은 2023년까지 영국에 있는 비상장 대기업으로 공시대상을 확대하고, 2025년에는 경제 전체에서 완전 의무화한다는 목표를 제시하였다.

▌탄소배출량 감소 대책에 나선 기관투자자

탄소배출량을 줄이기 위해 금융회사를 포함한 기관투자자는 이산화탄소를 많이 배출하는 석탄과 석유연료 산업에서 자금을 회수하는 데 집중하고 있다. 투자금 회수(divestment)란 화석연료 산업과 관련된 자산을 '좌초자산(stranded asset, 가치가 폭락한 자산이라는 뜻)'으로 설정하고 투자나 신규대출을 억제하는 것이다. 예를 들어 노르웨이 정부연금은 ESG 관련 위험을 분석하고 일본 전력회사의 주식을 매각했다. 미국 캘리포니아주 교직원퇴직연금기금(CalSTRS)은 미국 외의 모든 석탄관련 기업에서 투자금 회수를 결정했다.

기관투자자는 세계의 기후변화 문제에 대해 주도권을 갖기 위해 세계규모의 플랫폼 '세계투자자연합(GIC, Global Investment Coalition)'을 조직하는 등 영향력을 강화하고 있다. GIC는 저탄소 투자를 촉진하고, 기후변화 위험과 기회에 대한 대책, 파리협정의 목표를 지원하는 국제정책을 추진하기 위한 투자자와 각국 정부가 대화하는 플랫폼을 제공한다. GIC는 다른 국제 투자자들과 함께 2017년에는 'Climate Action 100+(이하, CA100+)'를 결성했다.

2017년 2월 출범한 'CA100+'는 세계 각 지역의 기관투자자가 협력하여 온실효과 가스를 대량으로 배출하는 상장기업을 대상으로 인게이지먼트(engagement)에 참여하고, 파리협정의 목표를 달성하기 위한 기후대책을 촉진하고 있다. 'CA100+'는 기후변화에 따른 재무위험이 높은 기업, 또는 지역이나 국가차원에서 중요한 기업을 대상으로 기후변화에 대한 대책을 요구한다.

MSCI ACWI(모건스탠리 캐피털 인터내셔널이 제공하는 지수 중에 선진국 주식시장에 상장된 종목으로 구성된 주가지수)의 구성종목 중에서 CDP(탄소정보공개프로젝트)에 보고된 기업 중 탄소배출량이 많은 100개사가 관리 감시대상이다. 'CA100+'가 선정한 기업들이 배출하는 온실효과 가스는 글로벌 전체 산업의 80%를 넘기 때문에 저탄소경제로 이행할 때 중요하다.

'CA100+'는 선정기업을 대상으로 정보공시, 지배구조, 실행 측면에서 공동 인게이지먼트를 실시한다. 이사회가 기업의 기후변화에 의한 위험과 기회를 감독·점검하는 지배구조 체제의 도입을 요구한다. 또한 세계의 평균기온 상승을 2℃ 미만으로 억제하는 파리협정의 목표에 맞춘 온실효과 가스 배출대책을 밸류체인 전체에서 도입을 추진하고 있다. TCFD 제언에 따라 투자의사 결정에 기여하도록 기업의 정보공시를 강화하려는 목표도 갖고 있다.

인게이지먼트 방식은 복수의 참여자가 리더 역할과 지원 역할로 나누어 실시한다. 리더 역할은 담당지역에서 투자경험이 풍부한 투자자가 맡고, 지원 역할은 담당하는 기업을 조사분석하면서 인게이지먼트 활동을 지원한다. 대상기업의 경영진과 면담하거나 기후변화 위험에 책임을 수행하지 않는 이사의 해임에 대한 의결권 행사 등으로 인게이지먼트를 하고 있다. 이러한 적극적인 오너십 활동을 통해 투자기업에 영향력을 증대하고 있다.

CA100+의 대상기업 평가방법

정보공시	-TCFD의 지지기업으로 정식으로 서명하고 있는가 -기후변화관련 자료를 CDP에 보고하고 있는가 -기후시나리오 계획을 실시하고 있는가
지배구조	-기후변화 대책방침이 가입한 업계단체의 자세와 일관성이 있는가 -기후변화 대책방침에 관한 명확한 감독책임을 지는 이사회의 임원 또는 위원회를 임명하고 있는가 -기업이 의미 있는 기후정책을 지지하고, 이러한 행동이 회사의 정책에 대한 입장이나 활동에 적합한가 -의미 있는 기후정책에 대해 로비활동을 하는 업계단체 1개 이상에 가입하고 있는가
실행	-온실효과 가스 배출량을 감소하기 위한 장기적 수치목표를 설정하고 있는가 -기업의 배출원단위가 지구온난화를 2℃ 미만으로 억제하는 목표에 적합한가 -과학적 목표설정(SBT)의 표명, SBT설정 완료, SBT의 승인을 취득했는가 -석유와 가스산업의 기업이 IEA B2DS(2℃ 미만 시나리오)에서 필요하지 않는 미인가의 상류 프로젝트를 갖고 있는가 -전력산업의 기업이 파리협정 목표에 따른 석탄발전 축소계획을 발표하고 있는가 -전력회사의 현재와 장래 계획한 기술구성(재생가능, 수력, 원자력, 가스, 석탄)이 2024년까지 IEA B2DS에 어느 정도 적합한가 -자동차 제조업자의 현재와 장래 계획한 기술구성(하이브리드, 전기, 내연엔진)이 2024년까지 IEA B2DS에 어느 정도 적합한가

자료: 닛코 리서치리뷰(2020)

미국의 세계최대 자산운용회사인 블랙록(BlackRock)은 2020년 1월 기후변화 분야에서 기관투자자의 공동 인게이지먼트 이니셔티브 'CA100+'에 참여를 발표했다. 'CA100+'의 '2019 발전 보고서(Progress Report)'에 따르면, 인게이지먼트 대상기업 161

개 기업 중에 약 44건의 성공사례를 소개하고 있다. 블랙록이 'CA100+'에 참여한 것은 기후변화 문제에 명확한 자세를 보여주고 있다.

미국에서 ESG 투자를 추진하는 NPO '애즈유소우(As You Sow)'는 2018년 소비재 대기업에 해양 플라스틱 문제에 대책을 요구하는 기관투자자 네트워크 '플라스틱 솔류션 투자자 연합'을 발족했다. 2개의 기관투자자가 참여하고, 운용자산총액은 1조 달러를 넘는다. 폐기 플라스틱 문제를 기업의 브랜드 위험으로 설정하고, 주주가 결합하여 기업에 대한 공동성명에 서명하고 있다. 네슬레, 유니레버, P&G, 펩시콜라 등의 글로벌 대기업과 공동 인게이지먼트를 실시하고 있다. '애즈유소우(As You Sow)'는 지구온난화 환경문제에 정통한 비정부단체(NPO)로서 기관투자자와 함께 다양한 환경문제의 해결을 촉구하는 등 폭넓은 활동을 하고 있다.

국제환경 비정부단체(NGO) '프렌드오브어스(Friend of the Earth)' 네덜란드 지부는 2018년 4월 정유업체 로얄더치쉘(Royal Dutch Shell)의 CEO에게 기후변화를 일으킨 법적 책임을 추궁하는 서류를 보냈다. 네덜란드의 기후변화 대책을 추진하는 NGO '팔로우디스(Follow This)'는 일부 기관투자자와 심의한 후에 로얄더치쉘의 동향을 당분간 지켜봐야 한다고 발표하고, 제출한 기후변화 주주제안을 취하하였다. 로얄더치쉘은 기후변화 문제를 둘러싸고 NGO와 투자자에게 압력을 받으면서 기후변화에 더욱 심도 있는 대책을 수립하게 되었다.

지금까지 대형 기관투자자(은행, 증권사, 보험사, 자산운용회사)들은 기후변화에 대한 대책이 소극적이고 지나치게 당장의 이익을 쫓는 경향이 있다고 비판 받았다. 그러나 최근 분위기가 크게 바뀌고 있다. 2020년 12월 전체 운용자산이 9조 달러가 넘는 30개 글로벌 기관투자자들이 2050년 탄소제로 경제를 달성하기 위한 '탄소중립 자산운용사 이니셔티브(Net Zero Managers Initiative)'를 결성한 것이 대표적인 사례다. 탄소중립 이니셔티브에는 피델리티, 슈로더, 웰링턴, 악사(AXA) 등 지금까지 주로 미국과 유럽의 기관투자자 30개사가 참여하고 있다.

파리협정 이후 5년이 지난 현재 기관투자자들이 탄소중립에 서약하는 것은 진보된 현상이다. 국가마다 목표 달성상황은 다르지만, EU, 영국, 일본에서 기관투자자는 2050년을 향한 기후대책 목표에 맞춰 서약하고 있다. '탄소중립 자산운용사 이니셔티브'에 서명한 기관투자자는 지구의 평균 기온상승을 1.5℃ 미만으로 억제하려는 대책에 맞춰 투자를 지원한다. 회원은 기업에서 나오는 탄소배출량과 포트폴리오의 탈탄소화에 관한 2030년 중간목표를 설정하고, 5년마다 그 목표를 점검해야 한다. 또한 회원은 주주의결권을 통해 스튜어드십(Stewardship)과 인게이지먼트를 실시하기로 약속했다.

이러한 기관투자자의 기후변화에 대한 대책사례를 보면, 기관투자자에게 ESG 평가 개념이 확실히 침투하고 있다. 기관투자자는 지속가능성에 관한 다양한 과제를 인식하고 공동 인게이지먼트를 추진하고 있다.

NGO활동도 무시할 수 없다. 환경과 인권문제에 관해 활발하게 국제적 활동을 하는 NGO는 감시나 협동방식으로 사회과제를 해결하고 있다. NGO간에 제휴를 통해 기업에 변화를 촉진하는 역할도 담당하고 있다. 이렇게 환경과 사회분야에서 NGO와 기관투자자가 중층적으로 서로 관여하면서 기업에 영향을 강화하는 상황이다.

지구의 환경대책에 글로벌 기업도 적극 참여하기 시작했다. 2015년 마이크로소프트의 빌게이츠 등 글로벌 기업인은 친환경 에너지 개발을 위한 조직 '에너지돌파구연합(Breakthrough Energy Coalition)'을 결성하였다. 2016년에는 빌게이츠 외에 저명한 글로벌 기업의 큰손들은 바이오 연료, 탄소저축 기술, 풍력터빈 등 청정에너지 기술의 사업화에 적극적으로 투자하기 위해 '에너지돌파구벤처(이하, BEV)'를 설립하고, 지금까지 45개의 스타트업에 출자했다. 청정에너지 기술에 계속 관심이 높아지면서 벤처캐피털에서 탄소배출량을 감축할 수 있는 스타트업에 출자한 자금은 2013년 4억 달러였지만, 2016년에는 약 160억 달러로 40배가 늘어났다.

BEV는 5년정도의 단기적 수익이 아니라 20년간 장기적 펀드를 만들었다. 또한 농업과 건축, 교통, 제조 등 다양한 산업의 기술에 자금을 투자하고 있다. 최종적인 지표는 이익이지만, 기업은 새롭게 연간 5억 톤의 탄소배출량(전 세계 연간 탄소배출량의 1%)을 감소해야 한다는 조건을 설정하였다. 투자자 외에 학자와 기업가, 은행원 등을 팀에 참여시켜 새로운 기술의 실현가능성과 잠재력을 판단한다. 앞으로 그린 철과 시멘트, 장거리 운송, 탄소 직접공기 포집기술(DAC), 수소 등 심각한 기후변화에 관한 과제 해결에 초점을 둔 40~50개 스타트업에 출자할 계획이다.

환경오염 대책으로 친환경 기술에 관한 관심은 높아지고 있다. 글로벌 기업은 지구 환경문제의 대책은 기업의 사회적 책임으로 인식하고 있다. 사회적 책임을 실현하면서 동시에 친환경

사업에서 장래 사업기회를 찾고 있다.

▌탄소배출 제로 대책을 추진하는 기업들

세계 각국 정부와 기업들이 기후변화 대책을 실시하고 있지만, 인위적 탄소의 총배출량은 계속 증가하고 있다. 전문가들은 현재 속도로 증가하면 지구전체의 평균기온은 금세기 말까지 3.7~4.8℃ 상승할 것으로 예측한다. 지금까지 세계의 과학자가 안전하게 생각한 온난화 수준을 훨씬 넘는다. 이러한 국제적 위기의식 속에서 'RE 100'과 'SBT'라는 이니셔티브가 탄생하였다.

'RE 100'은 글로벌 기업들과 국제환경 비정부단체들이 중심이 되어 2014년에 설립된 환경운동단체다. 기업들이 생산활동을 할 때 필요한 에너지를 100% '재생가능한(Renewable) 에너지'로 충당한다는 의미에서 'Renewable Energy 100%'의 두 문자를 따서 'RE 100'으로 명칭을 붙였다.

2021년 3월 현재 세계 175개지역, 280개 이상의 단체가 참여하고 있다. 애플, 존스앤드존슨, JP모건, BMW 등 유럽과 미국의 글로벌 기업들도 회원이다. 참여기업은 연간 1회 재생 에너지 전략의 이용현황, 필요한 경우 재생에너지 전력의 발전량을 보고해야 한다.

'RE100'에 참여할 때 기업은 재생가능 에너지를 100% 달성하는 연도를 선언한다. 예를 들면 2030년까지 최저한 전체 소비전력의 30%를 재생가능 에너지로 충당하고, 2050년까지는 100%로 한다는 내용을 선언해야 한다. 'RE100'에 가입한 많은 기업은 10년, 20년 후 장래 재생가능 에너지 비율을 올려서 가능한 일찍 100%를 달성할 계획을 세우고 있다. 애플과 마이크로소프트와 같이 이미 100% 달성한 기업도 있다.

'RE100'의 대책을 선언한 기업뿐만 아니라 그 공급망(supply chain)에도 파급효과가 있다. 애플은 부품 공급업체에게 재생 에너지 도입을 요구하고 있다. 그 결과 애플과 거래하는 23개의 공급업체는 애플 부품제조에 소요되는 에너지를 100% 재생에너지로 충당할 것을 공약하고 있다.

RE 100의 가입조건

대상기업	-글로벌 또는 국내에서 높은 인지도와 신뢰도 -주요 다국적 기업(포춘 100 또는 이에 상당) -전력소비량이 클 것(연간 100GWh 이상) -RE100의 목적에 기여하고, 어떤 특징과 영향력을 가질 것
재생에너지 전력의 정의	-태양광과 태양열, 수력, 풍력, 바이오매스 -재생 에너지에서 나온 전력임을 추적할 수 있음
증서의 발생시기	-전력의 소비기간과 가능한 가까운 시기에 발행·상각되는 증서를 사용할 것
시간	-2050년까지 모든 소비전력을 재생에너지 전력으로 할 것 -2020년 30%, 2030년 60%, 2040년 90%의 중간목표를 설정할 것 -국가의 재생에너지 비율의 목표, 기업이 직접 재생에너지를 이용할 수 있는 시장을 정비하기 위해 정책에 적극 관여하고, 이를 공표할 것

자료: RE100 홈페이지(RE100 가입기준)

이렇게 글로벌 기업은 재생가능 에너지로 비용을 줄이고 있다. 저탄소사회로 이행하면서 가격이 불안정한 화석연료에 의존도를 낮추고, 에너지 비용을 적절하게 관리하면서 사업위험을 줄이고 있다. 이러한 적극적인 대책은 ESG 투자자에게 좋은 평가를 받을 수 있다. 탄소배출 제로 경험으로 축적된 대책은 솔루션 서비스 구축, 기술혁신, 공급망 대책 등 새로운 사업기회의 창출에 활용할 수 있다. 특히 구글, 애플, 인텔, 아마존, 마이크로소프트 등 글로벌 IT관련 기업은 탄소배출제로 활동에 적극적이다.

SBT는 기업들에 대해 '과학적 근거에 따라(science-based)' 탄소배출 감축목표를 세울 것을 요구하는 이니셔티브다. SBT는 기후변화 대책에 관한 정보공시를 추진하는 기관투자자의 연합체다. 세계자원연구소(WRI), 세계자연보호기금(WWF), UN글로벌 콤팩트(UNGC) 등이 제휴하여 사무국을 운영하고 있다. 파리협정 이전부터 진지하게 기후문제에 대처한 기업들과 환경 NGO가 SBT결성의 원동력이었다.

SBT는 기업의 온실효과 가스 감축목표를 설정하기 위한 획기적인 방법을 제시하고 있다. SBT는 과학에 근거한 목표설정 방법으로 자체 개발한 '섹터별 탈탄소화 방식(SDA, Sectoral Decarbonization Approach)'을 추천하고 있다. SDA는 각 업계마다 실현해야 할 탄소배출 감축목표를 정하고, 이를 기준으로 회사의 감축목표를 설정하는 방식이다.

SBT는 SDA로 목표설정을 지원하기 위해 간이설계 툴을 공개하고 있다. SDA 이외의 기법을 이용한 감축목표를 실시하는 기업에도 문호를 개방하기 위해 다른 기관이 발표하는 목표설정 기법도 허용한다.

현재 C-FACT, CSO, GEVA, 3%솔루션 등 다양한 기법을 예시하고 있다. 기업들은 SBT에 회원 가입을 신청할 때는 어떤 기법에 따라 탈탄소화 목표를 설정할 것인지 표시해야 한다. 기후변화 대책에 선도적인 기업들은 중장기적으로 주주, 고객, 종업원 등 이해관계자들로부터 확고한 신뢰와 평판을 얻을 수 있다.

글로벌 기업의 기후변화 대책에 관한 정보공시를 평가하는 국제환경 이니셔티브(RE 100, SBT 같은 국제환경 운동조직)의 영향력은 커지고 있다. 한국기업은 이러한 국제동향에 적극 대응해야 한다. 이들 국제환경 이니셔티브에 대응하려면 온실효과 가스 배출량의 산출방법, 재생가능 에너지의 조달 등을 국제적으로 주장하기 위한 충분한 정보가 정리되어 있지 않은 과제가 있다. 국제적 환경 이니셔티브에 참여하고 적극적인 대책을 추진하는 기업에 기술지원 등 다양한 대책이 마련되어야 한다.

▌기후변화 대책에서 사업기회를 찾는다

환경위기를 긴급한 과제로 인식하고 국제사회가 협동하여 해결하기 위해, 유엔은 2015년 9월 지속가능한 개발(Sustainable Development)을 위한 '2030 어젠더(agenda)'를 채택했다. '2030 어젠더'는 국제사회 전체의 보편적인 목표로서 채택되었다. 그중에 '지속가능개발목표(SDGs)'로서 17개의 목표와 169개의 어젠더를 설정하고 있다. SDGs는 지속가능한 국제사회를 지향하여 2030년까지 해결할 문제를 전 세계에서 확인한 국제 목표다.

SDGs에는 17개 목표가 있고, 13번째의 목표에 기후변화에 구체적인 대책이 포함되어 있다. 구체적으로 모든 국가에 기후관련 재해와 자연재해에 대한 강인성과 적응력을 강화할 것을 요구하고 있다. 기후변화 대책을 국가의 정책, 전략, 계획에 포함하는 내용도 있다. 또한 개발도상국은 기후변화와 관련된 효과적인 계획 수립과 관리를 위한 능력을 높이는 시스템을 추진할 것을 제시하고 있다.

유엔재해경감 국제전략기구(UNISDR)가 2018년 정리한 보고서에 따르면, 1998년부터 20년간 자연재해로 인해 발생한 경제 손실액은 2조9,080억 달러에 이르렀다. 그 수치는 이전 20년간 약 2.2배로 증가한 것이다. 2013년 필리핀을 급습한 태풍 30호 하이엔은 역사상 가장 강력하여 사망자가 6,200명이 넘는 큰 피해를 초래하였다.

적은 비와 건조, 열파에 의한 자연재해로 호주의 삼림재해를 열거할 수 있다. 호주는 2019년 평균기온이 과거 최고를 갱신하고, 평균 강수량은 과거 가장 적어 화재가 발생하기 쉬운 환경이었다. 이때 2019년 7월 일어난 삼림화재에서 28명이 사망하고, 3,000동의 민가가 불타고, 최대 10만의 야생동물이 영향을 받았다.

국가의 규모와 지리적 특성에 따라 기후변화로 받는 영향은 다르다. 자연재해의 맹위가 세계에 확산되는 현실에서 지구차원에서 재해대책을 추진할 필요가 있다.

기후변화대책은 완화와 적응 두 가지 대책이 있다. 선진국은 완화대책을 추진하고 있다. 완화대책은 온실효과 가스 대책과 에너지 절약과 재생 에너지 기술의 혁신을 지향하고, 적응은 이미 일어나고 있는 이상기상에서 피해를 방지하거나 줄이는 대책을 추진한다. 완화대책은 2015년에 채택된 파리협정이 있다. 이것은 2020년 이후의 온실효과 가스 배출량의 감축을 지향하여 196개의 국가와 지역이 참여하고 있다.

온실효과 가스 배출량을 줄이려면 탄소배출량이 적은 재생가능 에너지가 효과적이다. EU는 재생가능 에너지 비율을 2050년까지 100%로 하는 목표를 제시하고 적극 대처하고 있다. 예를 들면 독일은 세계의 태양광 발전 누적도입량의 36.4%를 담당하고 있고, 2018년에는 국내 발전량의 40% 이상을 재생가능한 에너지로 충당하고 있다. 선진국은 기술혁신으로 기후변화의 요인인 온실효과 가스의 감소를 요구하고 있다. 자금이 부족한 개발도상국은 방재대책이 없는 경우가 많고, 선진국의 지원을 받아 대책을 추진하고 있다.

선진국은 대량소비사회를 유지하기 위해 온실효과 가스를 계속 배출하고 기후변화를 유발하고 있다. 그러나 기후변화의 영향을 크게 받는 것은 온실효과 가스를 거의 배출하지 않은 개발도상국이다. 선진국은 개발도상국에 자금과 기술을 제공할 책임이 있다. 이런 배경에서 유엔과 세계은행은 개발도상국을 지원하고 있다.

2018년 10월 기후변화에 관한 정부간 협의체(IPCC) 총회에서 채택된 '1.5℃ 특별보고서'에 따르면, 건강, 생계, 식료안전보장, 물 공급, 인간의 안전보장 및 경제성장 등 기후관련 위험은 1.5℃의 지구온난화에서 증가하고, 2℃에서는 더욱 증가할 것으로 예측했다. 지구온난화를 1.5℃로 억제할 경우 인위적 탄소배출량은 2050년 전후에 순제로에 도달할 것을 예측하였다. 지구온난화를 1.5℃로 억제하려면 에너지, 토지, 도시 및 인프라 등 산업 시스템에서 빠르고 광범위하게 이행해야 한다. 규모와 속도 면에서 전례가 없다. 국제사회는 1.5℃ 특별보고서의 지적 내용에 유의하여 기후변화의 위협에 대한 국제적 대응의 필요성을 인식하고 있다.

신속하게 탈탄소화로 이행하는 기업은 높은 평가를 받을 수 있다. 그렇지만 기후변화 대책은 기업에 비용이며, 경쟁력의 원천이다.

국제재생가능에너지기관(IRENA)은 에너지 절약대책, 재생가능 에너지, 이산화탄소 회수·축적(CCS), 건축물 수선, 축전지 등 에너지 산업의 탈탄소화에 필요한 추가 투자는 2050년까지 약 29조 달러 이상이 될 것으로 예상했다. 이러한 투자는 새로운 경제성장을 촉진하고, 2050년에 세계전체의 국내총생산을 0.8% 끌어올릴 것으로 전망하고 있다.

금융분야에서 기업의 환경대책을 투자의 판단요소로 파악하는 움직임이 확대되고 있다. 세계전체에서 ESG 투자는 매년 크게 증가하고 있다. 기관투자자와 금융기관은 인게이지먼트와 투자자금 회수를 통해 기업의 탄소배출을 억제하고 있다. 투자자금 회수만으로 기후변화에 대응할 수 없다. 기후변화 대책을 위한 설비투자와 기술혁신이 필요하다. 탈탄소에 대응한 시설투자와 기술혁신을 적극적으로 평가하는 ESG 투자의 중요성은 더욱 커질 것이다. 막대한 자금이 필요한 기후변화 대책을 추진하기 위해 ESG 투자자금의 확보경쟁도 그만큼 치열해질 것이다.

이런 상황에서 ESG 투자자는 기후변화에 대응하는 기업을 적극 지원할 필요가 있다. 필요에 따라 적절한 인게이지먼트를 통해 기후변화 대책을 공시하는 기업이 중장기적 기업가치를 높일 수 있도록 지원해야 한다.

기업은 사업혁신을 통해 환경을 개선하면서 계속 성장하는 자세를 가져야 한다. 기후변화 문제를 해결하며 사회에 공헌하기 위해 모든 선택지를 추구하고, 유연하게 점검해 나가야 한다. 탈탄소화를 위한 구체적인 목표를 제시하고, 그 목표를 실현하기 위한 과제, 국내외 제휴를 포함한 명확한 추진체제의 구축, 대담한 정책을 수립하고 경영자원을 투입해야 한다.

기후변화 문제는 한 국가의 문제가 아니고, 지구전체의 과제다. 파리협정의 이념에 따르려면, 세계전체에서 온실효과 가스 배출을 감소해야 한다. 기후변화 문제는 한 국가만으로 결코 해결할 수 없다. 세계 각국이 지혜를 모으면서 혁신을 추진하고 기술을 개발·보급해야 한다. 이를 위해 기후변화 대책과 이노베이션을 추진하는 기업을 대내외에 공개하고 적극 지원해야 한다. 금융측면에서 그린 파이낸스를 추진하여 탈탄소화 대책으로 충분한 자금이 들어가는 시스템도 구축해야 한다.

최근 이러한 기후변화 대책의 이노베이션이 추진되고 있다. 파리협정에 따라 그린 에너지 분야의 연구개발에 정부와 민간 투자를 촉진하는 '미션이노베이션'이 설립되었다. 현재 이 이니셔티브에 G7을 포함한 24개국과 EU가 참가하고 있다. 참가국은 그린 에너지 분야의 혁신적인 기술에 대한 정부연구개발 투자를 5년간 두 배로 증가하는 목표를 추진하고 있다.

이미 2014년부터 일본에서는 '시원한 지구를 위한 이노베이션 포럼(ICEF)'이 개최되고 있다. 이 조직은 기후변화 문제를 해결하기 위한 에너지·환경분야의 혁신의 중요성을 세계의 지도자들이 의논하고 협력하는 지식포럼이다. 2018년 ICEF에 약 70개 국가에서 1,000명이 참가하여 이노베이션을 촉진하기 위한 과제와 장래 전략, 특정 기술분야에 대해 논의하였다.

기업은 어떻게 기후변화에 대응할까

▌ 기후변화 위기대책을 촉구하는 국제사회

올해 17살의 청소년 환경운동가 그레타 툰베리(Greta Thunberg)는 2019년 9월 유엔의 '기후행동 정상회담(Climate Action Summit)'에서 "당신들이(선배세대) 우리(후배세대)를 배신하면, 우리는 결코 용서하지 않겠다"는 강렬한 메시지를 보냈다. 각 국가의 지도자에게 지구온난화 대책을 강화할 것을 눈물을 흘리면서 호소했다. 60개 국가를 대표하는 지도자들 앞에서 툰베리가 기후변화 대책의 행동을 촉구한 연설은 큰 방향을 불러 일으켰다.

이 정상회의에서 60개국 지도자들은 파리협정의 2℃ 목표보다 더 야심적인 1.5℃ 목표를 논의하였다. 국제회의에서 논의한 기후변화 대책은 모든 국가의 경제에 영향을 미친다. 각 국가의 기후대책은 장래 기업경영에 중대한 변수로 작용할 수 있다. 기후변화에 따른 장기적인 경영과제는 기업에서 빠뜨릴 수 없는 중요한 문제가 되었다. 다양한 이해관계자의 목소리를 들으면서 당장 착수해야 할 과제가 산적하다.

20년~30년 후 기후변화와 관련해서 기업의 경영전략을 수립한 기업은 거의 없을 것이다. 기후문제와 기업경영의 관계를 생각하지 않았기 때문이다. 지금까지 기후문제는 기업경영과 전혀 다른 별개의 과제였다. 그러나 지금 글로벌 트렌드는 상당히 다르게 전개되고 있다. 기후문제가 국가정책과 기업 경영에 중대한 과제로 작용하고 있다. 그만큼 기후문제는 지구환경에 심각한 영향을 주고 있다는 것을 암시하고 있다.

최근 자주 발생하는 기상재해는 매우 인상적이다. 폭설과 폭우로 미국과 유럽국가들이 국가비상사태에 빠지고, 태풍과 해일이 아시아 국가를 엄습하고 있다. 기후변화로 인해 기온상승뿐만 아니라 홍수나 갈수(渴水)가 증가하고, 강우의 국지화·집중화 현상이 일어나고 있다. 또한 방재와 수자원, 농림수산업, 자연생태계, 경제와 산업활동에도 나쁜 영향을 주고 있다. 사람들은 일상생활 전반에 걸쳐 기후변화의 위험에 노출되어 있다. 간단히 말해 인류는 현재 심각한 기후위기에 직면하고 있다.

현재 국가마다 심각한 기상재해에 대해 다양한 대책을 추진하고 있다. 무엇보다 기상재해를 회피하거나 줄이는 대책도 중요하다. 우리가 일상생활에서 환경을 중시하는 행동은 지역과 지구의 탄소배출 감소로 이어지고, 자원을 효과적으로 활용할 수 있다. 온실효과 가스 배출을 억제하는 완화대책도 추진해야 한다.

그러나 아무리 환경을 보호하려고 노력해도 장기적으로 온난화 영향으로 호우·갈수·토사재해의 규모확대를 피하기 어렵다. 기후변화의 영향으로 일어나는 재해대책 대비, 지진·집중호우·

홍수·갈수 등을 줄이기 위한 다양한 대책도 추진해야 한다.

이러한 대책에 자금과 시간이 필요하다. 장기적이고 유사시의 대비라는 기상재해에 대한 적응대책의 관점만으로는 신속하게 대응하기 어렵다. 재해뿐만 아니라 평상시의 활용도 예상한 재생가능 에너지와 에너지 절약 등 적극적인 완화대책의 관점도 필요하다. 즉 적응대책과 완화대책을 추진해야 한다. 현재 국가에서 본격적으로 추진하는 탈탄소사회의 실현과 시너지 효과를 낼 수 있도록 대책을 추진해야 한다.

앞서 언급했듯이, 파리협정은 2020년 이후의 지구온난화 대책의 국제적 대책을 정한 협정이다. 선진국과 개발도상국 모두 지구온난화 대책에 참여하고, 세계의 평균기온 상승을 산업혁명 이전과 비교하여 2℃미만으로 억제하기로 했다. 21세기 말까지는 온실효과 가스의 배출을 실질 제로화하는 목표를 추진하고 있다. 각 국가의 감축목표는 국가상황을 반영하여 자주적인 대책 수립을 인정하고 있다. 각국 정부는 목표달성을 위해 경제산업계에 온실효과 가스 배출감소의 실천을 호소하거나 규제를 강화하는 움직임이 더욱 빨라지고 있다.

기업은 유엔의 ''지속가능개발목표(SDGs)''도 인식해야 한다. SDGs의 17개 목표 중에는 'SDG 목표13'에 명확하게 기후변화에 관한 목표를 포함하고 있다. 유엔은 정부와 민간기업의 자발적인 대책을 기대하고 있다.

이상의 두 가지 국제적 기후대책 외에 2017년 6월 금융안정이사회(FSB)가 설립한 TCFD는 기업의 기후변화 대책의 구체적 방향을 제시하고 있다. TCFD는 기업에 기후변화의 영향에 관한 정보를 공시하도록 요구하는 국제조직이다. 금융안정이사회는 일찍부터 기후변화에 따라 금융의 안정성이 손상될 것을 우려했다. 예를 들면, 홍수와 폭풍우 등으로 경제가 마비되거나 탈탄소경제로 이행하는 과정에서 화석연료에 의존도가 높은 분야의 금융적 가치가 크게 떨어지는 위험을 초래할 수 있다.

이러한 위험을 타개하려고 2015년 G20은 금융안정이사회에 대해 기후관련 문제를 점검할 것을 요구했다. 이를 계기로 민간 주도로 설립된 TCFD는 기후변화가 사업에 미치는 재무적 영향에 초점을 두고, 기후변화에 관련된 위험과 기회, 전략 등을 점검·공시하는 구조를 제시하고 있다. TCFD의 공시 프레임워크(framework)는 지배구조, 전략, 위험관리, 목표와 지표 4가지로 구성된다. 기후관련 위험과 기회가 재무에 미치는 영향의 분석(시나리오 분석)과 그 위험관리, 감독체제, 대책에 관한 공시항목을 포함하고 있다.

2021년 2월말 현재 전 세계 78개 1,800개의 기업 또는 기관이 TCFD제언에 동의하고 있다. 동의자체가 법적 구속력은 없지만 기업이 기후변화 대책의 실행을 외부에 발표하는 효과가 있다.

기후대책의 정보공시를 의무화하는 국가도 있다. 2019년 영국의 금융감독기관 건전성규제기구(PRA)는 금융기관의 기후관련 재무위험관리에 관한 규제와 그린 파이낸스 전략을 발표했다. 2022년까지 모든 상장기업과 기관투자자에게 기후변화 위험관리의 정보공시를 의무화하기로 발표했다.

일본도 기후변화 대책에 적극적이다. 2019년 5월 'TCFD컨소시움'을 설립하여 기업이 정보공시를 효과적으로 하고, 금융기관은 공시된 정보를 적절한 투자판단에 활용하는 대책을 논의하고 있다. 2019년 10월 TCFD컨소시움과 WBSCD(지속가능한 개발을 위한 세계 경제인회의)는 공동으로 TCFD제언에 선진적으로 대처하는 기업과 금융기관의 리더가 참여하는 'TCFD정상회의'를 개최하였다. 2019년 이후 일본기업은 기후변화와 TCFD제언에 더욱 적극적으로 대응하는 모습을 보이고 있다.

▌기업에 미치는 기후변화 위험

TCFD는 2015년 G20의 요청으로 설립되었다. 그 배경에는 기후변화가 경제에 미치는 영향을 무시할 수 없는 정도로 크다는 점이다. 이런 기후위험을 인식하는 기업도 적지 않다. 글로벌 대기업 중 증권시장에 상장된 많은 기업은 TCFD에 동의하고 있다. TCFD제언에 따른 보고서를 제출하는 등 세계의 기업은 기후변화에 대한 위험대책을 인식하고 사업을 추진하고 있다. 기후위기 시대에 기업이 생존하려면 계속해서 기후변화에 따른 사업상 위험을 파악하며 사업을 전개해야 한다.

TCFD제언은 기후관련 위험을 이행위험과 물리적 위험으로 구분하고 있다. 이행위험은 탄소세의 도입 등 저탄소경제로 이행할 때 발생하는 위험이다. 물리적 위험은 홍수와 가뭄 등 기후변화의 물리적 영향에 관련된 위험이다. 예를 들면, 태풍과 호우 등에 따라 제조시설이 손상되면 사업활동이 중단될 가능성이 있다. 시설이 재해를 입지 않았을 경우에도 재해에 의해 조업이 중단될 경우도 있다. 이러한 피해로 인해 제품의 부품을 제조하는 기업이 하나라도 가동이 중단되면 직접 피해를 입지 않았던 제품회사와 공급망 전체에 미칠 가능성이 있다.

외부 작업이 많은 건설업계는 기온상승과 함께 열사병(熱

射病)으로 인한 건강위험이 문제가 되고 있다. 종업원에게 사고가 날 경우에 손해배상과 의료비 등 비용이 높아질 것으로 예상된다. 또한 농작물은 기온변화, 재해 영향을 받기 쉽기 때문에 그러한 원재료의 수확과 품질의 저하, 비용의 상승도 영향이 있을 것이다.

기후관련 다양한 위험

이행 위험	시장위험	고객니즈 변화로 생산과정에서 탄소배출량이 많은 상품 수요의 감소
	정책과 법적 위험	온실효과 가스 배출량을 감소하기 위해 탄소세를 도입하고, 기후관련 소송청구의 증가
	테크놀로지 위험	재생에너지, 축전지, 탄소회수·저축기술의 진행·기술 개발과 사용이 늦어짐
	평판위험	화석화력발전에 투자가 NGO에게 비판을 받음
물리적 위험	만성적 위험	해면상승으로 해안부 부동산의 자산가치 하락
	급성적 위험	태풍과 홍수로 재해가 빈발하고, 생산공장의 가동정지 기간이 늘어남

자료: TCFD 자료

현재 화석연료가 세계의 전력에서 절반 정도를 차지하고 있다. 하지만 저탄소경제에 관한 법률규제를 강화하여 선진국을 중심으로 장래 에너지 수요구조는 크게 바뀔 것이다. 국제에너지기구(IEA)에 따르면 앞으로 20년 동안 재생가능 에너지는 25%에서 40%로 늘어날 것이라고 예측했다(세계 에너지전망 2018).

이렇게 저탄소경제로 이행할 때 발생하는 이행위험에 대한 대책이 필요하다. 예를 들어 탄소세로 인해 발생하는 추가 비용의 영향을 어떻게 억제할 것인지, 또한 새로운 시장수요에 대응할 수 있도록 재생 가능에너지에 설비투자를 계획적으로 실시할 수 있을지는 중요한 문제다.

물리적 위험의 관점에서 해면상승, 홍수, 열파 등의 재해증가 때문에 발전시설의 가동에 미치는 영향을 어떻게 회피할 수 있을지 점검해야 한다. TCFD제언은 이렇게 높아지는 기후변화 위험에 대해 지배구조, 전략, 위험관리, 목표와 지표 4가지 항목에 회사의 재무적 영향이 있는 기후관련 정보를 공개하도록 장려하고 있다.

TCFD제언에 따라 정보를 공시할 때 기업은 기후변화 대책을 외부에 호소하는 효과가 있다. 금융기관을 비롯한 이해관계자의 인지도가 높아지고, 대책에 관해 대화를 충실히 할 수 있는 장점 때문에 최근 TCFD에 동의하는 기업이 늘어나고 있다.

▌TCFD 정보공시 요구에 적극 대응하라

TCFD가 기업에 요구하는 것은 기후변화에 의한 재무적 영향을 공시하는 것이다. 이에 기업이 대응하려면 2℃미만의 목표 등 기후 시나리오를 근거로 회사의 기후관련 위험과 기회를 평가하고, 이를 경영전략과 위험관리에 반영하여 그 재무적 영향을 공시해야 한다.

단, TCFD를 위해 특별한 보고서를 작성할 필요는 없다. 회사에서 이미 발행하고 있는 연차 보고서와 CSR 보고서 등 연차 재무보고서 중에 기후변화 관련 재무정보를 포함한 형태로 공시하는 방법을 추천하고 있다.

기업이 기후변화 대책을 검토할 때 TCFD제언의 프레임워크(framework)가 참고가 된다. 어느 기업도 공통적으로 대응할 항목으로 기후관련 지배구조, 위험관리, 전략, 지표·목표 4가지 항목을 제시하고 있다. 또한 모든 기업에 이 4가지 항목의 공시를 요구하는 것은 아니다. 지배구조, 위험관리는 투자가가 기업의 재무와 영업 결과를 평가할 때 필요하기 때문에 모든 기업에 공시를 추천하고 있다. 이미 있는 지배구조와 위험관리 체제에 장기적인 기후변화 영향을 검토하는 구조를 추가할 것을 권장하고 있다. 전략과 지표·목표는 기후관련 정보의 중요성이 높은 기업, 매출이 높은 기업만 공시를 추천하고 있다.

기업은 TCFD제언에 따라 기후관련 대책을 수립할 필요가 있다. 기후대책을 수립할 때 먼저 현재 회사가 속한 산업과 업종, 장래 회사의 사업방향이 기후와 어떻게 관련되어 있는지 필요한 정보를 파악해야 한다. 구체적으로 기후변화가 사업에 미치는 영향평가의 정보, 기후변화의 장래 예측, 회사주변의 재해예상, 동종업계의 대응사례 등 비교적 쉽게 얻을 수 있는 정보를 수집·정리한다. 이런 정보를 바탕으로 외부 전문가의 능력을 활용하거나 관계자와 커뮤니케이션은 회사의 현재 상황을 올바로 인식하고 의미 있는 대책을 수립하는데 중요하다.

회사를 둘러싼 기후변화 관련 정보를 파악했다면 TCFD가 제시한 프레임워크(framework)에 따라 공시할 정보를 작성한다. 기후변화관련 정보를 공시하기 앞서 경영자의 헌신적 자세가 중요하다. 기업의 지배구조 체제에서 기후변화와 관련된 감독체제와 경영자의 역할을 보고할 필요가 있다. 현재 조직의 지배구조 체제에서 기후변화에 어떻게 대처하고 있는지 제시해야 한다. 예를 들면, 기후변화 위험과 기회에 대해 이사회의 감독체제가 어떻게 되어 있는지, 기후관련 담당임원과 위원회 등이 설치되어 있는지, 경영자가 기후관련 과제의 정보를 보고받는 프로세스를 구체적으로 공시한다. 이사회의 의제로서 기후변화 문제를 상정했다는 것을 기재하거나 전문위원회의 의제로서 기후변화를 다루겠다고 기재하는 방법도 있다.

전략과 목표·지표 항목은 시나리오 분석을 통해 위험을 파악한 후 적절한 대책을 생각한다. 시나리오 분석이란 기후변화의 진행(온도상승폭의 옵션)을 예상한 몇 개의 시나리오를 검토하고, 각 시나리오에서 기업이 받는 영향(위험과 기회)을 평가하는 방법이다. 시나리오 분석에 따라 기업은 전략과 재무계획이 2℃시나리오를 포함한 다양한 기후관련 시나리오에서 어떻게 극복할지 분석하고, 기후변화 위험에 대비할 수 있다.

시나리오와 이와 관련된 다양한 예측정보를 수집하고 사업에 미치는 재무영향을 파악하기 때문에 상당한 부담이 따른다. 이 때문에 사업전체의 이행위험·물리적 위험(기회)을 정성적으로 검토하고 중요한 영향이 있는 핵심요소를 중심으로 정량적인 시나리오 분석을 하는 것이 효율적이다. 시나리오 분석의 목적은 정확한 장래 예측이 아니라 장래 사업에 영향을 주는 패턴을 파악하여 전략에 어떻게 포함할지를 검토하는 것이다. 따라서 간단한 검토를 통해 일찍부터 회사에서 기후관련 논의를 시작할 것을 권유한다.

TCFD는 경영자가 기후변화 위험과 관련하여 전략을 수립하고 있는지도 묻는다. 단기·중기·장기 위험과 기회, 사업·전략·재무에 미치는 영향을 공시하고, 2℃미만의 목표 등 기후시나리오를 고려할 때 조직전략의 강인성을 설명할 필요가 있다. 예를 들어 기후변화에 관한 전략을 수립할 때 제품 싸이클을 고려하거나 단기·중기·장기의 시간대로 구분하여 위험과 사업기회를 점검하는 경우도 있다. 위험과 사업기회는 제품과 솔류션을 구체적으로 기재하기도 하고, 연구 개발비와 설비투자, 투융자의 총액을 표시하고, 장기적인 관점에서 공개하기도 한다. 또한 장래 평균기온이 상승하는 정도에 따라 복수의 시나리오를 공개하는 기업도 있다. 지표와 목표 항목은 온실효과 가스의 배출감소량부터 환경문제와 사회 공헌을 중심으로 공시하는 방법 등으로 회사의 경영관점을 보여줄 수도 있다.

업무를 수행할 때 위험관리도 명확히 해야 한다. 기후관련 위험과 기회를 통한 사업·전략·재무계획에 미치는 영향에 초점을 둔다. 구체적으로 위험관리의 프로세스와 기후관련 위험 평가 상황, 우선순위 부여, 조직전체의 위험관리에 대한 종합적 정보가 해당한다.

전략과 위험관리에 이용되는 목표·지표는 투자자가 기업을 평가할 때 빼놓을 수 없는 요소다. TCFD가 추천하는 것은 저탄소재료의 수입에 관한 지표, 온실효과 가스 배출량의 계산과 보고의 기준인 'GHG 프로토콜'에 따라 산출된 배출량, 기후관련 목표, 상품과 서비스의 라이프 스타일 목표 등이 있다.

이러한 TCFD의 프레임워크에 따라 기후대책에 관한 정보를 공시할 때 기업이 투자자와 대화를 촉진하고, 기후변화 위험과 기회를 명확하게 정리할 수 있다. 무엇보다 탈탄소사회를 실현하기 위한 대책을 강화하는 데 도움이 될 것이다.

선진국의 그린뉴딜 대책

2020년 말 미국 대통령 선거는 지구온난화 대책의 큰 분기점이 되었다. 이전의 트럼프 대통령은 미국 제일주의 아래 국제협력에 등을 돌리는 모습을 보였고, 급기야 2020년 11월 4일 기후변화 대책의 국제기구인 파리협정에서 탈퇴하였다. 세계 대부분의 국가가 탈탄소 정책을 추진하는 가운데, 미국은 화석연료 정책을 추진하는 입장을 지속할 가능성이 있었다. 그러나 바이든이 새로운 대통령으로 선출되어 세계 최대의 경제대국은 지구온난화를 억제하는 국제적 대책의 중심으로 돌아왔다.

지구온난화 대책은 바이든 정권의 중점 추진 분야로서 취임 후부터 다양한 대책을 내놓고 있다. 바이든 대통령은 기후변화 위기에 대처하기까지 이미 시간이 너무 지났고, 기후변화라는 실존적 위협에 맞서 계획을 추진하겠다고 밝혔다. 또한 인류가 직면한 최대과제인 기회위기에 대처하기 위해 세계를 이끌어

가겠다며 온난화 대책의 중요성을 강조했다. 그는 취임 후에 파리협정에 복귀하고, 주요 온실효과 가스 배출국가에 대해 파리협정에서 제시한 감축목표를 더욱 강화하려는 움직임을 보이고 있다. 세계 배출량 2위의 미국이 배출감소 대책을 강화한다면 EU, 일본, 중국과 더불어 협력하면서 온난화 대책은 크게 진전될 전망이다.

바이든 대통령은 취임 직후 2021년 1월 기후변화 대책을 명령하는 대통령령에 서명하였다. 2050년까지 온실효과 가스 배출량을 실질 제로로 하는 목표를 제시하고, 앞으로 임기 4년 동안 인프라 재건과 클린에너지 분야에 2조 달러의 투자계획을 공약했다.

바이든 대통령의 주요 공약내용

산업정책	-클린에너지와 인프라에 4년간 2조 달러 투자 -첨단기술 연구개발 등에 4년간 7,000억 달러 투자
규제강화	-구글, 애플, 아마존 등 IT업계 소셜미디어 기업에 대해 통신품위법(CDA) 230조 면책 무효화 추진 -금융업계의 도드 프랭크법 강화
국제통상 정책	-하이테크 분야에서 패권전쟁, 중국의 군사행동의 견제 지속 -통상관계에서 중국의 양보를 조건으로 관세 재검토
부유층 증세	-고소득자의 자본소득세를 20%에서 39.6%로 인상 -소득세의 최고세율을 37.0%에서 39.6%로 인상 -연방법인세를 21.0%에서 28%로 인상

자료: 닛케이ESG 홈페이지

바이든 정권의 기후변화 대책은 공약내용을 통해 엿볼 수 있다. 주요 공약내용 보면, 코로나 바이러스 대책, 재생가능 에너지를 중심으로 한 재정지출 확대, 부유층 증세, 금융업계와 IT업계의 규제강화, 국제협력과 동맹관계 중시의 외교정책, 중국에 대한 지속적인 견제정책으로 되어 있다. 2020년 7월 발표한 인프라 클린에너지 계획을 보면, 코로나 바이러스로 인해 침체된 경기부양책으로 인프라 투자에 의한 고용확대와 클린에너지화를 동시에 추진한다는 정책방향이 들어 있다. 현재 정부예산 정책에 발언권이 강한 상원과 하원에서 모두 민주당이 다수를 차지하고 있기 때문에 이들 공약의 실현가능성이 매우 높다고 볼 수 있다.

바이든 대통령은 취임 후 국제사회의 기후변화 대책을 주도해나가고 있다. 2021년 4월 22일 주요국가의 정상이 모인 기후정상회의를 주도하며, 기후변화에 국제적 협력을 호소하였다. 그는 다시 한번 기후변화의 실존적 위험을 국제사회에 강조하며 2005년에 비해 2030년까지 온실효과가스 배출을 50~52% 감소한다는 목표를 제시하였다. 이 감축목표는 전 오바마 대통령이 발표한 2025년까지 26~28% 감축목표보다 두 배 수준으로, 기후문제를 해결하려는 국제적 리더로서의 역할을 보여주고 있다.

현재 세계 각국은 기후변화에 대응하기 위해 전기차(EV) 보급에 박차를 가하고 있다. 최근 수년간 많은 국가에서 환경규제의 강화와 전기차(EV) 보급정책으로 전기차의 판매대수가 급속하게 늘어나고 있다. 선진국에서 2030~2040년경 가솔린차의 판매를 금지하고, 전기차 등으로 대체하는 움직임이 확산되고 있다. 영국은 2030년, 프랑스는 2040년까지 일반 가솔린차와 디젤차의 신차판매를 금지하기로 했다. 일본과 중국은 2035년까지 동일한 대책을 검토하고 있다. 미국의 캘리포니아주는 2035년까지 가솔린차의 판매를 금지할 방침이다.

에코카 전략과 재생에너지는 바이든 정권의 환경정책의 핵심 축이다. 바이든 정권은 전기차 보급과 환경규제 강화에 적극적인 모습을 보이고 있고, 캘리포니아주의 가솔린차 판매금지 방침을 지지할 것으로 보인다.

미국의 자동차업체는 바이든 정권의 환경정책에 호응하고 있다. 2020년 '테슬라(TESLA)'는 2023년 2만5,000대의 전기차를 판매한다고 발표했다. '제너럴모터스(GM)'는 2021년 1월 상용차를 포함한 전 차종을 전기차로 대체하겠다고 선언했다.

최근 온실효과가스 배출감축의 효과적인 수단으로 재생가능 에너지를 도입하고, 탈탄소의 움직임이 세계에서 확산되고 있다. 유럽 국가는 전체 에너지 중에서 재생가능 에너지 구성비율이 높다. 환경의식이 높은 유럽 국가는 더 높은 목표를 제시하고 재생가능 에너지의 활용을 늘려가고 있다. 유럽 국가에 비해 미국의 재생가능 에너지의 구성은 10%에 지나지 않고, 석탄과 천연가스가 60%를 차지하고 있다.

이런 열악한 현실을 인식한 바이든 대통령은 2조 달러의 클린 에너지 투자정책을 중심으로 2050년까지 사회전체에서 온실효과 가스 배출량을 실질 제로로 하는 방침을 제시하고 있다. 이런 목표를 달성하기 위해 태양광과 풍력 등 재생가능 에너지의 활용을 적극 추진할 전망이다.

바이든 정부는 2021년 4월 발표한 경기부양 대책에 전기차 보급을 확대하고, 풍력과 태양광 발전(發電)의 보조금을 연장하는 내용을 담았다. 재생에너지 산업에 대한 보조금이 연장될 경우 미국의 풍력과 태양광 시장은 지속적으로 성장할 것으로 예상된다. 탄소배출 제로 정책에 따르면, 미국 내에서 앞으로 5년 동안 탄소를 배출하지 않는 전기차와 수소차의 보급이 크게 늘어날 전망이다. 세계 초강대국 미국이 추진하는 기후변화 대책은 장차 다른 국가들로 빠르게 확산될 것으로 전망된다.

일반적으로 세계 각국이 환경보호를 위해 펼치는 정책과 투자를 그린뉴딜(Green New Deal)이라고 말한다. 1930년대 대공황 당시 미국의 루즈벨트 대통령이 경제부양을 위해 사용했던 정책을 뉴딜(New Deal, 새로운 계약)이라고 이름 붙였던 것에 빗대어, 환경보호를 위해 펼치는 정책을 그린뉴딜이라고 부른다. 우리나라에서도 문재인 정부가 환경투자계획을 발표하면서 그린뉴딜이라는 명칭을 사용했다. 전 세계에서는 요즘 그린뉴딜 정책이 하루가 다르게 발표되고 있다. 이처럼 지구가 처해 있는 환경위기가 매우 심각하다는 의미다.

▍기후위기에서 기회를 찾는 엑슨모빌, 인텔, 구글

미국에서는 민간기업이 자발적으로 ESG대책을 추진하고 있지만, 최근 규제당국이 ESG에 관련된 정책과 방침을 내놓고 있다. 2021년 3월 미국 증권거래위원회(SEC)는 기업의 ESG대책에 관한 공시기준을 검토하기 위해 의견공모를 발표했다. 증권거래위원회는 2010년 기후변화에 관련된 기업정보 공시기준 지침을 발표했다. 그러나 그 지침은 자율적인 가이드라인에 머물고 있고, 세계에 보급되고 있는 다른 자율적 공시기준과 정합성이 부족하다는 문제가 있었다.

또한 앞으로 바이든 행정부가 기후변화 대책을 강조하고 있다는 점에서 환경보호국(EPA)의 역할이 커질 것으로 보인다. 환경보호국의 온실효과 가스 배출에 대한 규제조치는 기업경영에 직접적으로 큰 영향을 줄 수 있기 때문에 미국기업은 규제변화에 촉각을 세우고 있다. 일부 대기업은 예상되는 정부의 환경정책의 변화를 신기술과 신규사업을 발굴하는 기회로 적극 활용하고 있다.

미국기업의 ESG경영 사례

클로록스 (Clorox)	- 2030년까지 플라스틱과 섬유포장재 50% 감소, 2025년까지 100% 재활용, 재사용 또는 퇴비화 포장으로 대체 - 12년간 매년 70MW의 재생에너지 구입 예정 - 지속적인 수질 개선, 인증된 천연섬유만 포장에 사용
엑슨모빌 (ExxonMobil)	- 미국 에너지부와 공동으로 탄소포집과 저장기술 개발 중 - 탄소포집과 저장기술, 바이오 연료기술에 투자계획 발표
인텔(Intel)	- 반도체 제조에 사용되는 광물에 대해 책임감 있는 광물공급망 관리체계 수립(분쟁광물 교육, 공급망 실사표준 등)
넷플릭스 (Netflix)	- 사회의 지속가능성 측면에서 사내인력의 다양화 추진 - 임원의 공개보상제도 실시, 임금격차의 공개토론 장려 - 유연한 육아휴가 정책 실시
구글(Google)	- 인공지능(AI)를 활용한 자연재해(홍수, 지진 등)을 사전 예측하여 예방하는 시스템 개발 중
스타벅스 (Starbucks)	- 블록체인에 커피재배 농부의 이력부터 커피콩의 유통과정을 기록하여 커피 생산국가의 삶의 질과 공정무역 보장
마이크로소프트 (Microsoft)	- 2015년부터 태양력, 풍력 등 100% 친환경 에너지로 가동되는 해저 데이터 센터 건설 추진 중

자료: Kotra 홈페이지

미국의 대표적 소비재 제조회사 '클로록스(Clorox)'는 제품과 포장재의 지속가능성에 적극 대처하고 있다. 2019년부터 환경의 지속성 목표를 세우고, 플라스틱과 폐기물 감소, 재생에너지 사용 등의 대책을 추진하고 있다. 세계적인 석유기업 '엑슨모빌(ExxonMobil)'은 ESG대책을 신규사업 발굴기회로 활용하고 있다.

2020년 12월 탄소포집 및 저장기술(CCS, Carbon Capture and Storage, 이산화탄소를 대기 속에 방출하지 않고, 모아서 격리하는 기술)에 대한 투자 등 온실효과 가스 배출의 감축을 위한 5개년 경영계획을 선포하였다. 글로벌 IT기업들은 인공지능, 블록체인 등 최신 테크놀로지를 활용하여 자체 ESG 이슈와 환경과 사회문제를 동시에 해결하고 있다.

▎국제경쟁력을 높이는 유럽 그린뉴딜

유럽연합(EU)은 2019년부터 그린뉴딜 정책을 본격적으로 펼치고 있다. 유럽연합의 행정부격인 EU집행위원회(European Commission)는 EU를 자원 효율적이고 경쟁력 있고 공정하고 번영한 사회로 바꾸는 목표를 새로운 성장전략으로 설정하였다. EU의 자연자본을 보전·강화하고, 환경관련 위험에서 시민의 건강과 복지를 보호하는 목표도 설정했다.

EU집행위원회는 구체적인 정책으로서 '50 행동계획'을 제시하고 앞으로 10년간 적어도 1조 유로의 지속가능한 투자를 동원하기 위한 '유럽 그린딜 투자계획'을 발표했다. 기후변화 대책의 목표달성을 법적으로 강제하기 위해 '유럽 기후법'도 제안하였다. 유럽 기후법은 EU역내에서 2050년 온실효과가스(Green House Gas)의 배출량을 실질적으로 제로로 만드는 기후중립 목표를 설정한 것이다. 또 2030년까지 온실효과가스 배출량을 1990년에 비해 적어도 50%수준 이하로 낮추는 목표를 제시하였다.

한마디로 유럽 그린딜은 "EU를 세계 최초의 기후중립, 자원 효율, 디지털 시대에 대응하는 대륙으로 바꾼다"는 기후변화 대책의 청사진이다. 이 청사진에 따르면, 유럽의 경제와 사회의 구조는 앞으로 크게 바뀌게 될 것이다. 환경을 배려한 제품을 생산하고, 폐기물의 감축과 자원재활용을 촉진하고, 새로운 환경산업과 고용기회를 창출하는 순환형(循環形) 경제로 이행할 것으로 예상된다.

EU가 그린딜에 적극적인 배경은 기온상승, 천연자원의 고갈, 해양오염, 생물다양성의 상실 등으로 유럽인들의 안정과 번영이 크게 위협받고 있기 때문이다. EU집행위원회의 여론조사를 보면, 유럽인 가운데 기후변화를 중요한 현안문제로 생각하는 사람이 대폭 늘어나고 있다. EU국회격인 유럽의회(European Parliament)에서도 녹색당 등 환경보호운동 정당의 의석이 늘어나면서 그 영향력도 커졌다.

기후변화 대책은 어느 한 국가만의 대책으로 한계가 있다. 다국간 협력구조를 통해 EU는 기후변화 대책에서 더 큰 영향력을 얻으려고 노력하고 있다.

자연자본의 가치를 인식한 인류사회

영국의 과학잡지 '네이처(Nature)'는 2012년 6월호에서 지구환경 문제를 특집으로 다뤘다. 불타는 열대우림지역에서 나무를 심고 있는 젊은 사람의 모습을 표지 디자인에 담았다. 인간이 지구환경을 파괴하는 진실을 상징적으로 보여주고 있다. 잡지에 게재된 "생물다양성의 상실과 인류에 미치는 영향(biodiversity and its impact on humanity)"이라는 기사는 지구 생태계의 붕괴를 우려하고 있다.

그 기사의 내용을 간단히 요약하면 다음과 같다. "지구의 가장 독특한 특징은 생명이 존재하고, 생명이 다양하다는 점이다. 약 900만 종의 식물, 동물, 원생생물, 균류가 지구에 서식한다. 그 중에는 71억 명의 인간도 살고 있다. (그런데 동물 중에 하나인) 인간이 지구 생태계를 파괴하면서 수많은 생물과 유전자를 소멸시키고 있다." 한마디로 말하면 우리 인간의 손에 의해 지구와 지구생명체가 파괴되고 있다는 선언이다.

2016년 영국에서 발표된 '자연실태 보고서(State of Nature Report)'에 따르면, 영국에 존재하는 생물 종의 절반 이상(56%)이 1970년 이후 감소하고 있다. 조사된 약 8,000종 중에 10분의 1 이상이 절멸 위기에 처해 있다.

2019년 OECD가 발표한 '생물다양성(Biodiversity: Finance and the Economic and Business Case for Action)' 보고서에 따르면, 지구 생태계는 연간 125조~140조 달러의 가치(value)를 창출하고 있다. 이는 전 세계국가가 생산하는 GDP의 1.5배 이상이다. 그런데 인간의 무분별한 경제개발로 발생하는 생물다양성의 파괴손실 비용은 매우 크다. 1997~2011년 사이에 발생한 토지 파괴로 인한 생태계 손실액은 연간 4~20조 달러에 달하는 것으로 추정되었다. 토양의 노후화로 인한 손실액도 무려 6~11조 달러에 달했다. 인간의 무분별한 벌채(伐採)로 천연림(natural forest)은 2010년부터 2015년 사이에 650만 헥타르가 감소했다. 영국의 국토면적 이상이 5년간 소멸되었다.

생물다양성은 자연자본의 핵심적 요소다. 기업은 최근에 생물다양성의 정보, 보전과 증식을 위한 대책을 보고하고 있다. 특히 환경에 많은 부담을 초래하는 석유, 광업, 가스, 관광업계는 생물다양성에 관한 많은 정보를 제공하고 있다. 기업이 생물다양성의 보전활동에 많은 자금을 투자하고 있지만, 사람에게 유용한 종을 중심으로 필요한 정보를 제공하고 있다고 연구자들은 지적한다. 생물 중에 유용하지 않거나 인기 없는 종은 무시하고 있다는 점이다.

그러나 생태학자들은 지구 생태계의 모든 종은 상관관계가 있다고 주장한다. 하나의 종이 절멸하면, 즉 작은 곤충조차도 생태계 전체에 영향을 미칠 수 있다는 사실을 이해해야 한다고 말한다. 생태계가 하나씩 연쇄적으로 절멸하면 인류의 생명도 절멸위험에 빠질 수밖에 없다. 예를 들어 유럽에서 벌의 종 중에 약 15%가 절멸위험에 처해 있다. 야생의 벌과 상업용 벌이 매년 세계에서 대량으로 감소하고 있다. 장차 벌이 사라지면 종자식물의 꽃가루받이(受粉, pollination)가 불가능해지고 그 결과로 작물이 성장하지 못하고 식물이 없어지고, 시간이 지나 궁극적으로 인류도 없어진다.

이러한 생물다양성의 위급성과 절멸위기로 인해 절멸회계 (Extinction Account)가 탄생하였다. 국제자연보호연합(IUCN)에 따르면, 절멸위험종에 관련된 2가지의 GRI원칙이 있다. GRI원칙 섹션 G4-EN14는 멸종위기 등급을 판별하는 IUCN의 적색목록을 참조하여 절멸위험 IA류, 절멸위험 IB류, 절멸위험 II류, 준절멸위험, 경도위험으로 분류한 위험수준별로 종에 관한 정보공시를 요구하고 있다. GRI가이드라인은 이들 정보공시에 따라 절멸위험종에 관한 행동변혁을 촉진하고 있다.

그러나 GRI원칙을 따르는 대책만으로 부족하다고 판단하여 2015년 9월 절멸대책을 지원하기 위한 절멸회계 프레임워크 (framework)를 발표하였다. 이 절멸회계는 기업이 위험에 처한 종을 보고하고, 효과적인 행동과 반성을 촉진하려는 목적이다.

▎생물다양성의 가치를 파악하라

지금까지 인류는 노동과 자본에 의해 창출되는 부가가치만 중시했다. 가치를 창출하는 자원보전에는 최소한의 주의만 기울여 왔다. 인간에게 천연자원을 제공하는 자연생태계(ecosystem)를 경시하고, 자연자본을 이용하는 인간의 능력을 과대평가했다. 경제성장 논리에 갇혀 노동생산성과 자본생산성을 중시하면서 '자원(보전과 유지) 생산성'을 경시하였다. 생태계라는 자연시스템의 부가가치가 적다고 경시해온 것이다.

급속히 사라지는 지구의 생물다양성

정부간 생물다양성과 생태계 패널이 발간한 생물다양성에 관한 글로벌 평가보고서에 따르면, 인류의 환경파괴로 앞으로 수십 년 간 약 100만 종의 동식물종이 절멸위기 위험에 빠질 전망이다. 육상에서 재래종이 1900년 이후 20%이상 절멸하고, 야생 포유류의 바이오매스는 82%감소했다. 척추동물은 16세기부터 680종이 절멸하고, 9%를 넘는 가축포유류도 절멸했다.

현재 절멸위기에 있는 것은 양생류(40%), 해양포유류(33%), 산호(33%), 곤충(10%), 양치류(60% 이상), 침엽수·쌍떡잎식물(30% 이상), 갑각류동물(20% 이상), 육생포유류(20% 이상), 조류(10% 이상), 경골어류(10%) 등이다.

인간의 활동 때문에 해양환경의 66%, 육상환경의 4분의 3이 대폭 바뀌었다. 토양의 노후화로 토지의 생산성은 23% 떨어졌다. 연간 농작물이 최대 5,770억 달러가 수분분실 위험에 처해있다. 도시부의 면적은 1992년부터 배 이상으로 증가했다. 전체 육지의 4분의 3이 댐저수지, 콘크리트 피복지 등으로 변경되었다. 50만 종 이상이 장기적인 생식지를 충분히 확보할 수 없다. 삼림은 1970년 이후 원목 생산량이 45% 증가하였고, 농지확대로 삼림은 50% 소멸되었다.

자료: ipbes(2019), 《생물다양성에 관한 글로벌 평가보고》

지구상에 다양한 생물이 존재하고 있다. 우리 인간은 지구환경과 다른 생물에서 많은 서비스를 받고 있다. 기본적인 음료는 하천과 호수에서 공급되고, 동식물은 식료라는 형태로 인간에게 도움을 주고 있다. 삼림은 목재 등 생활에 필수공업용품의 원재료가 되고, 탄소를 흡수하여 기후조절 서비스를 담당하고 있다. 이렇게 인간의 생활은 물과 식료, 기후의 안정 등 자연이 주는 다양한 혜택으로 유지되고 있다.

그러나 인간은 자연이 주는 혜택에 보통 가격을 붙여 생각하지 않는다. 인간이 누리는 자연의 혜택을 생태계 서비스라고 하지만 측정할 세계공통의 기준은 없다. 지구온난화는 탄소배출량과 같이 측정하고 쉽게 비교할 수 있는 정량적 지표가 있고, 지구온난화 대책을 위한 세금제도가 추진되고 있다. 생태계 서비스와 그 기초가 되는 생물다양성은 그 가치를 하나의 지표로 정량화하기가 어렵다.

환경경제학자 파반 스쿠데프(Pavan Sukhdev)는 평가할 수 없는 것은 관리할 수 없다고 지적하였다. 그는 지금까지 대부분의 기업이 성장을 지향한 규모확대, 이노베이션, 저비용으로 재무가치를 높이는데 치중했다고 지적했다. 앞으로 기업이 지속가능성을 실현하려면 자연자본을 중심으로 하는 경영방식으로 변혁해야 한다고 주장했다. 이 자연자본 중심의 경영방식이란 자연자본을 적절하게 관리하고 성장하면서 금전적 자본을 만들어가는 사업모델이다. 즉 인적 자본, 자연자본을 지역사회에 투자하고, 이를 육성하면서 금전적 자본을 만들어 가려는 것이다

지금까지 자연환경의 가치는 적절하게 평가되지 않았다. 기업은 사업활동에서 무료로 또는 싼 가격으로 구입하여 자연자본을 과잉으로 이용하고 있다.

예를 들어 우리가 보통 먹는 많은 식품에 식물기름이 사용되고 있다. 세계에서 가장 많이 소비되는 것은 기름야자수를 원료로 하는 팜유다. 팜유는 마가린, 스낵과자, 냉동식품, 세제 등 다양한 제품에 사용되고 있으나 상품의 원재료 표시에 식물기름으로만 표시되고 있기 때문에 널리 알려져 있지 않다. 팜유의 원료인 유채나무는 열대의 습한 지역에서 자라고, 세계 생산량

의 85%가 인도네시아와 말레이시아에서 집중되어 있다. 인도네시아와 말레이시아에서는 기름을 짜는 공장을 중심으로 기름야자수의 광대한 농장이 만들어져 있다.

세계최대 생산업체인 'FGV'는 말레이시아에 기반을 두고 있다. 팜유 야자농장에서 일하는 대부분의 노동자들은 강제노동과 아동착취 등으로 국제적 비난을 받고 있다. 이런 글로벌 농업회사는 인권문제를 일으킬 뿐만 아니라 자연환경을 심각하게 훼손하고 있다. 광대한 열대림을 채벌하여 오랑우탄, 아시아 코끼리, 수마트라 호랑이 등 희귀한 야생동물이 멸종위기에 처해 있다.

이렇게 열대림의 생물다양성이 상실되는 사회적 비용은 생산, 유통, 가공에 관련된 기업이나 소비자가 부담하지 않고, 고스란히 사회전체에서 부담한다. 국제사회는 이런 문제를 널리 인식하고 유럽을 중심으로 팜유를 구매하지 않는 운동을 전개하고 있다.

기업활동을 통해 사회에 긍정적 영향을 주려는 대책을 추진하는 기업도 있다. 예를 들면, 세계적인 광산회사 리오 틴토(Rio Tinto)는 마다가스카르섬의 광산개발에서 국제 NGO 국제자연보호연합(IUCN)과 공동으로 개발을 통한 자연환경을 재생하고, 전체적으로 자연환경에 긍정적 영향을 주는 프로젝트를 실시하였다.

최근 자연자본이라는 개념이 주목을 받으면서 기업은 자연환경이 경영을 유지하는 자본으로 인식하고, 적절하게 평가하기 위한 대책을 추진하고 있다.

▌자연자본을 평가하는 금융기관과 기업

2012년 6월 개최된 '유엔 지속가능개발회의(흔히 '리오+20'으로 불림)'는 각국 정부와 기업들에게 자연자본의 사고(思考)를 도입할 것을 제창하였다. '리오+20'에서 세계은행은 자연자본의 가치를 국가와 기업회계에 포함하는 자연자본회계를 추진하기 위한 '50:50 프로젝트'를 선언하였다.

이 프로젝트에 국제금융공사(IFC), 스탠더드차트은행 등 28개 글로벌 금융기관이 서명하였다. 서명한 금융기관은 먼저, 자연자본을 생태계서비스의 이익을 창출한 자본으로 파악해야 한다. 금융기관이 그 사고를 회사의 금융상품과 서비스에 포함하고, 활동상황을 공시하는 재무회계의 프레임워크(framework)에 자연자본을 반영할 것을 선언하는 것이다.

'리오+20' 이후, 유럽과 미국에서는 자연자본을 기업경영에 반영하는 운동이 확산되고 있다. '유엔환경계획 금융이니셔티브(UNEP FI)'는 유엔 회원국에게 기업의 재무보고에 지속가능성에 관련된 정보(환경과 인권 사회적 과제)의 공시의무화를 제안하고 있다. 2021년 2월 현재 은행, 보험사, 투자자 등 350개 이상의 회원, 100개 이상의 지원조직이 참여하고 있다.

'UNEP FI'가 제창한 자연자본선언(NCD)은 자연자본의 중요성을 매우 상세하게 설명하고 있다. "자연자본은 지구의 자본재산(토양, 대기, 물, 식물, 동물)으로 구성되고, 이들의 생태계 서비스로 인해 인간생활은 성립하고 있다. 자연자본에서 생태계 서비스는 연간 몇 조 달러의 가치를 만들고 있다. 식물, 섬유, 물, 건강, 에너지, 기후보전, 기타 모든 필수 서비스를 구성하고 있다. 그러나 이들 생태계 서비스뿐만 아니라 이들을 제공하는 자연자본의 스톡도 사회자본·금융자본과 비교할 때 적절하게 그 가치가 평가되지 않고 있다. 인류가 혜택을 받고 있는 이러한 자연자본은 한계가 있다. 민간과 정부 모두가 자연자본의 사용을 깊이 인식하고, 장래의 경제성장과 인류의 건강유지에 필요한 실제 비용을 인식해야 한다."고 지적하고 있다.

이러한 자연자본선언의 정신에 따라 각 금융기관은 금융평가 시스템, 특히 대출을 평가할 때 자연자본의 가치와 손실을 고려한 대책을 실시할 것을 기대하고 있다. 앞으로 기업은 재무자본과 제조자본뿐만 아니라 자연자본, 지적 자본, 인적 자본, 사회·관계자본을 포함한 다양한 자본을 계속 활용하면서 가치창조를 실현하기 위한 통합 경영이 필요하다는 것을 의미하고 있다.

이런 자연자본의 가치를 적극적으로 평가하려는 움직임이 보이고 있다. '자연자본연합(Natural Capital Coalition)'은 자연자본 분야의 국제기준을 만드는 단체다. 이 단체는 자연자본 분야에서 활동하는 다수의 기업과 NGO, 국제기관이 모인 연합체로 2012년에 설립된 '사업을 위한 생태계와 생물다양성의 경제학'이 명칭을 변경한 것이다. 현재 지속가능성 보고기준을 정한 GRI, 기업경영자의 연합체 'WBCSD', 세계의 절멸위험종을 발표하는 국제환경 NGO '국제자연보호연합(IUCN)'이 중심이 되어 활동하고 있다. 회원으로 참여한 다양한 단체, 기업, 컨설팅 회사의 지원으로 자연자본의 측정과 평가구조를 만들고, 업종별 가이드라인작업과 시험프로젝트를 추진하고 있다.

이러한 노력으로 '자연자본연합'은 2016년 7월 '자연자본 프로토콜'을 발표하였다. 자연자본 프로토콜은 기업활동이 자연자본에 얼마나 영향을 주고, 의존하고 있는지 평가하기 위한 표준화 작업이다. 기업의 자연자본에 미치는 영향을 점검하려는 취지가 있다. 기업은 어떤 자연자본의 위험이 큰지 파악하고 적절한 경영판단을 내릴 수 있다. 프로토콜은 10단계 평가절차를 제시하고 있다.

먼저 기업은 자연자본을 평가하는 목적과 범위를 정하고, 자연자본에 영향과 의존도가 큰 부분을 중요과제로 결정한다. 다음 단계는 자연자본을 측정·평가한다. 기업이 자연자본에 미치는 부담과 받는 편익을 측정하고, 가치를 평가하고, 그 평가결과를 회사의 의사결정 프로세스에 반영하는 구조로 되어 있다. 업계마다 자연자본에 미치는 영향이 다르기 때문에 업종별 가이드라인을 만들었다. 네슬레와 다우 케미컬 등 50개 회사가 자연자본 프로토콜을 이용하여 시험프로젝트를 추진하였다.

자연자본 프로토콜의 절차

① 기본사항을 확인한다
② 자연자본을 평가하는 목적을 명확히 한다
③ 평가 범위를 결정한다
④ 자연자본에 미치는 영향과 의존도를 파악한다
⑤ 측정과 평가기준을 만든다
⑥ 영향과 의존도를 측정한다
⑦ 자연자본의 변화를 측정한다
⑧ 자연자본의 비용과 편익의 가치를 평가한다
⑨ 평가결과를 해석하고 활용한다
⑩ 회사내 프로세스에 반영한다

자료: 자연자본 프로토콜 원칙과 프레임워크(2016)

▎ 생태계 서비스를 화폐가치로 바꾼다

자연은 우리 인간에게 식료품과 물 등 생존을 위해 필요한 물건을 제공한다. 또 자연 속에 존재하는 삼림(forest)과 습지(swamp)

는 청정한 물을 만들고, 홍수를 조절하는 역할을 한다. 자연이 없으면 인간도 사라진다. 그러나 현실에서는 어떤 일이 벌어지고 있는가? 인간들 때문에 자연이 계속 파괴되고 있다. 인간이 제 무덤을 파고 있는 것이다.

최근 들어 유럽을 중심으로 '생태계 서비스(ecosystem service)'라는 용어가 많이 사용되고 있다. 인간이 자연계에서 받은 혜택을 화폐로 환산할 수 있다면, 인간이 자연을 파괴시켜 입게 되는 손실도 화폐가치로 평가하는 개념이다. 이 같은 분야를 연구하는 경제학을 '생태계와 생물다양성의 경제학(TEEB, The Economics of Ecosystems and Biodiversity)'이라고 부른다. TEEB연구에는 유엔 환경계획(UNEP), 세계은행(World Bank), 그리고 글로벌 금융기관들이 주체가 되어 활동하고 있다.

TEEB는 생태계 서비스라고 부르는 자연의 가치 회복을 주장하고, 생태계 서비스의 공급원으로서 천연자원의 보존을 강조한다. 만약 우리가 현재와 장래에 걸쳐 생태계 서비스를 안정되게 향유하려면, 생태계 서비스를 제공하는 자연자본을 지키기 위한 적절한 비용을 지급할 필요가 있다고 주장한다.

TEEB는 가계와 기업 등 모든 경제주체가 지구상에서 지속적으로 생존하려면(다른 말로 표현해 지속가능한 성장) 자연자본을 현명하게 이용해야 한다고 주장한다. 자연을 현명하게 이용하려면 먼저 생태계 서비스의 가치를 인식해야 한다. 그러려면 그 자연이 주는 가치를 정량화하여 보여주는 것이 효과적이라고 TEEB는 지적한다.

자연의 혜택인 생태계 서비스는 무한한 가치가 있다. 그러나 정확한 가치를 파악하는 방법은 아직 만들어져 있지 않지만, 대체로 넓이 등 수량으로 직접 측정하는 방법, 희소성 등 다른 지표로 환산하는 방법이 사용되고 있다. TEEB는 금전(경제적 가치)이라는 지표로 환산하여 자연의 가치를 평가한다. 자연의 가치는 다양하고 모두 경제적 가치로 평가할 수는 없지만, 자연의 혜택을 경제적 가치로 평가하는 것은 중요하다고 TEEB학자들은 주장한다.

TEEB학자들은 생태서비스의 경제적 가치를 평가할 때 다음과 같은 단계를 거쳐 실시하고 있다. 그러나 최종적으로 화폐로 환산하여 가시화할 수 있어도 자연자본을 100% 경제적으로 평가할 수 없다는 문제가 있다.

TEEB의 생태계 서비스 평가 방법

1단계: 생태 서비스의 전체 범위를 정한다. (예) 삼림이 제공하는 생태서비스

2단계: 생태 서비스의 편익범위와 구체성을 질적으로 찾아낸다. (예) 수질정화 기능, 이산화탄소 흡수기능, 보수(保水)기능, 목재생산 등

3단계: 2단계의 서비스를 정량화한다. (예) 정화수량, 보수수량, 탄소 흡수량, 목재생산량 등

4단계: 3단계의 정량화된 내용을 화폐가치로 환산한다. (예) 지불하지 않아도 되는 물의 정화비용, 댐으로 보수하는 경우의 비용, 이산화탄소 감소 비용, 목재 판매액 등

TEEB가 제시한 평가방법으로 생태계 서비스의 경제적 가치를 파악하는 조사활동이 활발하게 추진되고 있다. 예를 들어, 2015년 '세계자연보호기금(WWF)'이 발표한 보고서 '해양경제의 부활(Reviving the Ocean Economy)'은 인류가 해양 생태계에서 받는 서비스를 화폐 가치로 평가하여 상세하게 제시하고 있다. 구체적으로 해양생태계는 우리 인간에게 필요한 산소의 절반을 공급하고, 인간이 배출하는 탄소의 3분의 1을 흡수한다. 또 지구

온난화로 매년 오르는 지구온도 상승분의 93%를 흡수하고 있다. 또한 매년 30억 명이 해양 어패류에서 필수 영양소인 단백질을 공급받을 정도로 해양 생태계는 우리 인류에게 주요 식량 자원(이를 생태계 서비스라고 부름)을 제공하고 있다.

WWF는 자연자본으로서 해양의 가치를 최저 24조 달러로 추산했다. 구체적으로 해양에서 직접 얻는 생산물 6.9조 달러, 해상교통의 이용가치 5.2조 달러, 갯벌 등 해안부의 생산물 7.8조 달러, 탄소흡수 능력 4.3조 달러를 제시하였다. 해양에서 얻는 생태계 서비스의 가치는 매년 최저 2.5조 달러에 달한다고 WWF는 강조한다.

기업의 자연자본 경영 대책

■ 생물다양성의 손실로 높아지는 환경위기

인간은 왜 환경파괴를 멈출 수 없을까? 시장경제에서 가치창출은 경제활동의 근본적 요인이다. 자본주의경제에서 자연은 오랫동안 거저 얻는 자원으로 간주되었다. 산업혁명 후에 탄생한 자본주의는 인간의 노동과 서비스만 경제가치에 포함하였다. 생산활동에서 발생한 환경오염 등 생태학적 비용을 배제하였다. 심지어 자본주의 생산양식을 비난한 마르크스도 생산활동의 자원으로서 자연을 '공짜선물(free gift)'로 인식했다. 그러나 자연의 가치를 존중하지 않은 대량생산과 대량소비 경제시스템은 결국 지구환경을 심각하게 훼손시키고 말았다.

그 결과, 지구전체에 폭우, 폭설, 열파, 한파가 연례행사처럼 찾아오고 있다. 이제 이상기후(異狀氣候)라는 말이 어울리지 않는다. 지구온난화와 인간에 의한 환경변화는 다양한 생물종을 대량으로 절멸하고, 앞으로 수십 년에 걸쳐 생물다양성의 상실을 예고하고 있다. 지구에서 일어나는 생물다양성의 손실은 인간에게 혜택을 주는 생태계 서비스의 안정성을 위협하고 있다. 인간이 일으킨 환경문제가 인간의 생존을 위협하고, 생물다양성과 생태계에도 파괴적인 영향을 미치는 악순환을 발생시키고 있다는 의미다. 생태계가 붕괴되면 생태계 서비스가 악화되고, 결과적으로 인간사회는 붕괴될 수밖에 없다.

다행스럽게도 이러한 환경위기가 높아지면서 2000년 이후 국제사회는 자연의 가치에 눈을 돌리기 시작했다. 인간이 받는 생태계 서비스의 가치를 경제와 인간의 복리(福利)측면에서 평가를 시도한 것이다. 그 대표적인 대책이 밀레니엄생태계 평가다. 유엔은 2001~2005년 사이에 세계 각국의 1,360명 전문가를 동원하여 인간의 행복을 위한 생태계 변화의 영향을 평가하였다. 그런 노력의 결과로 '밀레니엄 생태계평가(Millennium Ecosystem Assessment)'라는 보고서가 탄생하였다.

이 보고서는 "인간활동의 환경부담, 천연자원의 고갈로 인해 지구상의 생태계는 이미 장래 세대를 지탱하는 능력을 상실했다. 시간이 많지 않기 때문에 인류가 합심하여 환경개혁을 추진하여 악화된 생태계 서비스를 바로 잡아야 한다"고 권고했다. 또한 보고서는 지구 생태계를 지속적으로 관리하기 위한 혁신적인 자연보호 대책으로서 '생태계 계정(ecosystem account)'을 도입하도록 각국 정부에 조언했다.

자연의 파괴가 생물다양성에 미치는 손실을 보상하기 위해 개발자(기업 또는 정부)가 그 대가를 지불하도록 하는 것이 '생태계 계정'이다. 밀레니엄 생태계평가 보고서는 자연환경의 인식을 바꾸는 기폭제가 되었다. 그 후 많은 단체가 밀레니엄 생태계

평가 보고서가 지적한 제안을 구체적인 행동으로 옮기기 시작
했다.

▌ 자연자본 경영으로 성장하는 푸마, 케링

자연자본(Natural Capital)이라는 말은 영국의 경제학자 에른스트
슈마허(Ernst F. Schumacher)가 그의 저서 "작은 것은 아름답다(small
is beautiful)"에서 처음 사용하였다. 자연자본은 1980년~1990년대
에 걸쳐 주로 환경경제학 분야에서 논의되었다. 슈마허는 자연
자본을 인적자본, 금융자본, 제조자본과 더불어 현대자본주의
를 구성하는 4가지 자본 중 하나로 정의하였다. 자연자본이란
지구상 생물이 살아가기 위한 생명시스템 그 자체이고, 인간문
명을 구축하기 위해 근본적 자본으로 규정하였다.

슈마허가 제시한 자연자본의 개념을 최근에 와서 기업의 회
계계정에 도입하려는 움직임이 전개되고 있다. 지속가능성 회
계프로젝트(The Prince's Accounting for sustainability, 약칭 A4S)가 그런 사
례이다. 'A4S'는 지속가능한 경제발전을 위해 환경과 사회적 이
슈를 재무회계에 반영하도록 지원하는 이니셔티브다.

이 이니셔티브는 기업이 자연자본의 가치를 올바로 이해
하고, 기업이 자연자본을 이용할 때 얼마나 이익을 얻고 손해
를 끼치는지 고려하도록 권고하고 있다. 그리고 기업이 의사
결정을 내릴 때 고려해야 할 '자연사회자본회계(Natural and Social
Accounting)' 가이드라인을 발표했다. 이 가이드라인은 아직 초기
단계에 있다. 앞으로 어떻게 자연자본과 사회·관계자본을 정량(
定量)평가하고, 이를 어떻게 기업전략과 의사결정에 반영할지는
중요한 연구과제로 남아 있다.

글로벌 기업의 자연자본회계 도입 사례

스포츠웨어 브랜드 푸마(Puma)의 요헨 자이츠(Jochen Zeitz) 회장은 '환경손익계산서'라는 새로운 개념을 발표하였다. 환경손익계산서는 이후 자연자본회계의 원형이 되었다. 푸마는 환경손익계산서의 결과를 외부에 공시하고, 내부에서 중요한 경영의사결정에 활용하고 있다.

푸마의 자연자본회계는 납품하는 모든 공급자가 자연자본에 미치는 환경영향을 모두 금액으로 계산한 것이다. 영국의 트루코스트의 도움을 받아 위탁 제조공장(1차공급자)부터 면화를 재배하는 농가(4차공급자)에 이르기까지 온실효과 가스, 물과 토지이용, 대기오염, 폐기물 등의 환경부담를 찾아내고, 금액으로 계산했다. 2010년의 공급망 전체의 환경부담은 약 1억4,500만 유로였고, 푸마본체의 환경부담은 6%정도였다. 공급망 상류로 올라갈수록 환경부담는 커지고, 4차 공급자(농가)의 환경부담은 무려 57%였다. 즉 면화재배와 가죽용 소를 사육하는 농가의 환경부담은 생태계에 큰 영향을 미치고 있다는 사실이 밝혀졌다.

글로벌 럭셔리 그룹 케링(Kering)도 2013년부터 환경손익계산서를 작성하여 환경부담를 수치화하고 의사결정의 지표로 활용하고 있다. 환경손익계산서를 분석한 결과, 환경부담의 93%가 공급망의 활동에서 발생하였다. 환경부담의 절반은 원재료(가죽, 직물섬유, 귀금속)의 생산과 추출이라는 초기단계에서 발생하였다. 케링은 재료 생산에서 가공, 제조, 물류, 판매까지 파트너도 포함한 탄소배출량, 물 사용량, 대기오염, 수질오염, 토지이용, 폐기물량을 측정하고, 모든 사업활동에서 다양한 환경부담를 정량적으로 제시하고 비교할 수 있도록 했다. 이러한 환경부담를 화폐가치로 계산하고, 천연자원의 소비량도 정량화하였다.

자연자본의 개념을 제품생산과 마케팅 전반에 도입한 회사가 있다. 스웨덴의 대형식품업체 펠릭스(Felix)는 제품가격을 탄소발자국(carbon footprint)에 근거하여 계산하는 슈퍼마켓을 운영한다. 펠릭스는 제품의 생산과정과 판매과정에서 발생하는 환경부담(負荷, 기업이 환경에 입히는 부담을 말하며, 탄소발자국과 같은 의미가 있음)를 제품의 가격에 반영하는 발상이다.

현재 기업이 식품의 생산에서 판매까지 전 과정에서 발생하는 온실효과가스의 배출량은 기후변화에 큰 영향을 미친다. 지구환경에 큰 해악을 끼치고 있는데도 불구하고 식품회사들이 그런 결과를 무시하는 것은 옳지 않다고 펠릭스는 문제를 제기하고 있다. 펠릭스가 개점한 슈퍼마켓에서는 판매상품의 가격을 탄소발자국에 따라 계산한다. 예를 들어 먼 곳에서 생산되어 운송되는 식품은 트럭운반 과정에서 이산화탄소가 대량으로 발생하기 때문에 그 만큼 판매가격이 올라간다. 사료로 키우는 소, 돼지 등 육류는 식물 식품보다 생산과정에서 이산화탄소가 더 많이 발생하기 때문에 당연히 가격이 더 올라간다.

스웨덴의 남성의류 브랜드 아스켓(Asket) 매장에서 한 장의 티셔츠를 살 때 받은 영수증에는 우리가 평소 예상하지 못하는 정보가 들어 있다. 소재 생산에 사용하는 물의 양(量), 티셔츠 제조에 들어가는 에너지, 매장까지 운송 중에 나오는 트럭의 탄소배출량 등이 적혀 있다.

얼마 전, 아스켓은 판매하는 의복에 특수한 영수증을 붙이는 캠페인을 시작했다. 가격이 아니라 실제로 각 상품의 환경부담을 영수증에 써넣어 상품을 구입한 사람이 책임 있는 구매를 생각하도록 하는 대책이다. 영수증에 기재된 내용은 구입상품의 원료생산, 소재제조, 제품제조, 운송이라는 각 공정의 탄소 임팩트(kg), 물(㎥), 에너지(mJ)의 내역을 보여주고, 합계부분에 상품의 진정한 비용을 기재하고 있다.

친환경 경영을 하는 호텔도 등장하고 있다. 2022년에 핀란드에서 오픈할 예정인 에코리조트 '악틱 블루 리조트(Arctic Blue Resort)'는 색다른 방법으로 친환경 서비스를 제공할 예정이다. 이 리조트에 투숙하는 고객은 체재 중에 배출한 탄소량에 따라 지불하는 숙박비가 바뀐다. 체재 중에 전기와 물 소비를 억제하고, 외부활동에 참여하거나 보다 지속가능한 식사를 선택할수록 숙박비는 할인된다. 최대 50%까지 할인되기 때문에 고객은 기꺼이 환경에 좋은 체재방법을 선택할 것이다.

앞에서 언급한 사례처럼, 최근 많은 기업들이 사업을 전개하면서 환경보호에 많은 관심을 쏟고 있다. 세계의 많은 기업은 자원의 효과적 활용, 제조공정의 효율화, 사용에너지와 물 사용량의 감소 등 자연자본을 중시하고 환경부담을 줄이는 대책을 추진할 것이다. 이 같은 트렌드에 맞춰, 투자자들도 자연자본 회계에 대한 기업의 정보공시를 요구하고 있다. 국가와 기업의 회계에 자연자본을 반영하는 방안도 활발하게 논의되고 있다.

▌기업의 자연자본 경영을 평가하는 기관투자자

투자자가 기업의 ESG 대책을 평가하고, 투자를 판단하는 ESG 투자는 전 세계적으로 확대되고 있다. 투자자는 지금까지 주로 기업의 환경(E) 대책 중에서 기후온난화 문제에 관심이 컸다. 그러나 최근에는 점차 물 자원과 삼림자원 등 자연자본에 대한 기업전략에 눈을 돌리고 있다.

이와 관련하여 주목받고 있는 것이 국제비영리단체 CDP(탄소정보공시프로젝트)와, 이 단체가 주도하는 지구상의 물 고갈 위험에 관한 정보공시 프로그램이다. CDP는 글로벌 기관투자자들에게 서한을 보내 물 고갈 위험에 대한 정보공시에 관심을 가져줄 것을 독려하고 있다. 2020년 CDP의 제안에 호응하여 관련정보를 공시한 기업은 2,934개사에 달했다. 코로나 사태에도 불구하고 2019년 비해 20%가 늘어났다.

CDP는 삼림소멸 위험에도 적극 대응하고 있다. 삼림소멸 위험은 지구전체에 광범위하게 존재하고, 인간의 생존을 직접적으로 위협한다는 것은 통계에도 잘 나타나 있다. 현재 세계인구의 10억 명이 삼림에 의존하여 기본생계를 유지하고 있다. 세계 탄소배출량의 15%는 삼림벌채와 산림 황폐화 때문에 발생하고 있다.

자연자본에 관심이 커지면서 환경폐해를 일으키는 기업에서 투자자금을 회수하는 기관투자자들의 움직임이 이미 시작되었다. 예를 들어 2012년 노르웨이 정부연금은 삼림벌채와 관련이 깊은 23개의 팜유생산 기업에서 투자자금을 회수한 바 있다. 이와 같은 사례는 아주 많다.

자연자본을 보전하는 것은 기업의 지속가능성을 유지하기 위해서도 매우 긴요하다. 기업활동 과정에서 자연에 오염물질을 배출하는 행동은 공공재(公共財)인 자연자본을 훼손하고, 다른 기업의 경제활동과 인간생활에도 부정적 영향을 준다. 기관투자자와 일반 투자자들이 이런 부정적 행동을 하는 기업들의 제품을 소비하지 않고, 투자자금을 회수하려는 것은 어쩌면 당연한 일이다.

이 때 중요한 판단기준으로 사용되는 것이 ESG 투자이다. ESG 투자는 한 마디로 말해, 환경과 사회를 배려하는 기업에 자금을 투자하는 것을 말한다. ESG 투자에 관해서는 제6장에서 자세히 기술하기로 한다.

▌ 자연자본 대책을 강화하는 TNFD

자연자본의 손실은 우리 인류를 위협하고 있다. 세계경제포럼(WEF)이 발간한 보고서 '자연위험의 상승(Nature Risk Rising)'에 따르면, 세계 76억 인구는 지구상에 생존하는 모든 생물종(種) 가운데에서 그 비중이 0.01%에 지나지 않는다. 이러한 인간들이 지구에 살고 있는 모든 야생 포유류의 83%, 식물의 절반을 절멸시켰다. 인간의 파괴적 활동으로 아직 생명을 유지하고 있는 식물과 동물의 약 25%가 절멸 위기에 몰려 있다. 최근 30년 동안 인간이 사라지게 한 식물과 동물의 종(種)은 지난 1,000만 년 동안 사라진 종(種)보다 많다.

인간이라는 종(種)이 지구에 미치는 영향이 이처럼 너무 커서 과학자들은 인류세(人類世, Antropocene)라는 새로운 지질학적 시기를 만들었다. 인간의 영향력이 그 만큼 크다는 의미다. 인류는 하나밖에 없는 지구에서 광범위하고 회복할 수 없을 정도로 환경파괴를 일으키고 있다.

WEF는 2020년 1월 발표한 보고서(Global Risk Report 2020)에서 지난 5년에 걸쳐 발생한 생물다양성의 손실과 생태계 붕괴를 조사하였다. 이 보고서는 생물다양성의 파괴를 일으킨 5가지 요인으로 기후변화, 천연자원 이용, 토지와 해양이용의 변화, 오염, 외래침입종을 지적하였다.

1970년 이후 자연손실의 5가지 요인

자연상실 요인	자연에 미치는 영향 예시
기후변화	−북방수림 화재는 과거 1만 년보다 넓고 파괴적이며, 기후 모델은 심각한 화재가 더 자주 발생할 것으로 예측 −산호초가 감소할 확률은 2℃에서 99%까지, 1.5℃에서 70~90% 증가
천연자원 이용	−93%의 어종이 최대 지속가능 수준을 넘어 조업되고 있음 −1970년 이후 화석연료와 바이오매스를 포함해 추출된 천연자원은 3.4배 증가

토지와 해양 이용의 변화	- 모든 서식지의 절반이 농업과 가축지로 이용 - 전 세계에서 생물이 가장 다양한 생태계인 열대 1차림이 매년 3백만 헥타르 손실 - 과거 50년간 대부분의 해양식물이 산소량이 너무 적어 살 수 없는 무생물 구역이 4배 증가. 영국 국토면적보다 더 큰 무생물 구역이 400개 이상으로 추정
오염	- 세계에서 매년 약 1억1,500만 톤의 광물질소 비료가 농작물에 뿌려지고, 이 질소비료의 5분의 1은 토양과 바이오매스에 축적되고, 35%는 해양으로 들어감
외래 침입종	- 지역 생태계와 생물다양성에 악영향을 미치는 외래침입종이 70% 증가

자료: WEF(2020), "Nature Risk Rising"

WEF의 제안에 따라 자연자본 소멸 위협에 대처하기 위한 또 하나의 국제조직이 결성될 전망이다. 기업들의 자연자본 소비행태를 분석하는 자연관련 재무정보공시 테스크포스 (TNFD, Task Force on Nature-Related Financial Disclosure)가 바로 그것이다.

TCFD가 기업의 기후변화 대책에 중점을 둔다면, TNFD는 기업의 자연자본 대책을 강화할 방침이다. 앞으로 TNFD는 지구상에서 발생하는 자연관련 위험요인을 측정하고, 자연 보전 활동에 자금을 투입하는 과업을 추진할 예정이다.

제 3 장

사회적 책임사업으로 성장한다 (S)

사회 과제를 경영전략에 포함하라

앞에서 언급한 환경(Environment) 이슈 못지 않게 중요한 주제가 '사회(Social)' 또는 '사회적 책임(Social Responsibility)'이라고 불리는 이슈이다. 사회적 책임이란 기업의 경영활동 과정에서 일어나는 거래관행, 종업원의 고용환경, 제품의 안전성, 소비자와 관계, 지역사회와 관계 등에서 발생하는 과제다. 이처럼 사회적 과제(S)는 환경(E)과 지배구조(G)에 비해 정의하기가 광범위하기 때문에 전체적인 정보를 파악하기 어렵다. 환경과 지배구조 이슈에 비해 사회는 정량적 자료를 파악하기 어렵고, 구체적인 핵심평가항목(KPI, Key Performance Index)도 설정하기 어려운 문제가 있다.

앞으로 투자자는 기업과 대화를 통해 투자판단 자료를 충실히 공시할 것을 요구할 것이다. 특히 환경과 사회분야에 대한 투자자의 관심이 더욱 커질 것이다. 앞으로 사회분야의 정보를 충실히 공시한다면 투자자와 대화에서 중요한 실마리를 찾고, 투자자에게 매력을 줄 가능성이 있다. 기업은 사회경제 환경의 변화에 따라 경영전략을 수립할 때 다양한 관점에서 사회과제를 파악하고 적극적인 대책을 세우고, 그 정보를 충실히 공개해야 한다. 그러나 글로벌 기업의 사례를 보면, 환경과 사회과제의 대책에 관한 정보를 충실히 공개하는 기업은 그렇게 많지 않다.

현재 ESG 정보를 공시할 때 글로벌 기업은 'GRI 표준(Global Reporting Initiative Standard)'를 가장 많이 참조하고 있다. GRI 표준이 제시하는 사회분야의 항목은 크게 5가지로 정리할 수 있다. 첫 번째 항목은 노동자 고용과 노사관계 문제다. 구체적으로 노동시간과 임금문제, 종업원의 처우와 복리후생, 인재육성, 노동 안전위생, 다양성과 남녀간 격차 문제 등을 들 수 있다.

둘째, 기업과 관련된 이해관계자의 인권위험의 문제다. 구체적으로 아동노동, 강제노동, 결사의 자유와 단체교섭, 비차별, 보안관행 등이다. 글로벌 공급망(Supply Chain)에서 인권위험, 원재료의 공급업체에서 노동자와 지역주민의 인권 등 광범위한 분야에서 인권문제를 들 수 있다.

셋째, 고객의 안전위생, 고객 프라이버시, 고객만족도 등의 소비자 과제, 제품의 안전성과 품질을 들 수 있다. 구체적으로 제품의 안전성과 품질관리, 제품가격과 패키지, 마케팅과 광고, 사회경제 측면의 컴플라이언스(compliance) 등이다.

넷째, 지역커뮤니티에 참여하여 공헌하는 활동이 있다. 경제와 환경, 사회·문화 분야에서 기업과 지역사회의 교류는 늘어나고 있다. 구체적으로 지역산업을 육성하고, 지역발전과 문화 프로그램에 참여하고, 각종 재해복구를 지원하는 것이다.

마지막으로 컴플라이언스와 공정한 사업관행, 고충처리 등의 대응이다. 부패방지, 공급자의 사회적 평가, 조달관행이 해당한다.

GRI 표준의 경제·사회·환경 항목

경제	경제성과, 지역경제에서 존재감, 조달관행, 간접적 경제적 임팩트, 반경쟁적 행위, 부패방지
사회	고용, 노사관계, 교육연수, 비차별, 다양성과 기회균등, 결사의 자유와 단체교섭, 강제노동, 아동노동, 인권평가, 선주민족의 권리, 지역커뮤니티, 공공정책, 공급자의 사회적 평가, 고객프라이버시, 고객의 안전위생, 사회·경제적 컴플라이언스, 마케팅과 광고
환경	에너지, 원재료, 생물다양성, 물과 폐수, 배수와 폐기물, 대기배출, 공급자의 환경측면의 평가, 환경 컴플라이언스

자료: GRI 표준

▍이익과 사회적 가치를 추구하는 CSV

기업의 사회적 책임이란 무엇인가? 일반적으로 기업규모가 커질수록 주주와 경영자의 소유물보다는 사회적 존재로서 그 영향력이 커진다. 기업의 사회적 영향이 커지면 주주와 투자자 외에 종업원, 고객과 거래처, 지역주민 등 다양한 이해관계자의 이익을 고려해야 한다. 당연히 경영자는 사회적 역할을 수행해야 하고, 기업은 사회적 책임을 지는 존재가 된다.

기업의 사회적 책임이라는 사고는 단순히 법률준수 이상의 의미를 갖고 있다. 다양한 사회적 니즈를 가치창조 또는 시장창조로 연결하는 발전적 의미가 들어 있다. 즉 기업은 사업상 적극적인 정보공시와 설명책임으로 사회에 책임 있는 존재로서 그 모습을 명확히 보여줄 필요가 있다. 또한 다양한 이해관계자의 요구에 따라 기업은 사회적 책임(CSR, Corporate Social Responsibility)을 수행하기 위해 다양한 활동을 펼치고 있다.

그러나 지금까지 한국기업은 경영전략 차원에서 CSR활동을 추진하지 않았다. CSR활동이 기업의 지속적 발전에 중요한 요소로 인정하면서 중요한 경영전략보다 하나의 이벤트 정도로 생각했다. 이러다 보니 당연히 기업의 CSR활동은 사업활동과 거리가 멀었다. 사업분야에서 사회적 책임을 수행하여 기업가치를 높이기보다 본업 이외에서 사회에 공헌하는 모습이었다.

예를 들면 음악활동 등 문화예술 지원, 도서기부, 불우이웃 돕기 및 장학금 전달, 재해복구지원 등 사업전략과 거리가 먼 일시적 활동이 주류를 이루었다. 대부분 사회봉사 활동으로서 이익을 세상에 환원하는 모습이었다. CSR활동을 경영전략과 연계하여 경쟁력을 높이기보다 사회적 이미지를 중시하는 최소한의 활동이었다.

단순히 다른 회사와 같이 세상에 좋은 이미지를 보여주기 위해 CSR활동을 한다면 오랫동안 지속하기 어렵다. CSR본래의 목적과 멀어질 수밖에 없다. 이러한 CSR활동 모습을 '수동적 CSR'이라고 말한다. 즉 선량한 시민으로서 행동하고 사회적 관심사의 변화에 적극 대응하는 것이다. 현재 많은 대기업에서 매년 실시하는 다양한 자선활동이나 사업활동에 나쁜 영향을 완화하는 일시적 활동이 이에 해당한다.

외국기업도 1990년대까지는 '수동적 CSR'활동에 치중하였다. 글로벌 기업 GE의 공립고등학교에 대한 CSR활동은 그 대표적인 사례다. 1990년대 GE는 회사 공장주변에 있는 공립고등학교 10개교를 대상으로 한 학교당 25만~100만 달러를 기부하고, 다양한 기증을 하였다. GE직원들은 학교와 협력하여 부족한 점을 해결하고, 학생들의 교육을 지원했다. 결과적으로 학생들의 성적이 크게 개선되고 졸업생도 두 배로 증가했다.

이러한 기업시민 활동을 통해 GE는 지역주민의 신뢰를 얻고, 지자체와 관계를 개선하고, 소속 직원은 자부심을 가질 수 있었다. 그러나 수동적 CSR활동은 한계가 있었다. 사회에 공헌도가 높지만 회사의 사업전략과 관련성이 부족했다. 지역의 고용을 늘리거나 직원의 정착률을 높이는 긍정적 효과는 적었다.

경영학자 마이클 포터(Michael Porter)는 수동적 CSR활동의 한계를 인식하고 사회와 기업에 큰 임팩트를 주는 활동에 집중할 것을 제안하였다.

그는 2006년 기업이 윤리적 의무, 좋은 평판을 이유로 추진한 CSR활동은 오로지 기업과 사회를 대립 관계로 보고 있다고 비판했다. 기업은 전략과 업무프로세스, 사업을 추진하는 지역과 전혀 관계가 없는 CSR활동을 추진했기 때문에 사회적 성과를 내지 못하고, 장기적인 경쟁력도 높이지 못했다고 지적했다. 기업은 사회와 밀접하게 의존하는 관계에 있으며, 건전한 사회속에서 기업도 장기적으로 생존할 수 있다는 점을 강조했다.

그리고 기업은 한정된 경영자원을 우선순위가 높은 '전략적 CSR'에 투입할 것을 요구했다. 이 전략적 CSR이란 사회적 가치와 경제적 가치를 동시에 실현하면서 사회를 좋게 만드는 전략이다.

마이클 포터(Michael Porter)는 2011년 CSR활동을 전략적 투자 관점으로 바라보는 CSV(Creating Shared Value, 공유가치 창조)라는 개념을 제시했다. 단순한 CSR활동보다 본업을 통해 경제적 이익과 사회적 문제해결을 동시에 추구하는 새로운 경영전략이다. 기업은 사회와 공유할 수 있는 가치를 창출하여 기업과 사회가 함께 성공하는 공생관계를 구축해야 한다는 것이다.

CSR과 CSV의 차이

CSR	구분	CSV
선행	목적	경제적 이익과 사회적 이익 동시 추구
임의 또는 외압	동기	기업경쟁력의 필요조건
시민정신, 박애주의	태도	기업과 커뮤니티가 공동으로 가치창출
개인의 기호에 따라 결정	테마	기업마다 다른 동기
이익의 최대화와 별개	이익과 관계	이익의 최대화에 필요조건
기업 실적과 예산의 제약을 받음	제약조건	기업의 예산전체를 재편성함

자료: 통합사고와 ESG 투자(2018), 필자 재구성

기업이 사회적 과제에 대처하여 성공하면 사회적 가치를 창출하고, 기업에 경제적 가치도 창출된다. 사회적 가치란 환경과 사회측면의 지속가능성을 의미하고, 경제적 가치란 기업의 지속적 생존에 필요한 이윤이다. 결국 공유가치 창조는 환경과 사회의 지속가능성을 높이면서 기업의 이익도 실현하는 사업모델이다. 기존의 경제적 가치만을 추구한 사고에서 크게 탈피하고 있다.

이전에 기업은 환경과 사회문제를 기업활동과 관계가 없다고

생각했다. 기업활동에서 경제적 이익과 함께 사회의 이익(공공의 이익)도 창출할 수 있다고 생각하지 않았다. 대기오염을 방지하는 환경대책(사회적 이익확보)을 단순히 기업에 추가비용만 발생한다고 생각했다.

▎ CSV로 혁신을 일으킨 네슬레, 시스코

일찍이 경제학자 밀턴 프리드먼(Milton Friedman)도 이러한 사고를 뒷받침했다. 그는 기업의 사회적 책임은 영리의 극대화라고 주장했다. 경영자가 사회문제의 해결에 1달러를 투자하면 주주에게 허용되지 않는 과세라고 했다.

이에 반해 CSV사고는 환경과 사회과제를 기업의 경영전략에 반영하여 경쟁력을 강화하는 것이다. 사회과제의 해결을 혁신적인 사업모델로 본다. 사회과제를 해결하는 것은 단지 비용증가로 끝나지 않는다. 사회에 이노베이션을 창출하고, 기업의 생산성을 올리고 시장을 확대하는데 기여할 수 있다는 논리다. 단순히 기업이 창출한 경제적 가치를 사회에 재배분(환원)하는 것이 아니다. 기업이 돈을 벌면서 사회에도 기여하는 일거양득의 전략이 CSV의 본질이다.

구체적으로 마이클 포터는 1960년대 인도에서 네슬레(Nestle)의 사업활동을 CSV의 대표적인 사례로 들었다. 네슬레는 인도에 진출했지만, 경영환경을 둘러싼 사회문제가 심각했다. 네슬레는 먼저 공유가치를 창조할 수 있는 사업환경을 만들었다. 장기간에 걸쳐 사업을 추진하면서 현지의 인프라에 투자하고 최고수준의 지식과 기술을 지역사회에 전수하였다. 결과적으로 의료와 교육환경 개선, 경제성장이라는 큰 사회적 성과를 창출했다. 네슬레도 글로벌사업이 크게 성장하여 계속해서 필요한 원재료를 안정적으로 조달할 수 있었다.

포용적 자본시장(Inclusive Capitalism)이라는 말이 있다. 오로지 재무자본에 중점을 두지 않고, 경제, 환경, 사회에 어떤 영향을 주는 것이다. 만일 다국적 기업이 사업에 관련된 중요한 지속가능성 과제를 기업의 경영전략에 포함한다면 개발도상국의 환경과 사회에 더욱 긍정적 영향을 미치는 성과를 낼 수 있다. 결과적으로 국민의 생활의 질도 높아지면 기업은 경제적 수익을 얻을 수 있다. 스위스 네슬레는 바로 그런 사고를 실천한 기업이다. 사업활동에서 경쟁환경의 사회적 측면에서 공통의 가치를 찾는다면 경제적 사회적 발전을 촉진할 수 있다.

마이클 포터는 기업이 사회과제를 해결하는 두 가지 방식을 제시하였다. 먼저 본업에서 제품과 서비스, 사업 프로세스를 통해 사회문제의 해결에 기여하는 경우다. 예를 들면 전기차가 많이 팔릴수록 탄소배출량이 감소되기 때문에 환경부담도 줄어든다. 또 하나는 기업이 사업 경쟁력을 키우기 위해 사회문제 해결에 적극적으로 대처하는 방법이다. 예를 들어 미국 IT기업 시스코(Cysco)는 빈곤지역에서 프로그래밍 교육을 무상으로 실시하여 저소득자의 직업능력을 높이고, 동시에 우수한 인재를 확보할 수 있었다.

현재 세계는 환경변화와 다양한 사회문제로 크게 위협받고 있다. 미래 세계는 지금까지의 연장선상에서 예상하지 못했던 현상이 일어날 수 있다. 환경문제와 사회적 과제를 해결하기 위해 어느 때보다 기업의 적극적인 역할이 중요하다.

컨설팅 회사 액센츄어(Accenture)는 기업의 CSR 활동의 발전 단계를 세 단계로 제시하고 있다. 첫 번째 단계는 '법률준수 & CSR'단계로, 기업들이 의무적으로 환경보호와 사회적 책임을 규정한 법률을 준수하면서 사회의 지속적 발전에 공헌하는 단계다. 이 단계에서 기업은 사회공헌 활동을 기업의 수익을 높이는 활동으로 보지 않는다. 따라서 기업들은 사회공헌 활동에 소극적인 모습을 보인다.

두 번째 단계는 '성과와 공유가치' 단계로 기업경영에서 ESG를 중시한다. 기업이 사업활동에서 환경을 배려하고 있는지, 이를 위한 지배구조가 기능하고 있는지 사회에 보여주어야 한다. ESG 요소를 배려하는 사업활동을 통해 이해관계자에게 신뢰를 받고 장기적으로 계속 성장한다는 사고다.

세 번째 단계는 '리더십과 사회적 임팩트' 단계로, 기업경영에서 '사회적 책임사업(Social Responsible Business)'을 중시한다. 사회적 책임사업이란 장기적인 기업경쟁력을 갖추기 위해 다양한 이해관계자의 흥미와 관심을 핵심사업으로 반영하는 것이다. 이해관계자의 관심사를 비즈니스에 융합하는 전략은 급변하는 경제환경에서 생존하고 확실히 이익을 실현하는 대책이다.

시장경쟁이 치열한 상황에서 기업은 사회과제의 해결을 비즈니스로 연계하는 발상이 필요하다. 주주이익이 중시되는 사업구조뿐만이 아니라 사회과제의 해결을 경영의 핵심요소로 포함하는 기업은 중장기적으로 사회에서 높은 평가를 받는 시대가 되었다. 컨설팅회사 PwC(Price Waterhouse Coopers)는 2000년 이후 기업활동은 장기적 관점에서 다양한 이해관계자의 이익을 고려하고, 사회과제 해결을 통해 혁신하는 시대가 되었다고 주장한다. 기업은 환경과 사회 속에서 활동하며 장기적으로 성장하고, 환경과 사회변화에 대응하면서 경영위험을 줄이고, 사업기회를 포착할 것을 제언하고 있다.

실제로 해외 선진기업은 사회과제의 해결을 사업기회로 보고 있다. 사회과제에서 지속적인 성장기회를 찾고 새로운 경영전략을 짜고 있다. 단순한 CSR 발상을 넘어 사회과제를 해결한다는 관점에서 사업모델을 재구축하고 있다. 즉 사회해결이 본업이라는 차원으로 발전하고 있다.

기업의 지속가능성에 관한 사고변화

제1세대 (~1980년대) 법령준수·위험관리형 CSR	법률준수(환경관련 법률제정), 위험관리, 사회공헌	환경, 사회, 기업활동이 독립되어 있고, 환경, 사회에 대한 기업활동은 비용으로만 인식
제2세대 (1990~2000년) 기업·사회·환경중시형 CSR	설명책임, 적극적 정보공시, 효율적인 조업	환경, 사회, 기업활동이 독립되어 있지만, 서로 관련된 영역이 있음. 기업이 장기적으로 성장하기 위해 환경, 사회와 양립해야 함
제3세대 (2000년~) 기업의 지속가능성	장기적 사고, 이해관계자 인게이지먼트, 과제해결형 혁신	환경과 사회 속에서 기업활동을 장기적으로 유지·성장시키는 사고, 환경과 사회변화에 대응하면서 장래 위험을 줄이고, 기회를 활용하는 것이 중요

자료: PwC, 필자 재구성

SDGs 경영으로 성장을 추구하라

세계 최대의 PR회사인 '에델만(Edelman)'은 매년 29개 국가의 정부, 기업, NPO, 언론의 신뢰도를 조사하여 발표하고 있다. 최근에 세계 28개국 33,000명을 대상으로 '2017 신뢰도 지표(Trust Barometer)'의 조사결과를 발표했다. 조사결과에 따르면, 75%의 세계시민은 기업이 이익을 중시하면서 동시에 지역사회를 위한 사회·경제적 과제를 해결해 줄 것을 기대하였다. 즉 세계의 소비자는 기업의 사회과제를 해결하는 사업전략에 관심을 갖고 있다는 것을 알 수 있다.

유엔은 이런 세계시민의 기대에 호응했다. 2015년 사회과제 해결을 위한 세계차원의 목표, 이른바 '지속가능개발목표(SDGs, Sustainable Development Goals)'를 채택했다. SDGs는 선진국을 포함한 국제사회 전체의 지속가능성을 생각하고 설정한 목표로, 이 용어는 ESG 경영에 관해 설명할 때 자주 쓰이는 약자(略字)이기 때문에 잘 익혀두는 게 좋다. 유엔은 각 회원국들이 2030년까지 달성해야 할 SDGs로서 빈곤퇴치, 기아(飢餓)해결, 에너지 절약, 기후변화 대책마련, 평화로운 사회구현 등을 제시하고 있다.

기업이 SDGs에 대처해야 하는 이유

유엔은 이 같은 SDGs 달성에 기업들도 협조할 것을 요구하고 있다. 기업들이 유엔의 SDGs를 사업전략에 활용하면 많은 장점이 있다. 무엇보다 사회에 공헌하는 기업활동을 보여주면서 그 정당성을 입증할 수 있다. 모든 유엔회원국이 합의한 SDGs목표를 지향하는 것은 당연히 공공성이 있고, 정당한 활동이라고 말할 수 있다.

기업의 SDGs대책은 확실히 종업원, 거래처, 고객에게 사회적 책임을 수행하는 기업의 존재의의를 보여주는 효과가 있다. 종업원은 더 좋은 미래에 공헌하는 회사에 대한 자긍심을 느낄 수 있다. 종업원 외에 다양한 이해관계자도 사회에 공헌하는 기업의 SDGs 활동을 크게 신뢰할 것이다.

인류사회에 공헌하는 대의적 목표만 봐도 SDGs는 세계공통의 언어다. SDGs 용어만으로 모든 업종에서 무엇을 위해 활동인지 즉시 그 활동의 의미를 전달할 수 있다. SDGs라는 공통언어는 국경과 사업분야를 초월하여 확산될 수 있다.

SDGs를 매개로 다른 국가와 시장을 개척하거나 국제적 사업 파트너를 찾을 수 있다. 글로벌 경영환경에서 의외의 파트너와 협력하여 좋은 성과를 내면 파급효과는 클 것이다. 국가와 업종을 넘어 협력하고 보완할 수 있다면 그 활동반경을 더욱 확장할 수 있다. 전혀 다른 분야에서 활동하는 사람이나 이해관계자도 그 의미를 바로 이해할 수 있다. 동일한 목표를 지향한다면 사업분야에 관계없이 공통점을 찾을 수 있다.

지속가능개발 목표(SDGs)

1	모든 국가에서 모든 형태의 빈곤종식	사회
2	기아해소와 식량안보 달성, 지속가능농업 발전	사회
3	건강한 삶의 보장 및 웰빙증진	사회
4	양질의 교육보장과 평생학습 향상	사회
5	성평등 달성과 여성역량강화	사회
6	물과 위생시설의 접근성과 관리강화	사회
7	모두에게 지속가능한 에너지 보급	사회
8	지속가능한 경제성장과 일자리 증진	경제
9	인프라구축과 지속가능한 산업화 확대	경제
10	불평등 해소	사회
11	지속가능한 도시 조성	사회
12	지속가능한 소비와 생산패턴 확립	경제
13	기후변화 대응	환경
14	해양과 해양자원 보존과 지속가능이용	환경
15	육상생태계의 보호와 지속가능이용	환경
16	지속가능한 발전을 위한 평화로운 사회 증진과 제도구축	사회
17	지속가능발전을 위한 이행수단 강화를 위한 글로벌 파트너십 강화	사회

자료: UN 홈페이지

기업이 SDGs에 대처해야 하는 또 다른 이유가 있다. 바로 환경과 사회의 지속가능성 만큼 경제의 지속가능성도 중요하다는 점이다. 즉 기업은 다양한 사업기회를 창출하면서 지속적인 성장을 위해 SDGs에 적극적으로 대처해야 한다.

앞으로 SDGs에 대처하는 기업은 다양한 사업기회를 통해 수익을 올리며 사회에 기여할 가능성이 많다. '사업과 지속가능성 개발 위원회(BSDC)'의 보고서에 따르면, 2030년에 SDGs를 달성하면 환경·에너지·도시개발 분야에서 12조 달러의 사업기회를 창출하고, 3억8,000만개의 일자리가 증가하여 세계의 고용이 확대될 전망이다.

　SDGs는 매우 포괄적이기 때문에 국제기관과 정부만으로 그 목표를 달성할 수 없다. 기업의 역할이 절대적으로 필요하다. 실제로 선도적인 글로벌 기업은 SDGs를 경영전략에 통합하고 있다. 기업이 SDGs에 대응하려면 IR과 홍보, CSR, 경영기획 부문이 적극 연계해야 한다. 기업은 새로운 사업기회를 찾고, 위험을 회피하는 전략으로서 SDGs를 경영전략에 포함할 필요가 있다.

사업기회의 확보

　최근 기업의 경영환경은 매우 빠르게 변하고 있다. 최근 4차 산업혁명 과정에서 AI(인공지능)와 IoT(사물 인터넷) 등 첨단 디지털 기술의 활용이 기업간의 성패를 결정하는 중요한 요인으로 등장했다. 디지털 기술을 구사하는 신흥 벤처기업이 빠르게 성장하고, 기존의 산업구조를 근본적으로 뒤집는 파괴적인 이노베이션이 일어나고 있다.

　구글, 페이스북, 테슬라, 아마존, 애플, 네플릭스 등 새로운 강자들이 등장했고, 이들 기업들은 기존의 사업모델을 송두리째 파괴하고 있다. 이른바 디지털 혁신(Digital Disruption)에 따른 위기의식이 모든 산업에서 커지고 있다.

　이렇게 거친 경영환경에서 도태되지 않고 생존하려면 디지털 기술을 효과적으로 활용하고 경쟁사보다 앞서 기업을 혁신해야 한다. 디지털 기술을 활용하여 기업의 사업모델을 변혁하고, 생존과 지속적인 성장을 위해 새로운 성장분야를 모색하고, 집중적으로 자원을 투입해야 한다.

디지털 기술을 활용하여 SDGs에 대처하는 기업은 새로운 성장기회를 확보할 가능성이 크다. 2017년 'CSR유럽'의 조사결과를 보면, 유럽 164개 회사 중에 90% 이상이 SDGs 대응을 중요하게 생각했다. 그 이유로 79%의 경영자는 기업가치를 높이고 지속가능성 전략에 적합하기 때문이라고 대답했다. 다음으로 새로운 신규사업 기회(52%), 이해관계자와 관계강화(46%), 중요한 위험관리 대책(30%)이라고 대답했다.

앞으로 거액의 자금이 세계적 규모로 SDGs의 과제해결에 투입될 전망이다. SDGs에 대처하는 기업은 공적 및 사적 자금을 활용하면서 새로운 사업기회를 창출하고 이노베이션을 일으킬 가능성이 있다. SDGs가 달성될 경우 기업이 향유할 경제적 효과는 엄청날 것으로 보인다.

2017년 '사업과 지속가능성 개발위원회(BSDC)'가 발표한 보고서 '더 좋은 비즈니스, 더 좋은 세상(Better Business, Better World)'은 SDGs의 효과를 구체적으로 제시하고 있다. 2030년까지 SDGs를 달성하는 과정에서 식료와 농업, 도시, 에너지와 연료, 건강과 복지 4개영역에서 60가지의 사업영역이 창출되고, 2030년까지 SDGs가 달성되면 세계전체에 연간 12조 달러 이상의 시장기회가 창출될 것이라고 추정했다. 또한 정보교육, IT기술, 교육과 소비재 분야에서 그 효과는 연간 8조 달러에 이른다. 이 수치는 2017년 미국의 GDP 19조 달러와 비교할 때 엄청난 규모다. 이렇게 기업은 SDGs와 관련된 거액의 사업기회가 창출된다는 사실을 인식해야 한다.

기업은 SDGs경영을 통해 경영위험을 줄일 수 있다. SDGs는 공통언어로서 전 세계에 포괄적 기준을 제시하고 있다. 세상에서 좋은 평판을 받으려면 사회에서 요구하는 공통기준인 SDGs에 대응해야 한다.

최근 사회적 관심이 큰 기후변화 대책은 중요한 이슈다. 기업은 위험관리 차원에서 기후변화에 나쁜 영향을 주는 사업을 회피하거나 제외해야 한다. 경영위험과 더불어 기업의 이미지가 나빠지는 평판위험도 있기 때문이다. 기업의 평판이 나빠지면 당연히 매출이 감소한다. 소비자와 직접 마주하는 기업과 업종이라면 더 그럴 것이다.

구체적인 사례를 들어보자. 1990년대 중반 나이키(Nike)는 동남아시아 공장에서 아동노동과 장시간 노동으로 사회적 불매운동에 직면했다. 2011년 삼림을 파괴한 대형 제지회사에서 용지를 조달한 후지제록스는 사회적 비판을 받고 사업도 큰 타격을 받았다. 이 사건을 계기로 후지제록스는 제지회사와 거래를 중단하는 발 빠른 행동으로 영향을 최소화하였다. 이러한 경험을 통해 환경보전과 지역주민의 보호, 기업윤리를 철저히 지키는 내용으로 용지조달기준을 개정하였다. 그 기준을 충족한 기업에서 용지를 조달하고 있다.

현대 사회는 인터넷과 SNS가 아주 발달해 있다. 기업들이 내부 또는 외부에서 발생한 스캔들을 어떻게든 숨기려 하겠지만, 인터넷이 발달한 현대사회에서는 금방 발각되기 쉽다. 기업이 초래한 환경과 사회적 문제는 모든 정보 소셜미디어 등을 통해 순식간에 전 세계로 퍼져나간다. 아무렇지도 않게 인터넷에 올린 글, 유튜브 동영상, 페이스북에 올린 사진이 순식간에 사회적 문제가 되는 경우가 수두룩하다.

이러한 위험을 회피하려면 SDGs를 활용하는 것이 좋다. SDGs에 대응체제가 없으면 사소한 사건만으로 기업의 평판은 크게 훼손될 가능성이 있다.

기업은 사회적 존재다. 사회의 지지를 받아야 존속할 수 있다. 기업이 사회에 미치는 외부불경제(공해문제 등)의 대가로서 사회에 공헌하지 않으면 사회에서 인정받을 수 없다. 기업이 SDGs에 대응하는 것은 사회적 가치를 실현하는 방법이다. 기업은 SDGs와 관련된 정부 규제에 선제적으로 대처하는 것만으로 혜택을 얻을 수 있다. 예를 들면 자동차의 배기가스 규제강화를 예상하고 엄격한 기준으로 제품을 만들면 정부의 엄격한 규제환경에서도 경쟁우위를 확보할 수 있다.

기업의 SDGs대책과 그 정보공시는 의무사항이 아니다. 앞으로 비교할 수 있는 지표가 필요하고 정착되어야 하는 과제가 있다.

컨설팅 회사 PwC의 조사에 따르면, 많은 기업은 장래 SDGs의 사업창출 가능성을 인식하고 있지만 구체적인 목표설정과 평가기준 수립은 새로운 과제다. 비교할 수 있는 지표가 없기 때문에 기업의 SDGs에 대한 공헌을 측정하기 어렵다. 기업이 SDGs를 달성할 때 그 투명성도 확보해야 한다.

앞으로 기업은 주요 업적평가지표(KPI)를 공개하고, 이해관계자와 평가기관을 통한 외부평가를 실시할 필요가 있다. SDGs의 다양성을 고려하면 객관적 평가를 위한 표준화는 쉽지 않을 것으로 보인다. 그래도 기업은 적절한 정보공시를 통해 계속해서 외부평가를 높여 나가야 한다.

네슬레의 SDGs경영 사례

네슬레는 1866년에 창업하여 세계 189개국에서 32만 명 이상이 일하는 세계최대의 식품음료 회사다. 이 회사는 CSV를 사업활동의 원칙으로 삼아 인간생활의 질을 높이고, 건강한 미래사회 만들기에 공헌하고 있다. 공동가치 창조를 위해 사회와 가장 교류하는 분야로서 영양, 물, 농촌개발을 중요과제로 설정하고 있다. 이 과제에 대해 2년마다 제3자의 평가를 실시한다. 또한 과제달성 현황을 KPI방식으로 적극적으로 공개한다. 다우존스 지속가능성 인덱스(DJSI) 등 대표적 평가기관은 네슬레를 우수한 기업으로 평가하고 있다.

네슬레는 자녀의 건강개선, 젊은 층의 지원, 미래세대를 위해 자원 지키기 등 지속가능성의 관점에서 유엔의 목표일정과 같이 2030년에 달성할 목표를 제시하고 있다. '개인과 가족을 위해', '커뮤니티를 위해', '지구를 위해' 등 구체적인 방향을 제시하고, SDGs17개 목표와 관련성을 정밀하게 분석하고, 경영의 구체적 실행계획과 연계하여 추진하고 있다.

기업의 CSV를 제창한 마이클 포터는 네스프레소 사업을 성공사례로 들고 있다. 네슬레는 특수한 커피콩의 품질유지와 안정적 조달을 위해 아프리카와 중남미의 영세농가에게 농업 전수, 자금공급, 비료와 농약의 확보 등 사업기반에 아낌없이 투자했다. 그러한 투자결과, 농가의 생산력이 크게 오르고, 네슬레는 품질 높은 커피콩을 안정적으로 확보하였다. 농가의 소득이 오르고, 농민의 동기부여도 커지는 선순환이 발생하였다.

▌SDGs 경영으로 사업기회를 찾는다

최근 신문과 방송 등 우리나라 미디어에는 SDGs와 ESG 라는 용어가 자주 등장한다. 그러나 두 가지 용어의 차이를 이해하는 사람은 많지 않다. ESG와 SDGs 모두 기업의 지속가능성과 관련되어 있기 때문에 그 차이를 이해하기 어려운 점이 있다.

간단히 말해, ESG는 현재 기업상황에 대한 투자자 등 이해관계자의 평가이고, SDGs는 기업의 미래를 향한 활동으로 생각하면 이해하기 쉽다. 포괄적 개념을 볼 때 SDGs는 ESG를 포함하고 있다.

SDGs는 법적 구속력이 없지만, 정부와 지자체, 민간기업, 시민사회 등 모든 이해관계자가 지속가능한 사회를 만들기 위해 대처해야 할 목표다. SDGs는 전 세계의 공통언어이고, 기업은 사업활동의 의의를 세계에 공유하는 수단이다.

우리 사회는 기업이 SDGs를 사업활동으로 연계하는 적극적 대책을 기대하고 있다. 앞으로 SDGs는 사업전략의 공격과 수비 역할을 하고 동시에 견고한 사업기반이 될 수 있다. SDGs는 현재의 이해관계자부터 미래의 이해관계자까지 확장되는 새로운 사업기회를 창출할 수 있다. SDGs에 대응하는 기업은 탄소배출량 감축, 인권 대책 등 환경과 사회를 배려하는 의무가 늘어나지만, 재생에너지 개발, 사회과제 해결과 관련된 새로운 시장이 창출되는 기회를 맞이할 수 있을 것이다.

기업이 SDGs경영을 실천하려면 사업과 관련된 SDGs목표를 중장기 경영전략에 적극 반영해야 한다. SDGs목표를 기업의 경영전략 속에 녹여내는 작업이 필요하다. SDGs목표를 중장기 경영전략에 통합하는 것은 상당히 어려운 과제다. 보통 기업은 당장 눈앞에 보이는 사업과 단기적 이익에 초점을 두고 있기 때문이다.

또한 CSR과 마찬가지로 많은 기업들이 SDGs대책을 단순히 비용으로 생각하는 것도 장애요소다. 설사 SDGs목표의 중요성을 인식해도 단기간에 쉽게 달성할 수 없기 때문에 SDGs대책 수립을 주저하는 기업이 많다.

그러나 SDGs경영을 다른 각도에서 생각할 필요가 있다. 기업의 현상과 장래목표 사이에 괴리가 크기 때문에 혁신을 창출하는 기폭제가 될 수 있다는 점이다. 재생가능 에너지 회사 레노바(Renova)의 CEO 센모토사치오(千本倖生)의 '모순이 있는 곳에 반드시 사업기회가 있다'는 충고에 경영자는 귀를 기울일 필요가 있다. 그는 사회의 모순을 발견하고, 사회과제를 해결하는 것은 사업성공의 지름길이라고 강조한다.

레노바 회장의 지적과 같이 SDGs경영에는 사회적 모순과 사업기회가 동시에 존재하고 있다. SDGs목표를 달성할 수 있는 수단을 개발한다면 사회에 큰 혁신이 일으킬 수 있다. 유엔 회원국이 합의한 SDGs는 공공성에 기초한 공통목표를 제시하고 있다. 미래관점에서 사회에 윤리적으로 올바른 항목을 제시하고 있다. 기업은 SDGs목표를 보면서 이노베이션을 생각하고, 새로운 사업기회를 찾을 수 있다.

▌SDGs를 경영전략에 반영하라

SDGs경영을 실천하려면 네슬레와 같이 SDGs를 경영이념과 같은 위치에 두어야 한다. 회사의 이념과 전략, 기존사업을 SDGs와 연계하고, 신규사업을 개척할 때 SDGs달성을 생각하고 사업을 추진해야 한다. 다양한 SDGs경영을 실천할 때 예상되는 과제, 이를 해결하는 상품과 서비스는 무엇인지 찾아낼 수 있다. 장래 경영전략과 SDGs관계를 설정하는 작업을 'SDGs 맵핑(mapping)' 활동이라고 말한다.

2017년 일본의 SDGs정책개발 전문가 카니에 노리치카(蟹江憲史)는 경제전문지 포춘(Fortune)이 선정한 글로벌 500기업 중에 100개 회사의 지속가능성 보고서에서 SDGs의 기재현황을 조사한 결과, 4가지 패턴을 발견하였다.

먼저 SDGs 목표의 번호만 기재하고, 그 외의 정보를 기재하지 않는 패턴이다. 예를 들면 SDGs목표 3(건강한 삶의 보장 및 웰빙 증진)과 SDGs목표 11(지속가능한 도시 조성)에 공헌한다고 기재하지만, 어느 정도 어떤 형태로 건강과 복지의 목표달성에 공헌하고 있는지 설명하는 내용은 보이지 않는다. 그 목표가 어느 타겟에 공헌하는지, 그리고 어떻게 공헌하고 있는지 구체적인 모습을 제시하지 않고 있다.

둘째, 목표에 해설을 기재하는 패턴이다. 이런 패턴의 보고서가 가장 많았다. SDGs목표를 먼저 열거하고, 그 목표에 관련된 기업활동을 제시하고 있다. 예를 들어 SDGs목표 7(모두에게 지속가능한 에너지 보급)이라면 태양광발전소와 풍력발전소를 어느 정도의 규모로 설치했는지를 기재한다. 그러나 애매한 형태로 기재한 사례도 많았다.

셋째, SDGs 17개 목표를 모두 열거하고, 이에 따라 사업활동을 정리한 패턴이 있다. 특히 대기업에 이런 패턴이 많이 보였다. 사업활동이 목표달성을 위해 어느 정도 임팩트를 줄 것인지 독자적으로 분석한 사례도 있다.

마지막으로 기업의 중요과제를 SDGs로 정리하는 패턴이다. 네슬레는 각 사업이 어떤 SDGs에 공헌할 가능성이 있는지를 성적표 형태로 제시하고 있다. 각각의 목표에 어떻게 공헌하고 있는지 실행내용을 기재하고 있다.

대부분의 보고서는 SDGs를 설정한 후에 수년간 목표수준만 언급하고 있다. 근거가 모호하고, 정량적 자료를 제시하지 않고 대부분 SDGs에 공헌하고 있다고 평가하고 있다. 기업활동과 목표의 관련성을 제시하고 있지만 SDGs달성에 공헌하고 있다는 사실만 호소하고 있다. 다시 말해 회사의 경영목표와 SDGs목표, 타겟를 구체적으로 관련지어 기재하고 있는 보고서는 드물었다. 다양한 사업활동에 SDGs를 그냥 붙이는 'SDGs워싱(washing)'

현상이 일반적인 형태라는 얘기다.

맵핑작업은 구체적으로 기업의 어떤 사업활동이 어떻게 SDGs목표와 타겟 달성에 공헌하는지 제시하는 것을 말한다. 보통 기업은 SDGs목표에 공헌하지 않는 것은 공개하지 않을 가능성이 높다. 그러나 SDGs목표에 아직 공헌하지 않고 있지만 앞으로 공헌할 것이라면 제시하는 것도 좋다. 지금까지 할 수 없었지만 앞으로 하겠다고 선언하는 것이다. 그리고 그 선언에 따라 무엇이 바뀔 것인지 제시하는 것은 바람직하다.

SDGs와 사업활동을 연결하는 또 하나의 방법은 공헌도(성과)를 정량적으로 제시하는 것이다. 기업변혁에 대한 공헌도를 구체적으로 제시한다면 SDGs실행력을 높이는 효과적인 수단이 될 수 있다. 무엇보다 목표추진 상황을 객관적으로 제시하는 것이 중요하다. 정량적으로 제시할 수 없다면 제3자가 정성적으로 측정하는 방법도 있다.

투자자는 SDGs목표 달성과 같은 비재무정보를 중시하고 있다. 기업은 기업활동을 SDGs목표에 맵핑하고 그 공헌도를 정량적·정성적 자료로 공시하여 기업가치를 높이는 전략을 생각해야 한다. 사회과제를 해결하는 대책으로 SDGs달성에 노력하는 기업은 지속적으로 성장하고 기업가치도 높아질 것이다.

앞으로 SDGs를 사업활동으로 추진하는 기업은 늘어날 것이다. ESG 경영에 착수하는 기업은 SDGs달성을 지속가능 경영전략으로 추진할 것이다.

2015년 SDGs를 채택하고 나서 유엔총회는 적어도 2019년까지는 출범기간으로 생각했다. 2019년 SDGs정상회담에서 다음 10년을 '행동 10년'으로 정하고, 2020년부터 본격적인 행동을 시작했다. 세계의 많은 기업도 2020년부터 본격적인 SDGs활동을 시작했다.

▌지속가능경영으로 자원을 확보하라

현재 국제사회는 단기적 자본시장에서 지속가능한 자본시장으로 이행하고 있다. 기업의 단기적 이익추구는 환경과 사회에 심각한 영향을 미쳤다는 반성의 결과다. 미국의 전 국무장관 힐러리 클린턴은 지금까지 기업은 환경과 사회를 희생시키며 주주를 위한 이익추구에 몰두했다고 지적했다. 그리고 단기적 이익추구의 폐해를 4분기 보고의 횡포행위라고 비난했다.

대부분의 기업은 단기적 목표에 초점을 맞추고 있다. 기업의 목표라면 보통 4분기별 매출, 연간실적, 길게는 3~5년 후의 달성목표를 떠올릴 것이다.

이런 단기적 목표와 달리 SDGs는 적어도 10년 후의 목표를 설정하고 있다. 10년 후를 내다보는 장기목표에 초점을 두고 있다는 점이다. 기업에서 10년 동안에 몇 번이고 경영진이 교체될수도 있다. 2~3년내의 재직기간 중에 실적을 보여주어야 하는 기업풍토에서 장기목표를 제시하는 것은 쉽지 않다. 그렇지만 장기적인 방향과 목표를 제시하는 것은 회사가 어디를 향해 갈지 대내외에 보여준다는 의미에서 효과적인 전략이다.

SDGs는 기업의 장기목표를 보다 쉽고 효과적으로 제시하는 역할을 한다. 2030년의 세계모습을 보여주는 SDGs에 따라 장기목표를 설정하면 사회와 함께 미래를 향해가고 사회에 공헌하는 모습도 제시할 수 있다. 미래를 향해가는 회사의 방향에 동의하는 다양한 자원도 모여들 것이다. 기업의 장래 비전에 매력을 느낀 신입사원이 적극 지원할 것이다. 그 기업의 사회과제 해결과 지속가능한 사업활동에 관심을 가진 투자자는 자금을 투자할 것이다. 사회공헌 목표에 기여하는 다양한 지적 자본도 모여들 것이다. 기업이 큰 목표를 제시할 때 사회적 임팩트도 커질 것이다.

지금까지 기업은 장기목표를 설정할 때 구체적인 목표를 정하지 않고 '지향한다'는 모호한 목표를 제시했다. 그러나 이제 국제사회는 ESG 경영을 의식한 기업의 장기목표를 요구하고 있다. 글로벌 기업들은 보다 구체적인 장기목표를 제시하고 있다. 2018년 코카콜라와 펩시 등 11개 글로벌 기업은 2025년까지 모든 패키지를 재이용하고(reuse) 리싸이클(recycle), 퇴비 처리가 가능한 소재로 바꾸는 목표를 선언했다.

현재 ESG와 관련된 대부분의 국제 이니셔티브도 구체적인 실행목표를 요구하고 있다. SBT(Science-Based Target, 과학기반의 목표설정) 기업에 대해 '과학적 근거'에 따른 온난화효과 가스 배출감축 목표를 설정하여 추진하도록 요구하고 있다. SBT 이니셔티브는 기관투자자의 연합체 CDP, 세계자원연구소(WRI), 세계자연보호기금(WWF), 유엔글로벌콤팩트(UNGC)에 의해 2014년 9월 설립된 국제적 이니셔티브다.

SBT는 구체적으로 과학적 정보에 근거하여 2050년에 49~72%의 탄소배출량을 줄이는 목표를 기업에 권고하고 있다. 기업은 SBT인증을 받으려면 매년 온실효과 가스 2.5%이상의 감축을 목표로 5~15년의 목표를 설정해야 한다. 사업자가 직접 배출하는 것뿐만 아니라 공급망 전체의 온실효과 가스를 감축해야 한다. SBT 인증 후에도 배출량과 대책 추진상황을 매년 공시하고, 정기적으로 목표의 타당성을 확인해야 한다.

2020년 2월 현재 이미 798개 글로벌 기업이 SBT 실행목표를 제시하였다. 그리고 그 중에 333개 기업이 인증을 받았다.

▌ 지속가능 제품을 요구하는 소비자

최근 소비자가 사회의 지속가능성에 높은 관심을 보이는 것도 기업의 SDGs경영에 힘을 싣고 있다. 지속가능한 패션과 환경과 사회를 배려한 윤리적 소비에 대한 대중의 관심이 커지고 있다. 소비자는 가격이 다소 비싸지만 친환경 자연소재를 사용하는 제품을 선호하고 있다.

이러한 소비자의 동향을 포착하고 매출을 늘리는 기업이 나오고 있다. 2018년 일본의 온라인 쇼핑몰 라쿠텐은 어스몰(Earth Mall)이라는 새로운 온라인 쇼핑몰을 개설했다. 파는 제품은 지속가능한 어업에 관련된 ASC(Aquaculture Stewardship Council)인증, MSC(Marine Stewardship Council)인증, 지속가능한 삼림 관리에 관련된 FSC(Forest Stewardship Council) 인증, 유기농 섬유로 만든 제품 GOTS(Global Organic Textile Standard) 인증을 취득한 상품과 소수 전문가가 지속가능성으로 인증한 상품만을 팔고 있다.

라쿠텐이 만든 어스몰의 유통금액은 계속 증가하고 있다. 대중이 지속가능한 소비에 대한 관심이 높아지고 있다는 증거다. 소비자는 지속가능한 제품과 서비스를 요구하고 있다. 소비자 니즈를 반영하는 SDGs달성은 기업의 브랜드 가치를 높이는 효과가 있다.

제**4**장

선진적 지배구조를 갖춰라 (G)

지배구조 개혁으로 경쟁력을 높여라

현재 '거버넌스(governance)'라는 용어는 우리나라에서 '지배구조'라는 말로 번역되고 있다. 이 말은 라틴어의 배의 키를 쥔다, 즉 '조정하다'를 의미하는 '구베르나레(gubernare)'에서 유래하였다. 고대(古代)에 선장과 항해사는 엄청난 위험을 감수하며 바다의 거센 폭풍우를 헤치며 목적지를 향해 나아갔다. 당연히 승무원은 물론이고, 화물, 선박과 그 소유자, 운반하는 화물의 주인, 또한 선박과 관계가 있는 모든 사람에게 엄중한 책임을 지고 있었다. 거버닌스는 이와 같은 선장의 역할처럼 모든 이해관계자에게 책임있게 행동하는 것을 의미한다.

거버넌스와 유사한 용어로 '거번먼트(government)'라는 말이 있다. 두 가지 용어는 유사할 것 같지만 대립하는 개념이다. 거번먼트는 국가라는 큰 배의 키(helm, 배의 조정장치)를 잡은 조직 또는 그 키를 잡는 것 자체를 가리키는 경우에 자주 사용된다. 우리는 흔히 정부(政府) 또는 통치(統治)라는 말로 번역해서 사용하고 있다.

정리해서 말하자면, 거번먼트는 왕권과 정부 등 조직의 상위자가 대부분을 결정하는 상의하달(上意下達) 방식의 타율적 시스템을 가리킨다. 이에 비해 거버넌스는 관계자가 참여하여 다양하게 협의하고, 자율적인 합의를 형성하는 의미가 포함되어 있다. 통치보다는 자치(自治)에 가깝고, 협의나 협치(協治)를 의미한다.

이 거버넌스를 일반기업에 적용하는 것이 바로 '기업 지배구조(Corporate Governance)'다. 그러나 '지배'라는 낱말이 들어 있다고 하여 오너가 마음대로 경영한다는 의미가 절대 아니다. 기업의 키잡이(예를 들어 최고경영자)가 다양한 이해관계자를 생각하면서 어떻게 할지 생각한다는 의미를 지니고 있다. 즉 기업 경영자는 회사에 관련된 주주, 고객, 공급망, 채권자, 지역주민, 자연환경 등 기업에 관련된 모든 사람의 이해(복지)를 생각하며 경영해야 한다는 의미다.

▌G 요소를 중시하는 투자자

치열한 글로벌 경쟁변화에서 기업이 성장기회를 찾아 더욱 적극적인 경영판단을 내릴 수 있는 경영시스템은 경쟁우위를 결정짓는 중요한 요소다. 적절하고 효율적인 경영의사결정 시스템을 통해 기업은 투자대상으로서 매력을 높이고 기업의 지속적 성장력과 경쟁력을 확보할 수 있다. 바로 기업의 지배구조 개혁이 그 핵심 열쇠다.

한국은 1997년 IMF를 계기로 낙후된 기업 지배구조를 개혁과제로 인식하기 시작했다. 기업은 집행 경영진을 견제하는 제도적 장치로서 사외이사제 도입, 감사위원회 설치 등 기업의 투명한 지배구조를 갖추기 위한 대책을 실시했다. 하지만 기업 지배구조의 법률적 요건은 어느 정도 갖추었지만, 20년 이상이 지나도록 여전히 이사회가 실질적 기능을 발휘하지 못하고 있다. 공정거래위원회의 보고서에 따르면, 우리나라 대기업 이사회는 감시와 견제기능을 아직 충분히 실행하지 못하고 있다. 경영진이 결정한 내부거래 안건의 대부분을 원안대로 통과시키는 등 '거수기 역할'에서 벗어나지 못하고 있다.

최근 글로벌 차원에서 ESG 경영의 확산으로 기업의 투명하고 건강한 지배구조는 더욱 중요한 요소가 되었다. 치열한 글로벌 경쟁에서 한 기업의 지배구조는 장기적 기업가치를 높이기 위해 절대적으로 중요한 요소다.

지금까지 한국기업이 수동적으로 지배구조를 운영해왔다면, 앞으로 공격적인 지배구조 체제로 바꾸어야 한다. 지배구조 체제를 강화하여 경영자의 마인드를 전향적으로 바꾸고, 지속적 성장과 중장기적 기업가치를 높이는 공격적 지배구조 체제로 전환해야 한다. 해외 기관투자자는 국내 대기업의 지배구조 개혁에 주목하고 있다는 점을 인식해야 한다.

세계적인 자산운용회사들은 ESG 요소 중에서 기업의 지배구조(G)에 관심이 많다. 러셀(Russel)의 조사에 따르면, 글로벌 투자기관 가운데 82%는 투자판단에서 지배구조(G)를 가장 중시하는 ESG 항목으로 꼽았다. 환경(13%)과 사회(5%) 항목보다 지배구조에 압도적으로 높은 관심을 가지고 있다(2020 연간 ESG

매니저 조사).

　기업에 이사회의 지배구조 체제가 잘 정비되어 있다면 장기적 성장에 필요한 환경과 사회 측면도 논의하고 대책을 추진할 수 있다고 판단하기 때문이다. 아무리 현장에서 환경과 사회 항목의 지속가능성 대책을 수립해도 이를 논의하고 판단하는 적절한 지배구조 체제가 없다면 실행을 담보할 수 없다는 것을 투자 전문가들은 잘 알고 있다.

글로벌 투자기관이 중시하는 ESG 항목

구분	환경(E)	사회(S)	지배구조(G)
2018년	5%	4%	91%
2019년	9%	5%	86%
2020년	13%	5%	82%

자료: 러셀(2020 연간 ESG 매니저 조사)

　많은 투자자는 기업의 지배구조에 주목하고, 기업의 개선노력을 기대하고 있다. 그러나 기업은 지배구조의 개선에 소극적인 모습이다. 기업을 건전하게 경영하고 부정 위험을 회피한다고 해서 기업의 좋은 이미지가 외부에 분명히 드러나지 않는다고 생각하는 요인도 있다. 또한 구체적으로 어떻게 하면 지배구조가 개선되고, ESG에서 좋은 평가를 받을 것인지 명확하게 인식하지 못하는 기업도 있다. 이런 요인 때문에 환경과 사회 요소에 비해 지배구조 개선을 뒤로 미루고 있는 것으로 보인다.

　그러나 기업은 환경과 사회 요소의 개선에 많은 자원을 투입할 수 없어도 지배구조는 경영자의 결단만 내리면 쉽게 개선할 수 있다. ESG 평가에 대처하여 지배구조를 개선하기로 결정했다면 먼저 외부 ESG 평가기관의 평가항목을 살펴봐야 한다.

ESG 평가기관이 중시하는 지배구조의 지표는 위원회 조직 설치, 인사와 보수에 관련된 사항이 많다. 경영자의 결단만 있다면 환경과 사회 요소보다 대처하기 쉽고 결과도 훨씬 빨리 나올 수 있는 대책이다. 객관적인 수치로 제시하기도 쉬운 장점도 있다. 예를 들면 여성이사와 사외이사의 비율, 임원의 보수계산 방법의 공시 등은 해석의 여지가 없고, 경영자가 결정하면 바로 실시할 수 있다.

지배구조에 비해 환경과 사회 분야의 대책은 많은 자원이 필요하고, 시간도 오래 걸린다. 예를 들어 환경분야의 대표적인 ESG 평가지표는 '탄소배출량의 감소'다. 탄소배출량 감소 대책을 추진하려면 전체 공급망을 점검하고, 어느 단계에서 얼마만큼 감축할지 프로젝트를 기획·실행하고 그 성과가 나올 때까지 수년 또는 수십 년의 시간이 걸릴 수 있다.

따라서 기업은 비교적 많은 시간이 걸리는 환경·사회분야는 중장기적 대책으로 추진하고, 지배구조 분야에서 조기에 성과를 내고 외부에 공표할 필요가 있다. ESG 경영에 적극적으로 대응하고 있는 모습을 이해관계자에게 일찍 호소할 수 있는 효과적인 대책이다.

현재 세계에 수많은 ESG 평가기관이 있다. ESG 평가의 통일된 평가기준은 없고 회사마다 평가기준도 다르다. 따라서 어느 한 ESG 평가기관의 평가기준만으로 기업의 ESG 대책을 판단할 수는 없다. 다양한 평가기관의 평가항목을 비교해보고 핵심항목이 무엇인지 파악할 필요가 있다. 환경과 사회 분야와 같이 지배구조 분야도 평가기관마다 평가항목이 다르다. 대표적인 ESG

평가기관인 'MSCI', 'FTSE', '리피니티프(Refinitive)', '서스테이널리스틱스(Sustainalytics)'가 제시한 지배구조 분야의 평가항목을 소개하면 다음의 표와 같다.

주요 ESG 평가기관의 지배구조 평가항목

MSCI	−이사회 구성: 감사위원회 독립성, 이사회 출석률, 보수위원회 독립성, 다양성(성별), 독립된 이사회 의장 −보수 −오너십과 지배: 상호출자, 1주 1의결권, 포이즌필 등 −회계 리스크: 한정적 감사의견 −기타 기업윤리, 공평한 경쟁, 조세회피, 독직(瀆職)과 정치불안, 재무구조의 안정성
리피니티브	−경영진: 조직체제, 독립성, 다양성, 위원회, 보수 −주주: 주주의 권리, 적대적 매수에 대항 −CSR전략, ESG 보고 및 투명성
FTSE	−부패방지, 기업 지배구조, 위험관리, 조세의 투명성
서스테이널리스틱스	−방침과 대책: 뇌물수수에 대한 대책, 내부고발 프로그램, 이사회의 독립성과 다양성, 의장과 CEO의 분리, ESG 보고 기준 −실적: 뇌물수수 사건, 사업윤리 관련 사건, 회계와 조세관련 사건 등

자료: 닛코리서치센터(2016), 필자 재구성

▌ 건강한 지배구조를 공개하라

한 기업의 지배구조는 기업의 경영시스템 그 자체다. 최근 해외 기관투자자는 스튜어드십(stewardship) 활동을 통해 기업의 건강한 지배구조를 만드는데 기여하고 있다. 내부에 ESG 리서치 조직, 스튜어드십 추진조직, 자문위원회 등을 설치하는 방식으로 스튜어드십 활동 기반을 강화하고 있다.

스튜어드십 활동이란 주인의 재산을 열심히 관리하는 집사(steward)처럼 기관투자자가 최선을 다해 고객들의 돈을 관리하는 것을 말한다. 이를 위해선 기관투자자는 투자기업과 그 사업환경을 깊이 이해하고, 기업과 건설적인 대화를 통해 기업가치를 높이고 성장을 촉진해야 할 것이다. 기관투자자는 스튜어드십 코드에 따라 기업과 대화를 통해 지속적 성장을 촉진하고, 필요할 경우 문제기업에 대해 주주권 행사를 통해 압력을 행사할 수 있다.

2018년 7월 국민연금이 처음 스튜어드십 코드(code, 모범규준)를 도입한 후 국내의 많은 기관투자자들도 스튜어드십 코드를 도입하고 있다. 하지만 최근 국민연금의 스튜어드십 활동에 문제를 제기하는 현상이 나타나고 있다. 국민연금이 스튜어드십 코드를 도입한지 2년 반이 넘었지만 적극적인 주주권을 행사하지 않고, 투자기업의 EGG 대책을 소홀히 하여 사회적 문제를 일으키고 있다고 일부 시민단체는 주장하고 있다.

이런 스튜어드십 코드 외에도 기관투자자는 ESG 투자를 통해 기업에 영향력을 행사할 수 있다. ESG 투자에서 환경, 사회, 지배구조에 관한 기업의 비재무정보를 투자결정 프로세스에 반영하는 것이다. 글로벌 기관투자자는 대부분 안정된 투자수익을 얻기 위해 기업을 평가할 때 업계전망과 재무정보 외에도 비재무정보의 평가를 더욱 강화하고 있다.

그러나 한국기업의 지배구조 정보는 아직 해외기업에 비해 충분히 공개되지 않고 있다. 보통 연차보고서나 기업지배구조보고서 등에 지배구조 정보가 기재되어 있지만 기본방침, 사외이사의 경력 등 표면적 내용만 담고 있는 사례가 많다.

반면에 미국의 상장기업은 지배구조 정보를 매우 상세하게 공개하고 있다. 예를 들면, 사외이사의 전문성, 기업의 실적과 임원보수와 연동 관계, 동종 업종에 참여중인 경쟁기업과 비교한 임원보수 수준 등 질적인 정보를 충분히 외부에 공개하고 있다.

기업의 지속가능성 정보를 투자판단에 활용하는 자산운용회사들이 한국 기업의 상세한 지배구조 정보를 요구하는 것은 당연하다. ESG 경영을 실천하는 기업이라면 먼저 회사의 지속가능성 전략의 실행을 담보하는 지배구조를 갖춰야 한다는 점을 확실히 인식해야 한다.

흔히 기업 지배구조의 개선을 논의할 때 대기업 중심의 상장기업에만 초점을 두고 중소기업은 거론하지 않는다. 중소기업도 소유구조의 특성에 따라 지배구조의 대책을 추진하는 것이 바람직하다. 일반적으로 대기업 소유구조와 달리 중소기업은 특정 개인주주와 모회사 또는 종업원의 보유주식 비율이 높다. 소유가 집중된 중소기업에서는 경영자가 소유자의 이해에 반하여 행동하기 어렵다. 외부의 규제도 작용하기 어렵기 때문에 특정 소유자의 의도에 따라 경영이 좌우되는 심각한 문제가 있다.

▎ 이사회의 실효성을 담보하라

'아시아기업지배구조협회(ACGA, Asia Corporate Governance Association)'는 기업의 지배구조에 관한 121개의 조사항목을 바탕으로 독자적인 평가기준을 만들어 아시아 기업의 지배구조를 평가하여 발표하고 있다. 'ACGA'가 발표하는 보고서(CG Watch 2018)에 따르면, 아시아 12개국가 중에서 한국기업의 지배구조는 9위(46점)로 하위권에 위치해 있다. 한국은 호주, 홍콩, 싱가

폴, 말레이시아, 대만, 타이, 일본, 인도보다 훨씬 낮게 평가되고 있다. ACGA는 상법개정과 스튜어드십 코드의 측면에서 개혁이 추진되고 있지만, 소수주주 보호에 대한 근본적으로 약하다는 점을 한국기업의 과제로 지적했다.

이러한 국제적 외부 평가기관보다 일찍부터 국내 학계와 전문가들은 국제적 흐름에 근접하기 위한 기업지배구조의 개선을 요구해왔다. 그러한 노력으로 최근 ESG의 국제적 흐름 등을 반영하여 지배구조와 관련된 법률이 개정되었다. 자본시장법 개정되어 2022년 8월부터 자산총액 2조 원이 넘는 상장기업은 여성 이사를 한 명 이상 두도록 했다. 개정안이 시행되면서 최근 여성 사외이사를 선임하는 대기업이 크게 늘어나고 있다.

또한 2020년 상법시행령을 개정하여 상장기업의 사외이사 임기를 6년으로 제한하였다. 사외이사가 특정 기업에 장기간 재직할 경우 최대주주로부터 독립성을 유지하지 못하고, 경영진을 제대로 감시하거나 견제하지 못할 것을 우려한 대책이다.

사실상 지금까지 대부분 한국기업의 이사회는 형식상의 기구였다. 이사회를 실효성 있는 의사결정의 장으로 만들려면 이사들이 충분히 논의할 수 있는 구조를 갖춰야 한다.

그러나 이사회는 그럴만한 여유가 거의 없었다. 기업은 늘 신속한 의사결정이 사업을 확대할 수 있다는 경영방식을 중시했다. 법률적 제약을 받는 이사회에서 중요한 안건을 결정하기보다 임의로 설치할 수 있고, 법률적 구속력이 없는 경영회의에서 중요한 의사결정을 내리는 것이 관례였다. 경영전략회의 등에서 실질적인 의사결정을 내리고, 이사회는 그야 말로 무늬 같은 기구였다.

이사회가 실효성을 담보하려면 먼저 중요한 토의사항에 집중해야 한다. 한 건당 10분 정도의 심의시간으로는 어떤 안건도 심도 있게 토론할 수 없다. 실효성 있는 이사회로 탈바꿈하려면 토의사항을 줄이고 중요한 경영과제에 집중해야 한다.

이사회는 최고 의사결정기구로서 중요한 경영과제를 다루어야 한다. 이사회는 기업의 기본이념을 항상 공유하고, 기업이념에 따라 전반적인 경영체제를 만들어 가고 있는지, 또는 기업가치를 높이는 방향으로 가고 있는지 점검하고 논의해야 한다. 이사회 참여자는 장래 기업이 나갈 방향을 논의하고 깊이 이해해야 한다. 업무를 집행하는 경영진이 기업이념에 따라 전략과 사업계획을 수립하고, 이사회는 실질적인 논의를 통해 안건을 승인하고 결정할 때 기업은 진정한 의미에서 실적을 올릴 수 있다.

기업경영에서 이사회의 의제선정과 운영은 매우 중요하다. 기업규모가 크고 오래된 기업은 고유의 언어, 장기적인 업무스타일과 습관, 뿌리깊은 전통적 가치관 등이 있다. 외부에서 영입된 사외이사는 그런 기업을 짧은 시간에 명확하게 이해할 수 없다. 기업은 사외이사가 회사를 충분히 이해할 수 있도록 가능한 객관적으로 회사의 모습을 보여주는 노력이 필요하다. 기업의 객관적인 모습을 보여주려면 기술적 정보로 가득 찬 두터운 자료보다 정확하게 요약된 자료를 제공하는 것이 좋다.

또한 기업은 이사회가 명확한 논점을 갖고 질 높은 의사결정을 내릴 수 있도록 지원해야 한다. 이사회의 논의를 촉진하려면 경영과 재무에 관한 충분한 정보를 제공해야 한다. 이사회는 충분한 시간을 갖고 기업의 중대한 안건을 심의해야 한다. 집행부의 담당자는 사외이사의 질문에 성실히 답변하고, 이사회가 팀으로 의논할 수 있도록 지원해야 한다. 이사회가 중요한 의제에 집중하도록 이사회 이외의 자리에서도 중요한 안건을 토의할 기회를 마련해야 한다.

예를 들어 중장기 경영계획을 수립할 때 합숙으로 임원이 모여 격식을 버리고 다양한 대화를 나눌 수 있는 장을 마련하는 것도 좋은 방법이다. 이런 자리에 사외이사도 참여하여 회사와 다른 관점에서 의견을 제시한다면 회사에 큰 자극을 줄 수 있다. 사외이사도 회사의 상황을 제대로 이해하는데 도움이 될 수 있다. 사외이사가 회사가 지향하는 방향을 공유하고 있다면 실제로 이사회에 올라오는 안건에 대해 질 높은 의사결정을 내리는데 영향을 미칠 것이다.

▋ 중요성이 더해가는 사외이사 역할

의제설정, 의사진행을 통해 적절한 리더십을 발휘하는 이사회 의장의 역할도 중요하다. 이사회의 리더십은 CEO(사장)와 이사회의 의장이 동일 인물인지, 아니면 분리되어 있는지에 따라 달라질 수 있다. 보통 기관투자자는 CEO와 이사회의 의장의 분리를 요구하는 경우가 많다. 이사회 의장은 의제를 결정하고, 제공하는 정보를 결정할 수 있기 때문에 의사회의 논의를 적절하게 이끌어 갈 수 있다.

이사회 의장을 CEO가 겸임하면 이사회의 감독기능은 약해지고, 견제의 대상인 경영자의 위상이 강화되기 때문에 분리를 요구하는 이론적 배경이 되고 있다. 이런 요인 때문에 미국과 영국은 CEO와 이사회 의장을 분리하고 있다. 미국은 사외이사 중에 대표 이사를 정하고, 집행과 논의를 원활하게 하는 좋은 사례도 있다.

이론상 주주(본인)는 가장 적합한 경영자(대리인)에게 업무를 위임하고 싶어한다. 이러한 구조를 만들려면 경영환경에 대응할 수 있는 적합한 경영자가 적절한 프로세스에 따라 선임되도록 해야 한다. 해외에서는 기관투자자의 압력과 규제로 인해 경영자의 선임프로세스는 투명화되는 추세다. 사외이사로 구성되는 지명위원회를 구성하거나 복수의 후보자를 심의하여 경영자를 선임하고 있다.

이사회에 다수의 사외이사를 선임하면 경영의사결정의 투명성과 객관성 문제를 해결할 수 있다. 그러나 한국기업에서는 내부의 이사가 다수를 차지하고 있다. 약간의 사외이사를 늘린다고 해서 안건의 논의가 활발하게 진행될지 수 있겠지만, 상황은 크게 변하지 않을 것이다. 여전히 이사회가 집행 경영진을 충분히 감시하지 못할 가능성이 많을 것이다.

왜냐하면 상근임원이 경영회의에서 상사 또는 사장 밑에서 합의한 안건을 사내이사가 이사회에서 굳이 반대할 가능성은 상당히 낮기 때문이다. 사장의 해임 건이나 승계계획을 사장의 부하인 사내이사가 의논하여 결정하는 것 자체가 문제다. 결국 사내이사가 집행을 겸하고 있는 한 인사권을 가진 사장의 부하로서 그 기능을 수행하지 않을 가능성이 크다.

CEO 이외에도 다수의 사내이사가 의사결정에 참여하여 CEO의 책임이 불명확해질 우려도 있다. 사장의 폭주를 누구도 제지하지 않는 상황에서 CEO의 능력이 떨어질 때 중장기 기업가치를 높이는 사업을 선택하거나 집중하지 못할 가능성도 있다.

이러한 구조적 요인 때문에 다양한 식견을 가진 사외이사가 이사회의 다수를 차지해야 한다고 전문가들은 지적한다. 기업의 CEO는 이사회의 감시와 지원을 받으며 전력해서 집행업무를 추진하는 것이 바람직하다는 것이다. 집행과 감시의 책임분담이 명확한 지배구조 체제를 구축해야 한다는 의미다.

앞으로 한국의 상장기업은 이사회에서 ESG 대책의 추진상황을 감독하는 장치를 강화해야 한다. 단순히 ESG 관련 의제만 이사회에 올리는 것만으로 충분하지 않다. 장기적인 전략이 기업가치와 사회적 가치의 향상에 기여하는지 감독해야 한다. 이사회는 ESG 대책을 평가할 수 있는 지표를 설정하고 관리하도록 해야 한다. 지속가능성에 관련된 정량적 평가지표(KPI)를 설정하고, 그 달성도를 임원보수에 반영할 필요가 있다.

기업 지배구조에 관한 독립 감독기관인 영국의 금융보고협의회(FRC)는 임원의 보수와 실적의 연동에 대한 설명을 요구하고 있다. 즉 기업의 임원보수 합리성과 보수반영 구조의 투명성을 요구하고 있다. 기업이 독립 사외이사의 전문성과 그 성과를 판단하는 등 이사회의 실효성을 높이는 장치를 도입해야 한다는 의미다. 이사회가 지속적으로 감독기능을 발휘할 수 있는 구조를 갖출 때 기업의 ESG 대책은 성과를 거둘 것이다.

▌지속가능경영을 감독하는 이사회 역할

코로나 감염병이 전 세계의 사회 경제활동에 큰 영향을 미치고 있다. 코로나 사태가 확대되면서 기업을 둘러싼 경제환경도 빠르게 변하고 있다. 비대면 디지털 환경에서 사람들의 가치관과 행동양식이 변하고, 고객이 요구하는 서비스도 바뀌고 있다.

기업은 힘든 경제환경에 직면하여 장래의 불확실성이 높아지면서 기업의 지속가능성이 불투명해지고 있다.

기업은 코로나 사태를 극복하고 지속적인 성장을 실현하려면 장래 명확한 과제를 인식하고 변화에 선제적으로 대응해야 한다. 주주를 비롯한 고객, 종업원, 지역사회 등 다양한 이해관계자와 함께 기업의 비전을 공유하고 신속하고 과감한 의사결정을 통해 경영대책을 적극적으로 실천해야 한다. 빠른 경영환경에서 지속적 성장, 중장기적 기업가치를 높이려면 기업의 지배구조를 개혁해야 한다. 이사회가 제 기능을 발휘하고 감사가 신뢰를 받도록 개혁에 착수해야 한다.

컨설팅기업 PwC는 기업의 지속가능성 전략을 실행할 수 있는 지배구조 체제를 다음과 같이 5가지 관점에서 제안한다.

① 경영의사결정의 상위기관과 조직의 지속가능성을 소관하는 조직을 설치한다. 예를 들면, 지속가능성의 전략실행에 책임을 가진 이사를 임명하거나 이사회의 위촉을 받은 형태로 지속가능성 위원회를 설치할 수 있다.

② 최근 기관투자자는 장기적인 기업가치를 높이기 위해 투자기업의 이사회에서 장기적인 경영전략과 인재육성의 논의를 요구하고 있다. 이러한 기관투자자의 니즈에 대응하려면 이사회에서 지속가능한 장기전략과 경영 후계자의 육성을 논의할 필요가 있다.

③ 이사회에서 지속가능성에 책임을 지고 전문적 관점에서 조언할 수 있는 사외이사를 선임해야 한다. 스킬 메트릭스를 활용하여 사외이사의 다양한 스킬과 전문성을 확보하고, 지속가능성 관점에서 시사성을 제공하는 사외이사를 선임해야 한다.

④ 이사회의 지속가능성에 책임을 강화하기 위한 모니터링 기능을 강화해야 한다. 구체적으로 지속가능성에 관련된 정량적 평가지표(KPI)를 설정하고, 그 달성 정도를 임원의 보수에 반영할 필요가 있다.

⑤ 감사역과 내부감사인의 감사대상에 지속가능성의 위험관리 요소를 포함해야 한다. 지속가능성에 관한 기업의 관리현황을 감사하고, 그 결과를 공표한다면 지속가능성 대책의 정밀도를 높일 수 있다.

해외의 다양한 전문기관은 오래 전부터 급변하는 경영환경에서 이사회 역할의 중요성을 강조해왔다. 2016년 영국의 금융보고협의회(FRC)는 '기업문화와 이사회의 역할(Corporate Culture and The Role of Boards)'이라는 획기적인 보고서를 냈다. 이 보고서의 서두에서 FRC 회장은 "건강한 문화는 가치를 창출하고, 강한 지배구조는 건강한 문화를 지탱한다. 이사회는 모범 사례를 보여주고, 사업전반에 걸쳐 모범적인 지배구조 체제를 증진해야 한다"고 언급하고 있다.

　미국의 비영리단체 '사회적 책임기업(BSR, Business for Social Responsibility)'은 기업의 지속가능성을 위해 노력하고 있다. 이 조직은 유니레버, 나이키, 구글 등 300개의 글로벌 기업이 회원으로 구성되어 있다. 세계의 지속가능성에 관한 논의와 방향을 이끌어가는 핵심단체로 큰 영향력을 갖고 있다. 'BSR'은 지속가능성에 관련된 목표달성에 관해 기업의 진정성을 대외적으로 보여주려면 경영자의 헌신이 필요하다고 주장한다. 그리고 지속가능성 위원회가 CEO와 이사회에 보고하는 체제는 경영의 효율성에 공헌한다고 강조한다.

▌지속가능경영, 글로벌 기업에게 배운다

　실제로 세계적인 글로벌 기업들은 ESG 경영을 추진하는 지속가능성 위원회를 설치하고 있다. 지속가능성 위원회는 이사회의 감독기능을 보완하는 조직이기 때문에 위원장은 독립 사외이사가 맡고, 사외이사가 중심으로 구성되어 있다. 코로나 사태 이전부터 이사회는 지속가능경영을 감독하고, 지속가능성을 의제로 추진하고 있다.

기업의 지속가능경영의 내용은 다양하기 때문에 전문성이 필요하다. 이사회 독자적으로 충분히 감독하기 어렵기 때문에 지속가능성을 논의하는 위원회를 설치하고, 시간을 들여 의제를 전문적으로 파악하고 논의하는 분위기가 조성되어 있다.

이사회의 논의에는 시간적 제약이 많기 때문에 전문가와 함께 더 깊은 논의와 감독이 필요한 경우에 대비하여 지속가능성 위원회를 설치하고 있다. 경영판단에서 지속가능성의 비중이 질적·양적으로도 늘어나고 대책을 감독할 필요성이 커지고 있다는 증거다.

예를 들어, 코로나 백신개발로 친숙한 제약회사 '글락소스미스클라인(GSK, GlaxoSmithKline)'은 2002년 지속가능성 위원회에 상당하는 '기업책임위원회(CRC, Corporate Responsibility Committee)'를 설치하였다. 기업책임위원회의 위원은 모두 독립 사외이사로 구성되어 있고, 위원회는 이사회와 별도로 연간 4~5회 개최되고 있다. 이때 집행측의 관계자를 소집하고, 필요에 따라 사외 전문가를 초빙한다.

또한 논의의 질, 구성원의 전문성과 그 성과도 평가하고 있다. 지속가능성 위원회의 역할은 기본방침과 전략을 지속가능성의 관점에서 찾아내어 감독하는 것이다. 기업책임위원회는 평가지표의 설정과 실제 진도상황, 이해관계자와 커뮤니케이션까지 관여하는 운영방식으로 기업의 지속가능성에 대한 감독의 질을 높이고 있다.

또한 영국의 기업지배구조 모범규준은 2011년부터 정식으로 3년마다 외부인의 이사회 평가를 추천하고 있지만, GSK는 먼저 2008년부터 3년마다 외부기관에 의해 이사회를 평가하고 있다.

외부 평가자의 의견과 이사회의 의견과 행동을 상세하게 기록하고 있다.

이외에도 지배구조를 개혁한 외국기업의 사례는 다양하다. 시멘트 기업 '세멕스(Cemex)'는 멕시코에서 가장 존경받는 기업이다. 이 회사는 3명의 이사로 구성된 지속가능성 위원회가 중심이 되어 CEO 보고 등을 통해 지속가능성 관련 대책을 추진하고 있다. 지속가능성 위원회는 장단기 전략에 지속가능성 개발의 개념을 반영하도록 하고, 이사회에 지속가능성에 관한 지침을 제공하고, 지속가능성 대책의 우선순위와 핵심평가항목(KPI) 승인, 대책의 효과와 실행상황을 평가한다.

세멕스는 세계 대기업의 ESG 경영을 평가하는 '로베코샘(RobecoSAM)'이 발간하는 '지속가능성 연감(Sustainability Yearbook)'에서 세계 최고기업으로서 3년 연속 선정되기도 하였다. 이외에도 'FTSE4Good', 'MSCI ESG 리더 인덱스'라는 주요 지속가능성 평가와 인덱스에서 ESG 관점에서 높은 평가를 받고 있다.

세계적인 제약회사 '아스트라제네카(AstraZeneca)'에는 지속가능성 경영을 강화하기 위해 '책임비즈니스 플랜(Reponsible Business Plan)'과 '책임비즈니스협의회(Responsible Business Council)'가 설치되어 있다. '책임비즈니스협의회'는 책임비즈니스 플랜을 실행하는 조직이다. 이사회의 최상위에 있고, 사외이사가 플랜의 동향을 감독한다. 플랜은 이해관계자와 사회로부터 광범위한 신뢰를 얻기 위한 11개 항목의 판매와 마케팅 업무의 실적을 평가할 때 징계처분·해직 등 엄격한 내부행동 규정을 적용하고 있다.

또한 지속가능성 사업을 개발하여 이해관계자와 회사가 장기적으로 공유가치를 유지할 것을 규정하고 있다. 이러한 방침에 따라 내부상황을 외부에 공표하여 투자자와 이해관계자에게 신뢰를 얻고 있다. 사외이사가 책임사업을 감시하고 있다는 점에 주목할 필요가 있다.

글로벌 스포츠 용품 업체인 나이키(Nike)는 이사회에서 지속가능성의 관점에서 장기전략을 논의하는 기업이다. 이사로 구성된 위원회에서 정기적으로 중요한 전략, 지속가능성에 관련된 경영과제와 정책을 논의하고 있다. 이 위원회는 2012년에 이사회에서 지명된 3명 이상의 이사와 많은 사외이사로 구성되어 있다. 주로 이노베이션, 상품개발, 제조, 구매, 오퍼레이션 등 광범위한 사업활동을 어떻게 지속가능하게 할 것인지를 논의하고 있다.

또한 매년 중요한 전략을 검토하고, 지속가능성 활동의 진도상황을 평가하고 있다. 2년에 한 번씩 CEO 명의로 '임팩트 리포트(Impact Report)'를 발행하고 있다. 이 위원회는 2011년 회사가 제시한 장기전략인 '2020 지속가능성 목표'를 실현할 책임을 지고, 그 목표달성을 위해 회사의 지속가능성에 관한 400개 항목의 과제를 발굴하고, 그중 가장 중요한 12개항목에 대한 회사의 대책을 감독하고 있다.

덴마크 제약회사 노보 노디스크(NVO, Novo Nordisk)는 선구적인 연차보고서를 작성한 기업으로 알려져 있다. 이 연차 보고서는 IIRC의 통합보고 프레임워크(framework)의 이념에 따라 작성하고 있으며, 통합보고서의 모범사례로 평가받고 있다.

특히 노보 노디스크의 기업행동에는 몇 가지 특징이 있다. 까다로운 이해관계자와 커뮤니케이션을 피하지 않고, 오히려 적극적으로 오해를 풀어가는 행동을 중시한다. 이해관계자와 갈 등에 놓이면 기업이 주체가 되어 적극적으로 행동해야 한다는 것을 의미한다. 실제로 많은 기업은 모든 이해관계자를 고려한다고 말하지만, 이해관계자와 심각하게 대립하고 있는 양상이다.

노보 노디스크에는 지속가능성과 관련된 유능한 임원이 있고, 감사역과 내부 감사인을 통해 지속가능성을 감사하고 있다. 특히 '가치 감사팀'이라는 조직은 전 세계에서 일하는 직원을 대상으로 지속가능성과 관련된 행동지침을 준수하는지 감사한다. 회사가 중시하는 '환경, 사회, 재무의 지속가능성 배려(the triple bottom line)'를 준수하는지 감사한다. 감사팀은 일 년 동안에 세계 3,500명의 직원을 대상으로 지속가능성에 관한 행동지침을 이해하고 행동하고 있는지 청취한다.

글로벌 식료품 업체 유니레버(Unilever)는 다양한 환경과 사회 문제에 정면으로 대응하여 지속가능경영을 적극 실천하고 있다. 장기적인 경영관점을 유지하고 기업가치를 높이기 위해 위해 분기 보고서를 없애고, 예상이익도 발표하지 않고 있다. 임원의 보수제도도 장기적 실적을 중시하는 방향으로 바꿨다.

최근 일본은 기업지배구조 모범규준(CG코드)과 이에 관한 다양한 실무지침을 마련하여 기업의 지속가능성 대책을 요구하고 있다. 스튜어드십 코드를 개정하여 기관투자자도 지속가능성에 대한 배려를 요구하고 있다. 이러한 사회적 요구에 따라 TOPIX 100기업 중에 80% 이상이 지속가능성 위원회를 설치하고 있다. 지속가능성과 관련된 경영활동의 정량적 목표(KPI)를 설정하고, 그 달성도를 임원보수에 반영하는 기업도 늘어나고 있다.

일본의 자동차 사업 업체인 옴론(Omron)은 지속가능경영의 모범사례로 꼽히고 있다. 이 회사는 지속가능성에 관한 구체적인 핵심관리지표를 설정하고, 이사회와 집행임원의 중장기 실적과 연동하여 보수를 지급하고 있다. 핵심관리지표는 옴론의 중장기 경영목표와 연동된 하위 목표로 설정하고, 제3기관이 그 달성도를 평가하고 있다.

지속가능성 관점에서 객관적인 시사점을 제시하는 사외이사를 선임하는 기업도 있다. 일본기업 유니스는 사외이사의 다양한 스킬과 전문성을 활용하고 있다. 특히 지속가능성 전문가를 사외이사로 선임하고 이사회에서 논의할 때 객관적 시사점을 얻고 있다. 이 회사는 2018년 ESG 평가의 우수기업으로 구성된 'MSCI 저팬 ESG Select Leaders Index'의 구성종목에 선정되었다.

하지만, 현실적으로 많은 일본기업의 위원회는 사장과 CEO 등 집행측의 자문기관 역할을 하고 있다. 실제로 집행측을 감독하는 지속가능성 위원회는 거의 없다. 일부 기업의 이사회는 지속가능성의 과제를 다루고 있지만, 대부분 논의에 그치고 있다. 전략의 진도상황을 감독하고 확인하는 단계까지 이르지 못하고 있다. 미국과 유럽의 기업에 비해 이사회가 지속가능성과 ESG에 관한 전문성과 스킬, 노하우를 충분히 확보하지 못하고 있기 때문이다.

2020년말부터 유럽위원회는 '지속가능한 기업 지배구조(Sustainable Corporate Governance)'라는 대책을 추진하고 있다. 이 대책은 이미 2018년부터 추진한 EU 지속가능한 파이낸스의 실행계획에서 논의된 것이다. 자금을 받는 기업의 경영자에게 단기적인 수익을 요구하지 않도록 지배구조에 지속가능성 관점을 반영한 대책이다.

구체적으로 회사법과 지배구조의 EU규제구조를 강화하여 기업이 단기적 성과보다 장기간 지속 가능한 가치창조에 맞춰 경영을 지원하는 목표를 제시하고 있다. 기업이 다양한 이해관계자의 이익을 더욱 배려하고, 직접적인 사업활동과 공급망에서 발생하는 사회와 인권에 관련된 지속가능성 문제를 더욱 잘 관리할 수 있도록 지원한다는 방침이다.

앞으로 기업은 급변하는 글로벌 경영환경에서 기업이념에 따라 장기적 경영관점을 갖고 지속가능 경영을 실행하는 장치를 갖추어야 한다. 경영자와 이사회는 광범위한 이해관계자를 항상 의식하는 지속가능성 경영을 지향해야 한다. 지속가능성 경영을 감독·감시하는 이사회 역할은 더욱 커지고 있다. 기업은 영국의 금융보고협의회가 지적한 "이사회가 기업문화를 조성하고, 경영자가 적극 실천하는지를 항상 모니터링해야 한다"는 의미를 생각해야 한다.

이사회 다양성이 건강한 지배구조를 만든다

▌이사회의 전문성을 살리는 스킬 매트릭스(Skill Matrix)

앞으로 기업은 ESG 경영환경에서 ESG와 지속가능성에 충분한 식견을 갖춘 인재를 확보해야 한다. 이사회가 지속가능성에 책임을 지고 전문적 관점에서 조언할 수 있는 사외이사를 적극 선임해야 한다. 급변하는 불확실한 경제환경에 대응하고, 계속해서 성장하려면 기업의 이사회는 다양한 경험, 기능, 속성을 보유해야 한다. 기업경영에 풍부한 경험을 가진 인재를 이사회에 영입하고 이사회의 논의과정에서 그 스킬을 반영한다면 이사회의 기능을 높일 수 있다.

글로벌 기업들은 사외이사의 다양한 스킬과 전문성을 확보하는 방법으로 스킬 매트릭스를 활용하고 있다. 이사회의 스킬 메트릭스란 이사회 전체의 직무명세서(job description)라고 말할 수 있다. 간단히 말해, 이사와 그 후보자가 가진 전문지식, 소양, 경험을 일람표로 정리한 것이다. 기업이 사업전략에 필요한 이사의 전문지식, 소양, 경험과 현직 이사나 이사후보자의 소양과 경험을 대조하여 이사선임의 적합성을 외부에 공표하는 것이 그 목적이다. 기업경영에 필요한 전문성과 경험을 이사회가 망라하고 있다는 것을 투자자에게 호소하는 효과적인 방법이다. 폭넓은 업무를 담당하는 제너럴리스트(generalist)로 이사회를 구성하는 것보다 이사회 전체의 균형을 유지하면서 특정분야에 전문성을 가진 스페셜리스트(specialist)를 선임하여 다양한 경영환경 변화에 유연하게 대응할 수 있다는 발상에서 만들어진 기법이다.

현재 많은 선진기업은 이사회의 스킬 매트릭스를 외부에 공표하고 있다. ESG 투자의 확대를 배경으로 이사회의 다양성을 요구하는 투자자의 요구에 따르고 있다.

특히 해외의 기관투자자는 한국기업의 이사회 다양성에 의문을 갖고 있다. 경영경험이 없는 사외이사 선임, 소극적인 사외이사 선임, 대부분 남성만으로 구성된 이사회에 비판적인 시각을 갖고 있다.

이사회의 독립성과 성(性, gender)이라는 외형적 속성 외에도 개인의 전문성, 소양, 경험은 이사회의 실효성을 크게 좌우할 수 있다. 해외 기관투자자도 외형적 속성을 유일한 지표로 생각하지 않는다.

이전에 스킬 매트릭스는 기업에서 종업원의 인사관리에 활용되었지만, 2008년 글로벌 금융위기 이후 2010년부터 미국에서 이사회의 기능을 객관적으로 확인하기 위해 스킬 매트릭스를 도입하였다. 2014년 캐나다 '기관투자자단체(CII)'가 인게이지먼트의 모범사례로 스킬 매트릭스를 추천한 이후 미국과 캐나다에서 도입하는 기업이 늘어나고 있다. 미국의 경우 2018년 S&P 500대(大) 기업 중 100개 회사 이상이 이사의 선임과정에서 스킬 매트릭스를 도입하여 이사회 전체의 균형을 파악하는 수단으로 활용하고 있다.

일본 정부도 상장기업이 사업전략에 비추어 이사회의 스킬을 점검하고, 이사회의 스킬 매트릭스를 공표하도록 권고하고 한다. 2015년 도입한 CG코드에 이사의 스킬 매트릭스를 공표하는 대책을 담았다. 2016년 처음으로 스킬 매트릭스를 공표한 이후 공표기업은 2020년 49개 회사로 늘어났다.

기업마다 사업 형태가 다르기 때문에 스킬 매트릭스에 포함되는 스킬의 종류와 수는 다르다. 기업에 따라 스킬 매트릭스의 공시방식도 다양하다. 기업의 경영방침을 달성하기 위한 스킬을 표기하고, 그 스킬을 가진 인재가 있는지가 중요하다. 예를 들어 디지털 전환(DX)을 중요한 경영과제로 선정한 기업이라면 이사회의 스킬 매트릭스 항목에 디지털과 테크놀로지 전문가를 포함해야 한다.

ESG 경영을 추진하는 기업은 ESG 대책에 필요한 스킬을 이사회에 포함하는 것이 바람직하다. 이사회에 경영전략에 실제 필요한 스킬보다 일반적인 재무나 인사 스킬만 있다면 그 이사회는 형식적인 기능에 불과하다고 해도 지나치지 않을 것이다.

▌스킬 매트릭스를 활용하는 IBM, P&G

사외이사의 수를 늘리는 기본적인 취지는 이사회의 감독기능과 의사결정기능을 강화하려는 것이다. 이사회의 감독과 의사결정에 필요한 스킬과 노하우를 갖추기 위해 스킬 매트릭스를 활용하는 해외 선진기업의 사례는 풍부한 시사점을 제공한다.

미국기업은 스킬 매트릭스와 이사의 커리어 등 다양한 정보를 외부에 적극 공시한다. 독립사외이사가 효과적으로 감독할 수 있는지 선임할 때 스킬 검증이 필요하기 때문이다.

IBM은 2020년 주주소집 통지에 이사회의 스킬과 자격을 공시하였다. 각 분야의 리더로 구성된 이사회에 몇 가지 핵심능력과 경험을 요구하고 있다. 무엇보다 이사회에 업무운영과 이노베이션 능력을 요구하고 있다. 현재 테크놀로지를 포함한 복잡한 과제를 본질적으로 이해하고, 분석할 능력을 갖춰야 기업의 이노베이션과 디지털 혁신을 감독할 수 있다고 판단하기 때문이다.

이사의 다양한 업무경험도 중시한다. 이사의 다양한 업계경험과 조직운영 경험, 사업과제에 대한 풍부한 견해는 회사와 주주에게 큰 자산이 된다고 생각한다. 세계 175개국 이상에서 사업을 운영하는 글로벌 기업으로서 이사회의 다양성과 국제경험도 중시하고 있다.

이러한 취지에서 IBM은 이사에게 필요한 전문지식으로서 테크놀로지와 이노베이션, 업계경험, 글로벌 관점을 구체적으로 명시하고, 스킬 메트릭스로 정리하여 전문지식별로 이사회 후보자에게 기대하는 분야를 알기 쉽게 공시하고 있다.

글로벌 소비자 제품기업 피앤지(P&G, Proctor and Gamble)는 훌륭한 이사회를 갖춘 글로벌 기업으로 유명하다. P&G의 이사회는 회사의 목적, 가치, 원칙을 바탕으로 강력한 지배구조를 상징하고 있다. 이 회사는 이사회에 리더십과 경험 등 실용적 지식을 갖고 성숙한 판단을 요구하고 있다. 이사 후보자는 다양한 스킬과 경험을 제공하고, 주주의 장기적 이익을 대표할 수 있는 충분한 자질을 갖출 것을 강조한다.

구체적으로 P&G는 지배구조 가이드라인을 통해 연령, 성별, 국제적 배경, 인종, 전문적 경험 등을 고려하여 이사회를 구성한다는 방침을 밝히고 있다. 이 기업의 지배구조 가이드라인에는 이사회에 요구하는 스킬과 경험 요건이 정의되어 있다. 현재 이사회에 필요한 스킬항목과 필요한 이유를 명확히 공개하고 있다. 회사가 지향하는 경영전략에 따라 이사회의 구성원을 선정한다는 점을 매우 알기 쉽게 충실히 공개하고 있다.

이사의 지명 프로세스에서도 이사회 구성원 전체의 다양성을 중시하고 있다. 실제로 2019년 이사 12명을 선임할 때 국가, 지역, 산업, 연령이라는 다양성 관점을 적극 반영하였다. 선임된 이사의 연령은 42세부터 77세, 여성은 41%였다.

글로벌 기업의 이사회 다양성 추진방향

사업전략에 적합한 인재	- 글로벌 경영환경에서 외국인재와 글로벌 경험이 있는 인재 영입
스킬 매트릭스 활용	- 이사회의 스킬 매트릭스를 활용하고, 사업전략과 연계하여 그 경험과 스킬이 필요한 이유를 설명함
경영과제에 대응	- 디지털 혁신 등 경영과제를 해결하기 위한 다양한 스킬 활용
다양성 방침 수립	- 지배구조 가이드라인을 수립하고, 이사 선정 프로세스 공개
관점의 다양성	- 지속적 성장과 이노베이션을 위해 성·국제성·연령의 다양화 추진
금융서비스 경험자 활용	- 장래 ESG 경영환경에서 투자자와 인게이지먼트에 대응할 수 있는 금융서비스 전문가 활용

자료: MUFJ신탁은행, 필자 재구성

미국과 영국기업의 이사회는 사외이사가 다수를 차지하고 있다. 기업은 외부기관을 활용하여 이사회의 객관적인 스킬을 평가한다. 또한 스킬 매트릭스를 활용한 이사의 선임시점과 선임 후의 업무성과 측면에서 평가한다. 이사회의 스킬을 객관적으로 평가하고 공개하는 대책은 투자자에게 큰 신뢰를 줄 수 있다. 그러나 한국기업에서는 아직 사외이사의 선임과 관련된 프로세스와 구조가 제대로 정비된 기업은 없다.

▍이사회 다양성은 기업생산성을 높인다

최근 국내에서 대기업을 중심으로 여성 사외이사가 늘어나고 있다. 자본시장법의 개정으로 자산총액 2조 원이 넘는 대기업은 2022년 8월까지 여성이사를 한 명 이상 선임하도록 했기 때문이다.

현재 대기업의 여성이사는 매우 적다. 2019년 여성가족부가 발표한 국내 상장법인(2,072개)의 여성임원은 4.0%, 여성 사외이사는 3.1%였다. 법률요건에 따라 대기업이 여성이사를 늘리더라도 그 비율이 단기간에 대폭 늘어날 것 같지는 않다. 여성임원이 2014년 2.3%에 비해 늘었다고 하지만, 국제적 수준과 비교할 때 너무나 저조한 비율이다. 이렇게 여성임원이 적다 보니, 이사회의 다양성을 달성하려면 여성이사 할당제를 통해서라도 여성이사의 비율을 늘려야 한다는 주장도 설득력을 얻고 있다.

여성이사를 선임하는 것은 단순히 법률적 요건충족 이상의 의미가 있다. 단순히 여성이사의 비율문제를 떠나 성(性)의 다양성은 기업의 업무 생산성에 긍정적인 영향을 준다는 점에서 대책을 강구할 필요가 있다.

많은 연구결과에 따르면, 다양한 인재로 구성된 조직은 더 혁신적인 아이디어로 성과를 올리는 것으로 나타났다. 먼저 기업에서 다양한 인재를 활용하면 외부에 좋은 이미지를 주어 우수한 인재를 영입하기 쉽다는 것이다. 또한 다양한 인재가 함께 일하면 다양하고 참신한 아이디어가 나오고 혁신적인 제품개발로 이어질 수 있는 장점도 있다. 그런 장점으로 투자자는 다양한 인력이 일하는 기업을 신뢰하고 경영능력을 높이 평가할 것이다.

이런 의미에서 기업은 단순히 이사회에 여성이사를 늘리는 것보다 여성을 활용하는 장점을 생각해볼 필요가 있다. 기업은 특정 성(性)에 관계 없이 노동자의 능력을 공정하게 평가하고 활용하는 것이 더 합리적인 대책임을 생각해야 한다.

선진국에서 이사회의 다양성을 요구하는 역사적 배경에는 유명 대기업의 각종 부정사건과 관련이 있다. 미국은 2000년대 초반 거액의 회계부정을 일으킨 끝에 파산한 엔론(Enron)과 월드콤(WorldCom) 스캔들에 휘말려 크게 흔들렸다. 엔론은 300억 달러가 넘는 부채를 안고 2001년 파산했다. 2002년 월드콤의 부채총액은 400억 달러를 넘어 파산했다. 2008년 글로벌 금융위기 당시 파산한 증권회사 '리만 브라더스(Lehman Brothers)'를 제외하면 역사상 최대의 경영파탄이었다.

이들 기업의 이사회는 경영진의 폭주를 저지하지 못했다는 맹비난을 받았다. 그 당시 스탠포드 대학의 회계학 교수가 엔론의 감사위원회에서 일했다. 일년에 몇 번 출근하고 2시간 정도의 업무활동으로 엔론의 회계처리를 충분히 감시할 수 없었다.

이들 기업의 부정사건의 발단으로 미국에서 기업 지배구조

형태가 논의되었고, 2002년 7월 사베인스 옥슬리법(Sarbanes-Oxley Act)이 제정되었다. 이 법률은 투자자를 보호하기 위해 이사회의 감독기능을 강화하고, 위반할 경우 벌칙조항을 담고, 효과적인 내부통제에 대한 설명책임도 부과하였다. 뉴욕증권거래소는 모든 상장기업에게 이사의 과반수 이상을 외부에서 초빙하고, 경영진 없이 이사만으로 토론기회를 가지도록 요구하였다.

이후 2010년 7월 미국의회는 기업의 부정과 리만사태의 재발을 방지하기 위해 기업행동을 규제하는 도드 프랭크법(Dodd-Frank Act)을 제정하였다. 금융회사는 위험한 거래를 규제하고, 일반기업은 경영진의 보수 규모, 보수와 업적의 상관관계를 공시하도록 요구했다. 또한 CEO의 보수와 직원 평균연봉의 비율을 공시하고, 주주가 경영진의 보수에 대해 찬반을 투표할 수 있도록 했다. 이사회는 이러한 규정을 준수할 책임이 있다는 것을 명확히 규정하였다.

최근 미국기업의 지배구조 개선과제는 이사회의 다양성(diversity)에 집중되고 있다. 기업지배구조 전문 단체들은 기업에게 이사회의 다양성을 갖출 것을 권고하고 있다.

2020년 미국의 '전국기업이사협회(NACD, National Association of Corporate Directors)'의 기업 지배구조 조사에 따르면, 민간기업의 74%는 이사회 다양성은 사업성공의 절대적인 요소로 지적하고 있다. 또한 대부분의 이사는 이사회의 다양성을 통해 넓은 관점에서 전문성을 높일 수 있다는 것을 최고의 장점으로 꼽았다. 회장 피터 글리슨(Peter Gleason)은 "이사회의 다양성을 추구하면 다양한 관점과 경험이 폭넓게 조합되기 때문에 결과적으로 건강하고 통찰력 있는 토론문화가 형성된다. 이것은 좋은 기업 지배구조를 촉진하는 필수요소다."고 지적한다.

또한 비영리단체인 '30퍼센트연합(Thirty Percent Coalition)'은 여성이사의 30% 달성이라는 구체적인 목표달성을 추진하고 있다. 이 단체는 기업, 투자자, 지원단체와 협력하여 기업에게 여성이사의 선임을 적극적으로 요구하고 있다.

이러한 비영리단체의 요구에 미국기업도 호응하는 모습이다. 최근 통계를 보면, 미국기업에서 새로 선임된 여성이사가 늘어나는 추세다. 조직 컨설팅 회사 스펜서스튜어트(Specerstuart)의 보고서(미국 이사회 조사 2020)에 따르면, S&P500 기업에서 새로 취임한 사외이사의 59%는 여성과 소수인종이었고, 여성 이사의 비율은 47%였다. 28%의 기업이 여성이사의 수를 늘렸다.

신규 사외이사의 커리어를 보면, 주로 CEO와 사장출신(38%), 금융전문가(27%), 경영간부(22%)였다. S&P500 기업에서 사외이사 비율은 85%였고, 평균 재직기간 7.9년, 평균연령은 63세였다. 특히 글로벌 시각을 가진 이사의 수가 늘어났다는 점이 특징이다. 새로 선임된 이사의 42%는 해외에서 글로벌 전문경험을 쌓았고, 27%는 미국 이외의 지역에서 태어났다.

무엇보다 여성이사가 늘어나는 것은 기관 투자자와 정책 입안자의 요구가 크게 작용하고 있기 때문이다. 예를 들면, 글로벌 기관투자자 스테이트 스트리트 글로벌 어드바이저(SSGA)는 종업원, 커뮤니티, 고객 등 이해관계자의 다양성을 반영하는 목표와 전략을 공개할 것을 권유하고 있다. 또한 뉴욕시 감사관실은 기업의 이사회에 여성과 소수인종을 적극 선임할 것을 요구하고 있다. 이사회의 다양성을 허위로 발표하고 주주를 속였다는 것을 이유로 특정기업에 대한 소송도 제기되고 있다.

미국 기업과 마찬가지로 최근 영국기업의 사외이사와 여성이사의 비율은 높다. 스펜서스튜어트의 조사(영국 이사회 조사 2020)에 따르면, FTSE 150대(大) 기업에서 사외이사의 비율은 94%, 새로 취임한 사외이사 중에 여성 51%, 외국인 43%, 소수인종은 14%였다. 신규 사외이사의 53%는 다른 회사에서 경영자로 일하고 있고, 나머지는 다양한 경력을 갖고 있다. 21%는 적어도 또 하나의 다른 회사의 이사회에서 일하고 있다. 신규 이사의 32%는 처음으로 상장회사의 이사로 부임했고, 그 중에서 금융서비스 경험자는 3분의 1이상, CEO출신은 27%였다. 특히 여성비율은 다른 유럽국가 중에서 가장 낮았지만, 대폭 늘어나고 있다. 미국과 같이 영국기업의 이사회도 사외이사와 여성의 비율이 크게 늘어나고 있다는 점이 눈에 띈다.

유럽과 미국 등 선진국과 비교할 때 일본의 기업 지배구조는 매우 낙후된 측면이 있다. 2015년부터 일본은 기업 지배구조 개혁의 중요성을 인식하고 다양한 대책을 추진하고 있다.

이런 일본기업의 상황을 염두에 두고 스펜서스튜어트는 2019년부터 일본기업의 이사회 운영실태도 조사하고 있다. 일본을 대표하는 닛케이 225대(大) 기업과 TOPIX 100대(大) 기업을 대상으로 지배구조의 현상과 과제를 분석하고 주요 국가의 자료와 비교하여 발표하고 있다.

조사결과를 보면, 최근 일본기업에서 사외이사는 크게 늘어나고 있다. 사외이사 중에 회사와 이해관계가 없는 사외이사의 비율은 닛케이 225개 회사 중에 97.3%, TOPIX 100대(大) 기업 중에 98.3%로 높은 수준을 보이고 있다. 80% 이상의 기업이 여성이사를 선임하고 있지만, 이사회 전체에서 여성이사의 비율은

11% 수준에 머물고 있는 실정이다.

하지만, 현재 선진국에서는 여성이사의 비율을 둘러싼 이사회 다양성에 대한 또 다른 관점도 나오고 있다. 성적 소수자 (LGBT)에 관한 논의가 늘어나면서 성별을 따지는 것이 바람직하지 않다는 것이다. 이사회 다양성보다 이사 개개인의 능력을 고려하여 선임해야 하고, 순전히 그 속성으로 논의해서는 안 된다는 것이다. 이렇게 한 기업에 여성이사와 사외이사의 숫자는 직접적으로 장기적인 기업가치 창조에 관계가 없다고 보는 관점도 있다.

주요 국가 이사회의 여성과 외국인 비율

국가	이사회의 여성이사 비율	30% 이상 여성이사를 보유한 이사회 비율	신규 선임이사 중 여성비율	이사회의 외국인 이사 비율
프랑스	44.6%	96.7%	44.4%	29.3%
노르웨이	44.2%	96.0%	52.6%	26.6%
스웨덴	38.3%	80.0%	30.6%	20.6%
벨기에	35.5%	70.2%	46.7%	32.1%
네덜란드	35.5%	70.2%	49.1%	47.0%
이탈리아	35.3%	7.9%	42.1%	13.7%
핀란드	34.1%	68.0%	33.3%	36.6%
영국	33.8%	70.6%	50.0%	30.0%
독일	33.4%	90.0%	32.0%	30.0%
덴마크	31.4%	72.0%	43.5%	50.3%
미국	28.0%	43.0%	47.0%	–
싱가폴	16.0%	13.3%	20.7%	–
일본	11.0%	1.8%	–	4.0%

자료 : 스펜서스튜어트 웹사이트, 필자 재구성

'국제기업지배구조네트워크(ICGN)'는 이사회가 객관적인 의사결정을 내릴 수 있도록 관련분야의 지식, 독립성, 능력, 업계 경험 등 충분한 다양성을 갖춘 이사를 배치할 것을 제언하였다. 또한 이 조직은 경영간부와 이사의 다양성(성, 민족, 지식과 경험, 인격, 사회적 배경)을 공개하고, 이사회의 측정 가능한 목표와 그 달성도를 제시하고, 경영 후계자의 육성계획 등을 통해 어떻게 다양성을 확보할 것인지도 설명해야 한다고 지적하고 있다.

이사의 지명방식도 공개를 요구하고 있다. 이사회는 이사의 지명과 선임·재임 프로세스, 이사의 지명 이유, 주요 능력·자질·경력, 최근 기업에서 이사와 경영진의 취임현황, 비영리단체의 중요 직책에 취업상황, 지배주주와 관계, 재임기관, 이사회와 위원회에 출석상황, 회사주식의 보유상황 등 이사 후보자의 정보공시를 요구하고 있다.

이러한 정보공시를 스킬 매트릭스로 정리하면 이사회 전체의 주요 스킬을 설명하는 효과적인 수단이 될 수 있을 것이다. 또한 이사의 정보를 공시할 때 외부 자문기관의 활용, 후보자 탐색과 선임기준, 다양성 방침 등 이사의 채용 프로세스 정보를 제공할 것을 추천하고 있다.

미국의 '기관투자자협의회(CII)'는 이사회를 구성하는 이사의 선임·해임은 주주의 최고의 권리와 책임이라고 주장한다. ICGN과 같이 CII도 이사의 적합성을 판단하여 선임할 것을 권유하고 있다. 사려 깊게 의결권을 행사하기 위해서 주주는 이사 후보자의 정보, 후보자 개인이 회사의 니즈에 맞는지 확인해야 한다는 것이다.

즉 주주는 이사 후보자의 스킬, 경험, 속성 등 명확한 정보공시를 평가해야 한다.

특히 기업은 개인의 배경과 자질이 회사의 사업전략과 어떤 관계가 있는지를 명확히 제시해야 한다. 이러한 투명한 정보공시를 통해 투자자는 이사 후보자가 특정회사의 이사에 적합한지 여부를 판단할 수 있다는 점을 지적한다.

기관투자자협의회의 권고을 반영하여 세계 최대 자산운용회사 뱅가드(Vanguard)는 기업 지배구조의 인게이지먼트 정책을 수립하고 투자기업에게 다음과 같은 방침을 요구하고 있다.

> - 현재와 장래 이사회 구성원의 가장 중요한 스킬과 경험
> - 전략적 이사회로 발전하기 위한 이사 선임에 관한 계획
> - 정보공시, 주주와 커뮤니케이션으로 이사회·위원회의 구조와 감독을 명확히 하는 수단
> - 이사선임에서 다양성의 정의와 이를 고려하는 방법
> - 이사, 위원회, 이사회의 효율성 평가방법
> - 이사회의 구성 및 이사회와 위원회의 리더를 선정할 때 회사가 독립성을 유지하는 방법

이처럼 해외의 기관투자자는 투자기업을 고를 때 이사회의 스킬과 경험, 다양성, 정보공시를 중시하고 있다. 투자자는 이사 개인의 배경과 자질이 회사의 사업전략과 어떻게 관계가 있는지 공개할 것을 요구하고 있다. 투자자는 사업전략에 이사의 적합성에 대해 기업과 대화하고 싶어한다는 것을 알 수 있다.

최근 일본의 기관투자자도 이사회의 다양성을 요구하고 있다. 2017년 '가치창조를 위한 통합적 정보공시·대화 가이던스'에 따르면, 일본의 기관투자자는 경영진과 사외 이사의 스킬과 다양성의 중요성을 구체적으로 지적하고 있다. 이 가

이던스는 '경영진과 이사회가 속성과 경험, 능력 등 다양성을 갖추고 투명성·합리성이 높은 의사결정을 내리는 대책을 투자자가 중시하고 있다'고 강조한다. 이러한 투자자 요구에 따라 기업은 사외이사의 경력과 속성, 실제 수행한 역할에 관한 정보를 공시하고, 필요에 따라 사외이사가 투자자에게 정보를 제공하고 대화하는 등 적극적인 경영 자세를 취해야 한다는 것이다.

2019년 일본의 투자자문업계가 실시한 설문조사에 따르면, 대부분의 투자자들은 기업과 대화할 때 기업전략 다음으로 이사회 구성 등 지배구조를 중시하는 것으로 나타났다. 쉽게 말해 기관투자자뿐만 아니라 개인 투자자들도 주식투자를 할 때 다양한 관점을 갖고 적절한 인원으로 구성된 이사회를 갖춘 기업들을 우량기업 또는 주식상승 가능성이 높은 기업으로 생각한다는 뜻이다.

사외이사의 역할은 기업가치를 높인다

▌이사회의 전략 기능을 강화하라

앞에서 언급했듯이, 최근 미국기업에서 이사회의 다양성은 큰 관심사다. 컨설팅 회사 KPMG는 2019년 미국기업의 이사회에서 추진해야 할 7개 중요과제를 제시하였다. 7개의 경영과제는 이사회의 다양성을 비롯해 디지털 기술혁신에 따른 창조적 파괴와 위험관리, 장기적 기업가치 창조, CEO후계자 육성계획, 기업문화 강화, 인터넷 보안유지, 위기회피 대책이었다.

최근 일본정부는 이사회의 역할을 강화하는 대책을 강력하게 추진하고 있다. 일본기업의 이사회 운영실태가 선진기업에 비해 크게 뒤떨어져 있다고 판단했기 때문이다.

컨설팅 회사 딜로이트의 조사결과에 따르면, 실제로 일본의 시가총액 상위 100대(大)의 이사회는 전략적 의사결정 기능을 충분히 수행하지 못하고 있는 것으로 드러났다. 이런 전략적 의사결정 기능 외에도 이사회의 논의과정에서 자료부족과 부실한 안건설명, 사외이사에 대한 미흡한 사전설명 등 다양한 문제가 지적되었다.

한국기업과 마찬가지로 일본기업의 이사회도 주로 업무집행을 겸임하는 사내이사로 구성되어 있기 때문에 비교적 단기적 업무집행의 의사결정에 편중되어 있다. 즉 기업의 지속적 성장과 중장기 기업가치를 높이기 위한 관점에서 경영전략을 충분히 논의할 수 없는 현실이었다.

그렇지만, 최근 일본기업에 사외이사가 늘어나면서 사외이사의 실질적인 역할에 대한 관심도 늘어나고 있다. 대부분 그 회사출신의 남성중심으로 구성된 이사회에 다양한 관점을 가진 사외이사가 참여하면서 이사회 본래의 역할과 기능을 생각하고 있는 것이다.

일본 상장기업의 이사회 중점과제

이사회의 의제선정	– 경영전략에 대한 논의 강화 – 경영후계자 육성 – 그룹 지배구조 체제
이사회의 운영체제	– 상정되는 자료에 대한 명확한 설명 – 사외이사에게 의제의 사전설명 – 이사회의 커뮤니케이션
이사회의 역할·형태	– 이사회 구성방식 – 의제의 선정과 시간배분 – 이사회의 역할 명확화

자료: 딜로이트(2018)

미국과 일본기업에서 중시하는 이사회 과제를 보면 이사회의 본질적 기능을 파악할 수 있다. 즉 이사회는 장기적인 경영전략에 초점을 두고, 그 실행력을 높이기 위해 조언하고 감독하는 역할을 해야 한다는 점이다. 지금과 같이 기술혁신이 빠른 시대에 이사회는 회사의 중장기적 관점에서 경영전략을 점검하고 업무집행을 감독할 필요가 있다. 필요에 따라 집행 경영진이 추진하는 사업에 대한 위험을 깊이 있게 분석하고 심의할 책임이 있다. 경영자가 추진하려는 사업전략이 주주와 투자자 등 다양한 이해관계자의 이익에 적합한지도 평가해야 한다.

특히 사외이사는 회사의 사업환경을 충분히 이해하고 보유한 전문지식, 다른 업계의 경험을 살려 적극적으로 조언해야 한다. 이러한 이사회의 적극적 기능이 발휘될 때 사업의 성공률을 높이고, 궁극적으로 기업가치를 높일 수 있다는 점을 인식해야 할 것이다.

▍외부 관점을 활용하여 시야를 넓혀라

사외이사의 본질적인 역할은 무엇일까? 어느 외국계 기업의 사외이사가 행한 다음과 같은 발언에서 사외이사의 진정한 역할을 엿볼 수 있다.

"회사의 직원들은 눈앞의 사업기회와 수익만을 쫓고 있다. 인간이기 때문에 당연한 현상이다. 이것을 나쁘다고 말할 수 없다. 이러한 상황에서도 사외이사로서 균형감각을 유지하려고 노력하고 있다. 단기적으로 수익을 내는 것도 좋지만, 장기적으로 고객에게 도움이 되는 일을 해야 한다. ESG와 SDGs 경영관점에서 환경과 사회적 과제해결에 도움이 되도록 해야 한다. 현재의 숫자가 아니라 먼 장래를 내다보고 현상에 대해 의견을 제시하고 있다."

기업은 생존을 위해 단기적 이익추구도 필요하지만, ESG 요소를 고려하는 경영전략도 중요한 과제가 되었다. 이사회는 주주에 대한 책임(이익추구)에 그치지 않고, 기업의 사회적 책임을 완수하도록 감독·감시기능을 강화해야 한다. 이사회의 감시기능을 강화하는 것은 경영의 투명성을 높이고, 주주 등 이해관계자에게 충분한 정보를 제공하는 관점에서도 매우 중요하다.

앞에서 언급했듯이, 해외 기관투자자는 투자기업의 지배구조를 중요한 과제로 인식하고 있다. 특히 독립성을 가진 사외이사의 역할에 주목하고 있다. 투자기업의 사외이사가 독립적으로 감독·견제기능을 발휘하며 기업가치 향상에 공헌하는지 설명을 요구하고 있다. 독립적인 사외이사가 외부의 관점을 갖고 중장기적 경영전략을 감시하고 조언한다면 투명한 경영을 담보하고 기업가치를 높일 수 있다고 판단하기 때문이다.

사외이사의 5가지 역할

① 사외이사의 가장 중요한 역할은 경영의 감독이다. 경영을 담당하는 경영진을 평가하고, 그 평가결과에 따라 지명과 재임, 보수를 결정하는 핵심역할을 수행해야 한다. 필요할 경우 경영진의 교체를 주도해야 한다.

② 사외이사는 회사의 틀에 얽매이지 않는 입장에서 장기적으로 폭넓고 다양한 관점에서 시장과 산업구조의 변화에 따른 회사의 장래를 내다보고, 기업의 지속적 성장에 필요한 경영전략을 생각해야 한다.

③ 사외이사는 업무집행에서 독립된 입장에서 경영진에게 솔직하게 발언·행동해야 한다.

④ 사외이사는 경영진과 적절한 긴장감·거리감을 유지하면서 커뮤니케이션을 하고, 신뢰관계를 구축해야 한다.

⑤ 회사와 경영진·지배주주 등과 이해상충을 감독하는 것은 사외이사의 중요한 책무다.

자료: 일본 경제산업성(2020), 《사외이사의 목소리》

결국 사외이사가 제 역할을 발휘하고, 기업에 공헌하는 지배구조 체제를 갖추면 국내외의 많은 투자자를 불러올 수 있다는 의미다.

무엇보다 사외이사는 외부의 객관적 입장에서 경영과제에 시사성을 제공할 수 있다. 사외이사는 중기경영계획 등 목표달성 상황을 점검하고, 경영계획의 실행을 촉진하여 기업가치를 높이는 역할을 한다. 기업의 경영목표 달성에 어떤 문제가 있었는지 실행상태를 감시하고 지적하며, 책임을 물으려는 자세가 기업가치의 향상에 도움이 된다는 점을 인식해야 한다.

간접적으로 사외이사가 존재하는 것만으로 이사회에 긴장감을 줄 수 있다. 현실적으로 이사회의 심의에서 사외이사의 의견을 통해 안건이 부결되지 않더라도 사외이사의 발언만으로 사내이사에게 긴장감을 불어넣고 압박을 줄 수 있다. 결과적으로 이사회는 논의하는 안건을 외부의 시각으로 바라보고 검토해야 한다는 의식을 촉진할 수 있다.

▎사외이사를 활용하는 환경을 만들어라

지금까지 한국기업은 전직 관료출신과 대학교수, 최대 주주와 경영진의 친분이 있는 사람을 사외이사로 선임되는 사례가 많았다. 이런 불투명한 사외이사의 선임 프로세스, 높은 보수를 받으면서 감시기능이 부족한 거수기 역할은 기업 지배구조의 개혁대상으로 지목되었다.

최근 일본에서 기업 지배구조의 개혁차원에서 사외이사의 역할을 강화하고 있다. 2019년 회사법을 개정하여 일정한 기준을 충족하는 상장기업은 사외이사의 선임을 의무화하였다. 이에 많은 상장기업이 법적 요건을 충족하려고 앞다퉈 사외이사를 양적으로 늘리고 있지만, 경영성과 향상에 기여하지 못하는 것으로 나타났다.

이러한 문제에 대해 일본의 경제산업연구소는 기업특성에 따라 최적의 이사회를 구성하는 것이 바람직한 대책으로 지적했다. 다른 회사에 편승하여 사외이사를 졸속으로 늘리지 말고, 회사의 경영에 합치된 적합한 인재를 신중하게 영입할 것을 주문하고 있다.

그렇다면 어떤 사외이사가 회사에 적합한 인재일까? 한마디로 말해, 기업은 사업전략에 효과적으로 공헌하는 사외이사를 선임해야 한다. 단순히 법률요건을 충족하려고 외형적 조건으로만 선임해서는 안 된다는 것이다. 변호사, 회계사, 교수, 관료 등 전문가 외에도, 사업의 본질과 사업모델에 관한 실무지식과 경험을 갖춘 사람을 적극 활용하는 것이 바람직하다.

사업전략에 적합한 사외이사를 선임한 후에 경영현안에 대해 사외이사가 활발하게 의견을 제시하도록 사업내용과 경영정보 등을 충분히 제공해야 한다. 기본적으로 사외이사는 사내이사와 달리 기업의 구체적인 사업내용에 정통할 수 없다. 사외이사의 식견을 사업전략에 활용하려면 사업전략에 관한 충분한 정보를 공유하고, 때로는 경영진과 사외이사가 의견을 교환하는 신뢰관계도 구축해 나가야 한다.

이를 위해 이사회와 별도로 사내이사와 사외이사가 경영현안에 대해 서로 의견을 교환하는 제도적 장치도 고려할 필요가 있다. 보통 이사회는 시간이 한정되어 있어 충분히 발언할 기회가 부족하기 때문이다. 사외이사로 구성된 회의조직을 설치하는 것도 좋은 방법이다. 이런 대책은 사외이사가 경영에 관해 솔직한 의견을 제시할 기회를 늘리고, 사내이사와 연계하면서 이사회의 의사결정 기능도 강화할 수 있을 것이다.

기업은 사업정보뿐만 아니라 기업문화도 사외이사에게 전달해야 한다. 사외이사도 그 고유의 역할을 충분히 수행하려면 소속기업의 문화를 깊이 이해해야 한다. 대체로 기업문화는 전략적 자산이면서 위험요소가 될 수도 있다. 사외이사는 사업에 부정적 영향을 미치는 위험정보, 사업현장에 깊이 스며 있는 기업문화를 파악할 때 회사의 경영상태를 올바로 이해하고 합리적인 의견을 제시할 수 있다. 사업현장에 밀착하여 다양한 종업원의 의견을 경청하는 것은 기업문화를 깊이 파악할 수 있는 효과적인 방법이다.

사외이사는 필요할 경우 경영회의를 참관하고 경영의 주요 심의사항을 공유할 필요가 있다. 사업과 관련된 기술과 산업동향에 대한 비공식적 학습회도 사업을 이해하는데 도움이 될 것이다. 해외 선진기업 중에는 기업 지배구조와 사업전략에 관해 자유롭게 토론하는 사외이사 미팅을 주선하는 기업도 있다.

사외이사의 이사회 출석은 의사결정에 미치는 영향이 크다. 대체로 사외이사는 매월 1~2회, 2~3시간 정도 출석하여 중대한 의사결정을 내리는 경향이 있다.

그러나 사업현장과 직접 접촉할 기회를 갖고 이해를 넓히려면 사외이사로서 업무시간을 늘려야 한다. 회사도 사외이사의 충분한 역할을 수행하도록 선임할 때 회사업무에 종사할 시간을 확인해야 한다. 한정된 업무시간에 사외이사의 전문성과 경험 등에 비추어 경영상 반드시 조언을 구할 사항을 사전에 검토해야 한다. 그리고 사외이사의 전문성과 경험을 고려하여 업무 종사 시간에 따른 적정한 보수도 검토해야 한다.

역량이 뛰어난 사외이사를 선임하더라도 바로 기업가치가 올라가지 않는다. 유능한 사외이사가 있어도 경영진이 그들의 솔직한 의견을 듣지 않으면 경영파탄에 이를 수도 있다.

▌이해관계자를 배려하는 이사회 구축

일본의 도시바(東芝)는 일찍이 미국형 모델로 알려진 지명위원회를 설치하고, 많은 사외이사를 두었다. 그러나 2015년 발각된 회계부정사건을 계기로 경영자가 대폭 교체되었다. 그리고 16명 중에 독립 이사 4명(25%)의 체제에서 9명 중 독립 이사 6명(67%)체제로 이사회를 변경했다.

이렇게 도시바는 형식적으로 좋은 지배구조를 체제를 갖추었지만, 이사회는 무리하게 미국 원자력발전사업의 매수를 결정했다. 이 때문에 도시바는 미국 원자력발전 사업에서 무려 7조 원의 손해를 입고 경영상 위기에 빠졌다. 매월 1~2회만 회사에 출근하는 사외이사가 세계에서 펼치는 대기업의 경영을 감시한다는 것은 납득하기 어렵다. 도시바의 사례를 보면 독립 사외이사가 많고, 기업 지배구조 모범규준(CG코드)을 준수하는 것이 좋은 지배구조의 조건만은 아닌 것으로 보인다.

유럽의 기업도 마찬가지다. CG코드의 원조국가인 영국은 CG코드를 유럽국가에 전파했지만, CG코드를 성공적으로 운영한 국가는 눈에 띄지 않는다. 유럽의 대기업에서 대형 부정사건은 계속 일어나고 있다. 영국 석유회사 BP의 멕시코만 원유유출 사건(2010년), 글로벌 은행인 UBS, 바클레이즈, 도이치은행 등의 리보(LIBOR, 국제 금융거래의 기준이 되는 런던 은행 간 금리) 조작사건(2013년), 독일 자동차회사 폭스바겐의 배기가스 조작사건(2015년)은 그 대표적인 사례다.

　독립 사외이사가 중심이 된 보수위원회는 주주의 반대에도 불구하고 엄청난 적자를 낸 기업의 경영자에게 거액의 보수를 지급한 경우도 있다. 2015년 영국 에너지 기업 BP는 42억 파운드(약 7조 원) 이상의 적자를 냈지만, 이사회는 CEO에게 약 220억 원의 보수지급을 결정했다. 그 당시 이사회의 전체 이사 15명 중에서 12명이 사외이사로 구성되어 있었다. 유럽기업의 사례를 보더라도 좋은 지배구조는 형식이 아니라 실질적인 기능이 중요하다는 사실을 알 수 있다.

　일찍부터 영국은 기업 지배구조의 본질적인 기능이 발휘될 수 있도록 개혁을 시도하였다. 영국의 CG(Corporate Governance) 코드는 기업 지배구조를 '회사를 지휘하거나 관리하는 구조'로 정의하고 있다. 그 목적은 '회사를 장기적으로 성장시켜야 하고, 신중하고 혁신적·효과적인 경영을 할 수 있도록 하는 것'으로 언급하고 있다.

　일본의 CG코드는 '회사가 주주를 비롯해 고객, 종업원, 지역사회 등의 입장에 근거하여 투명·공정하고 신속·과감한 의사결정을 내리기 위한 구조'로 정의하고 있다. 그리고 그 목적은 "회사의 장기적 성장과 중장기적 기업가치 향상에 있다"고 강조한다. 두 국가 모두 기업 지배구조를 개선하면 기업은 장기적으로 성장한다는 전제를 갖고 있다.

　영국과 일본의 기업 지배구조의 정의를 보면, 주주를 비롯해 모든 이해관계자의 이익을 장기적으로 최대화하는 상태가 우수한 지배구조로 생각할 수 있다. 기업이 장기적으로 성장하고 기업가치를 높일 수 있도록 기업 지배구조를 개혁해야 한다는 점을 알 수 있다. 이런 기업 지배구조의 목적을 달성하기 위해 경영자는 주주를 비롯한 고객, 종업원, 지역사회 등 다양한 이해관계자와 기업비전을 공유하고, 경영과제에 대한 과감한 의사결정을 내려야 한다.

▎영국의 기업 지배구조 개혁에서 배운다

2016년 G20정상회담 연설에서 메이(Theresa May) 영국 총리는 영국의 기업 지배구조가 취약하다면서 대기업 경영자가 비상식적으로 고액의 보수를 받는 무책임한 경영형태를 비판했다.

사실 영국은 일찍부터 CG코드 개정을 통해 사회환경의 변화를 적극 반영하며 기업 지배구조를 개혁해왔다. 영국의 CG코드는 약 30년의 역사가 있지만 기업의 부정사건, 과도한 CEO 보수 등의 문제가 끊이지 않고 일어나고 있다. 이런 영국의 현실을 인식하고 메이 총리는 국제회의라는 공개석상에서 영국기업의 지배구조의 개혁을 더욱 강력하게 촉구했다고 볼 수 있다.

흔히 기업 지배구조의 문제를 언급할 때 이사회 운영방식을 지적한다. 당연히 기업 지배구조 개혁의 초점은 이사회의 형태다. 영국도 지배구조의 핵심인 이사회가 충실하게 기능하도록 다양한 대책을 실시하였다. 영국의 이사회 개혁은 금융보고협의회(FRC)의 보고서에 명확하게 드러나고 있다.

FRC의 보고서에 따르면, 영국의 지배구조에는 이사회 의장과 CEO의 분리, 사내이사와 사외이사의 적절한 균형, 강력하고 독립된 감사위원회와 업적 평가위원회의 설치, 이사회의 연차

평가 등 중요한 특징을 지적하고 있다. 영국의 기업 지배구조의 몇 가지 특징을 보면 지배구조 개혁의 필요성과 그 방향을 이해할 수 있다.

이사회 의장과 CEO의 분리

이사회 의장이란 이사회의 회의를 진행하는 의장(Chairman)이다. 이사회 의장은 CEO가 취임하지 않고, 주로 사외이사 중에서 적임자를 선임한다. 영국의 경우 현재 FTSE 350대(大) 기업의 대부분은 이사회 의장과 CEO를 분리하고 있다.

이사회 의장과 CEO의 분리가 필요한 이유는 뭘까? 이사회 의장은 CEO가 제출한 의제결정, 의사진행의 역할을 한다. 경영자의 행동을 감시해야 하는 이사회를 CEO가 주도하는 것은 모순된 형태다. 이사회의 의안 제출자가 동시에 심의를 추진하는 꼴이기 때문이다. 보통 CEO가 중심이 되어 경영회의에서 주도적으로 논의하고 결의한 안건은 이사회에서 논의한다. 당연히 사외이사와 사내이사 사이에 정보의 비대칭성이 존재한다.

CEO가 이사회 의장 역할을 하면 회사논리 우선으로 판단할 우려가 있다. 당연히 이사회 의장이 CEO라면 최초부터 의안은 통과될 수밖에 없다. 당연하지만 한국기업 문화에서 사내이사는 보통 CEO의 제안에 반대하지 않는다. 일부 사외이사가 비판적 의견을 내더라도 충분한 논의를 기대할 수는 없다.

이사회에서 의사토론을 계속하려고 해도 사장이 충분하다고 판단하면 채결(採決)할 수 있다. 그런 상황에서 이사회가 본질적으로 수행해야 할 전략책정 기능과 모니터링 기능이 충분히 발휘되지 않는다. 활발한 토의를 저해하고, 심지어 주주의 이익에 반하는 결과를 초래할 가능성도 있다. 중대한 의안에 대해 활발하고 공정한 토의를 진행하여 최적의 의사결정을 한다는 의미에서 사외이사를 의장으로 CEO와 분리하고 사외이사가 이사회의 과반을 넘어야 한다는 논리가 설득력을 얻고 있는 것이다.

그러나 사외이사가 이사회 의장 역할을 하는 것은 이상적이지만, 현실적으로 실무적 어려움이 있다. 경영회의의 의결에 관여하지 않는 사외이사가 이사회 의장이 되어 처음 백지상태에서 진지한 논의를 하기는 어렵다. 이사회 의장을 맡는 사외이사는 기본적으로 의안내용에 정통해야 한다. 이런 현실을 반영하여 기업은 사전에 사외이사인 의장에게 충분히 설명하고, 의장에게 많은 시간을 할애해야 한다. 외부의 신선하고 객관적 의견을 통해 시장을 바라보고 토론할 수 있다는 것은 분명히 지금까지 인식하지 못했던 시각을 경영전략 수립에 반영할 수 있는 좋은 장점이 있다.

그러나 현실적으로 한국기업 중에 이사회 의장과 CEO가 분리된 경우는 대기업 일부 회사에 지나지 않고 있다. 여전히 CEO는 막강한 권한을 행사하고 있다. CEO의 권한 행사에 이사회는 법률에 어긋나지 않는 선에서 형식적으로 기능할 수밖에 없다.

이런 상황에서 이사회 자체가 경영회의에서 결정된 사항을 추인하는 형식적인 회의체로 전락한다. 이사회에서 사외이사는 고객으로 대우받을 뿐이다. 사외이사는 2~3가지의 간단한 질문을 하고, 사장과 그 의제를 설명하는 담당이사가 발언하고 회의는 종료된다. 이사회는 엄숙한 분위기에서 진행되는 의례에 불과할 뿐이다.

그러나 이제 이러한 형식적인 이사회의 모습은 점차 자취를 감출 것으로 보인다. 기업지배구조의 개혁을 요구하는 글로벌 조류는 더욱 거세지고 있다. 기관투자자는 투자기업의 실체를 파악하고, 사외이사가 수행하는 역할을 중시하고 있다. 또한 전략수립 기능과 제어기능으로서 사외 이사의 구체적인 공헌도를 평가하고 있다.

사내이사와 사외이사의 적절한 균형

영국기업의 이사회에는 사내이사보다 사외이사가 많다. 10명의 이사 중에서 8명이 사외이사다. 영국기업의 이사회는 사외이사가 주체가 되어 경영진의 업무집행 상황을 감독하는 모니터링을 실시한다. 이사회의 본래 기능을 고려할 때 당연하다.

예를 들면 영국 제약회사 글락소스미스클라인(GSK)에서 이사회의 80%는 사외이사, 3분의 1은 여성으로 구성되어 있다. 이사는 의약품 전문가, 금융전문가, 경영간부, 글로벌 경험자 등으로 그 커리어가 매우 다양하다. 특히 글로벌 지역에서 많은 경험을 쌓은 사람이 많다. 사외이사의 재직년수도 0~10년에 걸쳐 있으며, 경험년수를 고려하고 선임하고 있다.

사외이사의 재임기간이 몇 년이 바람직한지에 관한 정설은 없다. 회사마다 이사의 재임기간은 다양하다. 이사의 재임기간이 3년인 회사도 있다. 적어도 회사의 업무실태에 익숙해지려면 3~4년이 걸린다. 그러나 많은 기업에서 이사는 그 역할을 제대로 수행할 수 있을 때 회사를 떠난다. 베테랑 사외이사 중에는 CEO보다 경험이 풍부한 사람도 있고, 전문성을 갖고 사내외에 영향력이 큰 사람도 있다.

앞으로 글로벌 경영환경 변화에 따라 사외이사는 외부관점에

조언하는 역할에서 이해관계자 관점에서 감독하는 역할로 바뀔 것으로 예상된다. 이해관계자 관점에서 감독기능을 수행하려면 필요한 이사의 스킬과 노하우, 이사회의 심의사항도 바뀔 것이다. 이사회는 중장기 경영전략, 지속가능성 대책 등 장기적 기업가치 향상과 관련된 의제를 논의할 것이다. 당연히 이런 분야에 관한 지식과 스킬을 가진 사외이사의 수요는 커질 것이다.

업적평가위원회 설치

업적평가위원회는 이사와 경영간부의 업적을 평가하고 보수에 반영하는 역할은 한다. 기본적으로 '업적에 따른 보수(Pay for Performance)'라는 사고에 따라 평가한다. 이사회는 기업가치를 높이기 위해 경영자와 이사가 명확한 평가에 따라 보수를 지급받도록 권장할 필요가 있다.

글로벌 대기업 가운데 경영 실적은 좋지 않는데 거액의 보수를 받는 탐욕스런 CEO와 경영간부가 많다. 예를 들면, 2016년 4월 영국 석유회사 BP의 주주총회에서 CEO 밥 두들리(Bob Dudley)는 전년보다 20% 증가한 거액의 보수를 요구했다. 당시 BP는 원유가격이 하락하여 막대한 손실을 입었고, 주가는 떨어지고 종업원을 줄이고 있었다. 이러한 경영환경을 이유로 59%의 반대표가 나왔다. 권고투표였지만 보수위원회 위원장은 보수내용을 재검토하기로 하고 안건을 마무리하였다.

2017년 주주총회에서도 비슷한 사건이 일어났다. 두들리의 뒤를 이어 CEO에 취임한 피어슨(Pearson)은 26억 파운드라는 큰 손실을 냈지만, CEO 보수를 20% 인상해달라고 요구했다. 반대표는 61%를 기록했다. 이 주총에 출석한 투자자는 BP의 보수 책정전략이 명확히 잘못되어 있고, 경영 실패에 대해서도 지급되고 있다고 비난했다. 두 사건은 주주가 업적에 반하는 보수지급에 명확하게 반대한 사례로 그 상징성이 있다.

이렇게 일부 경영자에게 지급되는 막대한 보수문제로 영국 대기업의 이미지는 크게 손상되었다. 2016년 메이 총리는 영국 기업의 문제행동의 심각성을 인식하고 기업 지배구조의 개혁을 촉구했다. 이에 2017년 8월 영국정부는 실추된 기업경영의 신뢰를 높이기 위한 기업지배구조 개혁을 발표했다. 기업 경영자의 보수를 투명하게 공개하는 것이 개혁의 골자였다.

구체적으로 상장기업(약 900개)은 CEO보수와 노동자의 연간 평균보수의 비율을 매년 공시하고 그 정당성을 제시하도록 했다. 또한 투자자의 5분의 1 이상이 경영자의 보수에 대해 반대의견을 제시할 경우 그 기업을 발표하고 등록하도록 했다. 이렇게 경영자의 보수를 공개하고 등록하는 것은 세계 최초의 일이었다.

2018년판 CG코드는 경영자의 보수에 대해 "보수방침과 실천은 전략을 지지하고, 장기적·지속적 성공을 촉진하도록 설계해야 한다. 업무 집행이사의 보수는 회사의 목적과 기업가치와 합치되고 회사의 장기적 전략달성과 명확하게 연결되어야 한다"고 신중하게 지적하고 있다.

영국에서 CEO보수는 물론 사외이사의 보수도 과도하게 높지 않는 것이 바람직하다는 의견이 있다. 이해상충 문제를 피하기 위한 것이다. 또한 주식형 보수(stock option) 제도는 사외이사에게 바람직하지 않다는 의견도 있다. 냉정하게 기업의 위험을 파악해야 하는 사외이사가 주가에 이해관계가 얽혀 있으면 합리적인 의사결정을 내릴 수 없다는 것이다.

미국기업은 1990년대 경영자에게 단기간 행사할 수 있는 스톡옵션을 주었다. 단기간에 주가를 상승시키려는 인센티브 때문에 단기경영으로 치닫는 기업이 횡행하였다. 3년 이내의 짧은 기간에 나타나는 표면상의 재무적 수치로 경영자의 실적을 평가했기 때문이다. 경영자의 단기적 평가는 기업의 장기적 투자를 억제하고 다양한 이해관계자의 이익과 상반되는 경영현상을 보였다.

그러나 최근 글로벌 차원에서 ESG 경영이 전개되면서 단기실적 중심의 평가모델은 점차 줄어들 것으로 보인다. 이제는 기업의 지속가능성을 의식하여 경영자가 어떤 대책을 착실하게 추진하는지 다방면으로 평가하는 구조로 바뀌고 있다.

이런 의미에서 경영자와 이사에 대한 업적평가위원회의 역할은 매우 중요하다. 해외 선진기업 중에는 환경과 사회 배려 등 지속가능성 요소를 평가하는 사례가 계속 늘어나고 있다. 주주와 투자자 등 이해관계자는 이러한 움직임을 적극 찬성하고 있다.

이사회 평가 실시

영국의 기업 지배구조는 권력집중을 막기 위해 철저한 견제와 균형의 원칙에 따라 통제하고 있다. 이사회는 기업 지배구조의 핵심적인 역할을 하도록 그 기능을 강화하고 있다.

영국 기업은 이사회의 역할을 강화하는 장치로 이사회 평가(Board Evaluation)제도를 실시하고 있다. 상장회사는 기본적으로 이사회의 업무활동을 평가해야 한다. CG코드로 강제하지 않아도 이전부터 자발적으로 이사회를 평가하는 기업이 있었다. 그러나 일부 대기업의 부정사건을 계기로 이사회 기능 약화를 우려하여 CG 코드로 이사회 평가를 요구하고 있다.

이사회 평가를 요구한 배경에는 두 가지 역사적 사건이 있다. 첫째는 2002년 엔론 회계부정 사건의 반성으로 더 실효성 있는 기업 지배구조의 수립을 요구한 '히그스 보고서(Higgs Report)'다. 이 보고서는 매년 이사회, 위원회, 이사 개인의 성과를 평가해야 한다고 제언하였다. 이 제언은 그대로 CG 코드에 반영되어 런던증권거래소의 상장회사는 원칙적으로 매년 이사회 자체의 자기평가(내부평가)를 실시하도록 했다.

두 번째는 금융위기를 계기로 발생한 영국은행의 위기에 대한 반성으로 2009년 작성된 '워커 보고서(Walker Report)'의 권고에 따른 것이다. 그 당시에 이사회 자체의 자기평가는 충분하지 않았기 때문에 이사회의 외부평가를 2~3년에 한 번 실시할 것을 제언했다.

이 제언은 2011년 CG코드를 개정할 때 반영되어, 결과적으로 FTSE 350대(大) 회사는 원칙적으로 3년마다 한 번 이사회의 외부평가를 받도록 했다. 다른 연도에는 시니어 독립사외이사(SID)를 중심으로 사외평가에서 개선을 지적한 사항을 점검하며 자기평가를 실시하도록 했다.

현재 사외이사가 과반을 차지하고, 이사회 의장과 CEO가 분리된 기업에서 주로 외부평가를 실시하고 있다. 이사회 의장은 사외이사로서 평가받는 대상이기 때문에 그 이외의 사외이사 중에서 시니어 독립 사외이사를 선발하여 이사회의 자기평가를 실시하고 있다. 이사회 의장은 이사회 운영의 책임자로서 어떤 안건을 의제에 올리고 어떻게 심의할지 운영책임을 지고 있다. 이러한 책임을 중시하고 적절한 견제를 위해 이사회에서 자기평가를 할 때는 시니어 독립사외이사가 책임을 지고 이사회와 이사회 의장을 평가한다. 영국기업에서 사외이사도 당연히 업적평가의 대상이다.

영국기업은 2003년 이후 처음으로 이사회 평가를 실시했을 때 이사회 평가를 했다는 사실과 간단한 프로세스만 공시하고 구체적인 검토내용은 공시하지 않았다. 이후 영국은 대기업의 부정사건이 빈발하자 이사회의 기능을 우려하여 이사회 평가와 그 정보공시를 강화해왔다.

현재 영국기업은 연차보고서에 이사회 평가의 공시내용과 과거 15년간의 공시실적 추이를 기재해야 한다. 예를 들어 2020년의 연차보고서는 이사회 평가의 개요, 이사회 평가 프로세스, 2020년의 이사회 평가 결과에 따른 2021년의 실행계획과 이사회 평가의 피드백(feedback) 방법을 기재하고 있다. 이사회 평가 결과에 따른 5개 항목의 실행계획을 구체적으로 기재해야 하는 특징이 있다.

영국기업의 이사회는 점수나 등급으로 이사회를 평가하지 않는다. 주주의 의뢰를 받은 이사회가 기능을 더 잘 발휘하도록 촉진하는 역할을 한다. 어떤 이사회도 완전하지 않다는 것을 인식하고 일부러 외부평가를 받도록 유도하고 있다.

각 기업의 이사회를 평가하는 외부전문 기관도 있다. '이사회 평가 유한회사(Boardroom Review Limited)'는 이사회 평가 서비스를 제공하고 있다. 이사회의 형태와 기업가치 향상이 어떻게 연결되고, 이사회 평가가 회사의 지속적 성장에 어떻게 도움이 되는

지 이사의 이해를 돕는 프로그램을 제공하고 있다.

　대부분의 유럽기업은 이사회의 외부평가 내용을 연차보고서에 공표하고 있다. 연차보고서를 활용하여 이사회의 다양성을 촉진하거나 사외이사의 특성을 제시하고 적합한 사외이사를 채용하기도 한다. 이런 연차보고서는 장기 투자자에게 훌륭한 투자판단의 자료로 활용되고 있다.

　특히 장기 투자자가 투자판단을 내릴 때 이사회의 성과는 매우 중요한 요소다. 이사회의 외부속성이라는 표면적 항목보다 훨씬 중요한 정보가 담겨 있기 때문이다. 결과적으로 외부에 이사회 평가의 내용과 그 대응상황의 정보를 충실히 공시할수록 양질의 장기투자자에 매력을 줄 수 있는 장점이 있다.

기업의 특성에 맞는 위원회 설치

　호주의 리오 틴토(Rio Tinto)는 세계적으로 유명한 광산회사다. 2021년에는 90억 달러라는 역사상 최대의 배당금을 주주에게 배분하기도 했다. 이 회사에는 지속가능성 위원회가 있다. 이사회는 광산회사에서 안전성 문제의 심각성을 인식하고 직접 대처하여 사고율을 크게 줄였다. 안전성 문제에 관한 전문가를 사외이사로 영입하여 중대한 문제를 해결하였다.

　영국 제약회사 GSK에 설치된 6개의 위원회 중에는 '기업책임위원회(Corporate Responsibility Committee)'가 있다. 회계문제는 감사위원회의 소관이지만, 책임 있는 사업수행을 위한 다양성 추진, 장시간 노동 문제 등 기업의 책임과 관련된 문제를 다루고 있다. 기업책임 위원회가 설치되어 항상 담당 이사가 기업의 대책상황을 점검할 수 있기 때문에 사전에 범죄를 방지할 수 있는 효과가 있다.

GSK는 책임 있는 사업수행을 이사회가 담당하는 중요한 문제로 인식하고 있다. 장기적인 기업의 지속 가능성을 생각할 때 이사회에서 진지하게 논의할 사항으로 생각하고 있다.

영국의 제약회사 아스트라제네카(AstraZeneca)도 책임 있는 사업수행을 경영철학에 반영하여 적극 실천하고 있다. 판매, 마케팅에 관한 윤리, 동물실험에 대한 대응, 다양성과 인권문제, 생명과 관련된 의약품 기업으로서 진지하게 대응하고 있다.

제**5**장

ESG 평가는 비재무정보의 가치를 높인다

혼란스러운 다양한 ESG 평가방식

최근 많은 투자자는 기업의 ESG 정보를 이용하여 투자하고 있다. 이런 환경에서 당연히 상장기업은 ESG 평가에 대한 관심이 높아질 수밖에 없다. ESG 투자를 할 때 투자자는 투자기업이 어떻게 ESG에 대처하고 있는지를 파악하기 위한 정보로서 ESG 평가등급을 참고로 한다. ESG 평가등급을 보고 투자기업의 ESG 대책과 효과를 쉽게 파악할 수 있기 때문이다.

ESG 평가는 평가대상 기업의 ESG 성과와 위험을 정량적으로 측정하고, 다른 기업과 상대적으로 비교할 수 있는 구조로 되어 있다. ESG 평가점수는 ESG 평가기관이 미리 정한 평가항목에 따라 기업의 공개정보 또는 설문조사를 통해 평가대상 기업의 ESG 과제에 대한 정보를 수집·정리하고, 각 ESG 평가기관의 평가모델에 따라 수치와 기호로 표현된다. 개별 ESG 평가기관에 따라 ESG 정보수집 항목과 평가항목이 다르고, 같은 기업이라도 ESG 평가기관에 따라 평가등급에 차이가 나는 경우도 있다.

ESG 평가기관은 회사의 평가항목을 정할 때 '지속가능성 회계기준심의회(SASB)'와 '국제통합보고이니셔티브(GRI)', '기후관련재무정보공시테스크포스(TCFD)' 등 국제적으로 정평 있는 정보공시 프레임워크를 참조하고 있다. 또 이들 정보공시 프레임워크는 국제연합 글로벌 콤팩트, 노동의 기본원칙과 권리에 대한 ILO선언, 기후변화구조조약 등 사회문제에 대한 국제적 프레임워크를 참조하고 결정하고 있다. 따라서 기업은 ESG 평가등급을 높이고 싶다면 각 ESG 평가기관의 표면적인 평가항목뿐만 아니라 그 기반이 되는 각종 프레임 워크가 요구하는 정보를 공시해야 한다.

글로벌 ESG 정보공시 프레임워크

ESG 평가기관	기업의 ESG 대책에 관한 공시를 근거로 평가	MSCI ESG 평가, FTSE 러셀 ESG 평가, 서스테이널리스틱스 ESG 평가, CDP
정보공시관련 프레임워크	기업의 사회과제 대책의 정보공시 구조	GRI, ISO 26000, TCFD, IIRC 프레임워크, SASB
사회과제별 국제프레임워크	사회과제 관련 국제기구	파리협정, 국제연합글로벌콤팩트, 글로벌 지배구조 원칙, 비즈니스와 인권에 관한 지도원칙(국제연합), 노동의 기본원칙과 권리에 관한 ILO선언
기관투자자	ESG 평가기관의 정보를 참고로 투자활동 실시	패시브 펀드·액티브 펀드의 조성, 기관투자자의 대화에서 활용

　ESG 평가기관은 환경(E)과 사회(S), 지배구조(G)의 각 항목에서 구체적인 평가항목을 정리하고 있다. 예를 들어 FTSE의 ESG 평가항목으로 환경(E), 사회(S), 지배구조(G) 3개의 대항목, 그 밑에 14테마의 중항목이 있고, 개별 테마별로 10~30개의 소항목이 있다. 전체 300개 이상의 평가항목으로 구성되어 있다. 한 개의 평가대상 기업당 수백 개 이상의 체크항목이 있고, 항목의 중요도에 따라 평가비중을 바꾸고 있다.

　MSCI의 경우는 37개 테마의 핵심이슈가 있고, 평가대상 기업의 사업특성에 따라 몇 개의 핵심이슈를 선택하고, 그 평가에 근거하여 점수를 계산한다. FTSE의 경우에는 ESG 과제에 대해 다면적으로 대응하고, MSCI는 특정 이슈에 대한 대책을 요구하고 있다. 이 때문에 ESG 과제에 대해 폭넓게 정보를 공시하지 않으면 MSCI에서 높은 평가를 받아도 FTSE의 평가는 낮아지는 경우도 있다.

　이렇게 ESG 평가기관마다 평가방식이 다르다. 같은 기업이라도 평가기관에 따라 평가등급이 달라질 수 있다는 의미다. 따라서 투자자가 어떤 ESG 평가기관을 선택하느냐에 따라 투자선택도 달라질 수 있다. 이러한 사실은 연구결과로 뒷받침되고 있다.

　하버드대학의 연구팀은 'ESG 데이터에 대해 누구도 가르쳐주지 않는 4가지 사실(Four Things No One Tell You About ESG Data)'이라는 연구논문에서 각 기업이 ESG 기준에서 어떤 평가를 받았지 조사했다. 같은 기업이라도 평가하는 기관에 따라 ESG 점수가 완전히 다르게 나왔다. 평가가 다른 원인은 데이터 부족, 비교 대상의 차이, 단순한 해석 차이라고 지적했다.

예를 들면, 직원의 건강과 안전은 일반적으로 ESG 투자에서 중요한 기준이다. 그러나 이 공시와 측정방법은 한 가지가 아니다. 직원의 건강과 안전을 평가하는 방법은 다수 존재하지만, 측정방법이 다르면 같은 회사라도 받는 평가점수는 달라질 가능성이 있다. 또한 다른 회사가 다른 기준으로 판단하면 그 문제는 더욱 복잡해진다.

비교하는 기업그룹의 속성에 따라 평가가 크게 달라질 수도 있다. 예를 들면, 어느 광산회사는 같은 업종의 경쟁사와 비교할 때 우수하게 보이고, 높은 ESG 평가를 받을 수 있다. 그러나 다른 업종을 포함한 전체 기업으로 비교할 경우 성적은 나빠지고, 이 비교에서 ESG 평가점수는 낮아질 수 있다. 결국 어느 그룹에서 비교할 것인지가 중요하다. 같은 회사라도 다른 그룹 속에서 비교하면 ESG 점수가 달라질 수 있다. 측정방법과 마찬가지로 이 문제도 통일된 방법이 없다.

자료부족 문제도 평가에 큰 차이가 발생하는 요인이다. 어떤 기업이 특정 데이터를 보고하지 않으면 이 데이터 부족을 메울 방법은 평균 점수를 사용하거나 보유한 데이터에서 도출하는 방법, 또는 과거의 공시자료에서 추측하는 방법이 있다. 이 경우도 선택한 기법에 따라 평가점수가 상당히 다르게 나올 수 있다.

이러한 문제점을 연구해 온 MIT대학과 츄리히 대학의 ESG 연구팀은 최근 하버드대학의 연구팀과 똑같은 결론을 내렸다. 정량적 방법을 이용하여 ESG 점수 차이를 분석한 결과 대부분의 차이는 ESG 개념정의와 카테고리 구분에 따른 차이 때문으로 판명되었다. 다른 기업의 평가방법에 어느 정도의 주관적 요소가 포함되어 있다는 사실도 발견하였다.

투자자에게 ESG 정보의 중요성은 계속 커지고 있다. 기업도 더욱 상세한 공시자료를 제공하고 있다. 그러나 정확한 판단을 할 수 있는 기준이 존재하지 않고 있다. 투자자는 어떤 ESG 평가기관을 선택하느냐에 따라 보유한 포트폴리오 구성도 바뀔 수 있다. 이러한 시장의 현황에 대해 개인의 가치관을 충실히 반영하는 ESG 측정방법을 선택할 수 있다는 장점이 있다고 말하는 전문가도 있다.

▍ESG 평가기관의 평가방식을 파악하라

ESG 평가는 회사채의 디폴트(default, 상환불능) 확률 등 신용정보를 제시하는 채권의 신용평가 구조와 유사하다. 그러나 회사채 신용평가와 달리 기업이 ESG 평가를 제공하는 기관(ESG 평가기관)에 비용을 지급하고 ESG 평가등급을 받는 구조는 아니다. ESG 평가기관이 기업의 ESG 대책을 임의로 평가하고, ESG 평가등급을 이용하는 투자자로부터 수입을 얻고 있다.

최근 세계적으로 ESG에 대한 주목이 높아지면서 ESG 평가기관은 회사채 평가회사와 대형 주식인덱스 회사를 중심으로 매수·합병을 통해 재편되고 있다. ESG 평가기관은 세계시장에 수백 개가 존재하고 있지만, 기관투자자가 주목하는 ESG 평가기관은 소수로 한정되어 있다.

현재 시장에는 '블룸버그&톰슨 로이터'라는 금융정보를 제공하는 벤더(Vendors), FTSE 러셀과 MSCI 등 주식인덱스를 제공하는 회사의 ESG 평가시스템 외에 '로베코샘(RobecoSAM)', 'CDP',

'서스테이널리틱스(Sustainalytics)', 'ISS', '비지오 아이리스(Vigeo Eiris)' 등의 ESG 평가시스템이 있다. 대형 주가지수(인덱스) 개발 회사는 ESG 경영이 우수한 상장기업만으로 구성된 주가지수(ESG 인덱스)를 개발하기 위해 독자적으로 ESG 평가점수를 측정하고 있다.

이들 ESG 평가기관이 제공하는 평가시스템은 환경(E) 평가에 강하거나 지배구조(G) 평가에 강한 평가시스템 등 저마다 특화된 강점이 있다. 대체로 ESG 평가는 ESG 전체 요소를 고려하는 종합형과 특정 ESG 과제에 따라 등급을 정하는 테마형이 있다. FTSE 러셀의 ESG 평가와 로베코샘의 기업 지속가능성 평가, 지속가능성 분석 ESG 위험평가, MSCI의 ESG 평가는 종합형이다. GDP는 탄소배출량(기후변화)에 특화하여 평가하는 테마형 평가방식이다.

FTSE 러셀의 ESG 평가방식은 설정된 평가항목에서 기업의 대책을 평가한 점수와 항목의 잠재적 위험을 평가하여 산출한다. 기업의 ESG 정보공시 내용과 사업에 따라 다른 ESG 관련 위험을 고려하기 때문에 기업이 위험이 높은 항목의 정보를 공시하면 높은 평가를 받을 수 있다. 이 ESG 평가방식에는 환경(E)과 사회(S)의 평가항목에 공급망이 있다.

다른 ESG 평가방식도 그 항목이 평가내용에 들어 있지만, FTSE 러셀과 같이 특별한 독립항목으로 설정되어 있는 것은 드문 현상이다. 기업은 ESG 평가등급을 높이고 싶다면 이러한 평가항목을 생각하고 정보를 공시해야 한다.

FTSE 러셀과 마찬가지로 MSCI의 ESG 평가도 기업의 대책과 평가항목의 위험을 평가하고 있다. FTSE 러셀과 다른 점은 업종별로 중요한 항목을 선정하고 있다. 그리고 중요한 항목의 위험과 기회가 발생하는 구체적인 기간을 단기 또는 장기로 명시하고 있다. 구체적으로 예상기간이 2년 이내면 단기, 5년 이상이면 장기로 설정하여 단기의 평가항목 비중을 높게 설정하고 있다. 즉 MSCI는 업종별로 환경과 사회에 영향이 크고, 위험과 기회의 발생이 2년 이내인 평가항목에 높은 비중을 두고 있다. 이러한 위험과 기회의 예상기간에 따라 가중하는 방식은 신용평가 방식과 유사하다. 기업의 ESG 정보를 투자자가 이용하기 쉬운 정보로 바꾼 구조라고 말할 수 있다.

로베코샘의 평가방식은 FTSE 러셀과 MSCI의 평가방식과 조금 다르다. 기업 지속능력평가(CSA)와 미디어&이해관계자 분석(MAS)이라는 2가지 지표가 있다. 다우존스지속가능 경영지수(DJSI)의 구성종목은 이들에 의해 결정된다. 기업 지속능력평가는 구성종목의 선정 프로세스의 기초가 된다. 기업이 답변한 설문조사에 근거하여 평가하는 것을 제외하면 FTSE 러셀과 MSCI의 평가방식과 대체로 같다.

구체적으로 기업 지속능력평가는 설문조사의 답변으로 기업의 ESG 대책을 평가하고, 미디어&이해관계자 분석은 언론정보 등을 통해 기업의 특정사건이 일어날 때 그 대응에 따라 최종평가를 하방수정하는 계수다. 이 때문에 기업은 부정사건 후에 어떻게 대응하느냐에 따라 미디어&이해관계자 분석의 평가에 따라 구성종목에서 제외되는 사례도 있다.

이러한 3개의 ESG 평가방식에는 두 가지 공통점이 있다. 하나는 업종별로 평가항목의 비중이 다르다는 점이다. 가령, 동일한 질과 양의 ESG 정보를 설문조사 답변 또는 정보를 공시해도 업종에 따라 ESG 평가등급에 차이가 있다.

글로벌 주요 ESG 평가기관의 평가시스템 개요

구분	MSCI	FTSE 러셀	로베코샘
ESG 평가 (척도)	ESG 평가 (AAA~CCC)	ESG 평가 (0~5)	기업지속능력평가 (0~100)
특징	ESG에 관한 위험, 기회가 나타나는 예상기간을 고려함	환경과 사회에서 공급망에 관심	미디어 정보를 고려한 지표를 포함하여 등급평가를 하향수정
E(환경)	기후변화 자연자본 오염과 폐기물 환경시장 기회	기후변화 생물다양성 오염과 자원이용 물 사용 공급망(환경)	환경관련 정보공시 환경효율 관리 기후전략
S(사회)	인적자원 제품의 책임 이해관계자 관리 사회시장 기회	고객에 대한 책임 건강과 안전 인권과 지역사회 공급망(사회)	사회관련 정보공시 노동관행, 인권 인적자원 개발 유능한 인재확보 지역공헌
G (지배구조)	기업지배구조 기업행동	부패방지 지배구조 위험관리 세금의 투명성	행동규범 지배구조 머티리얼리티(중요성) 정치에 영향

자료: 다이와종합연구소, 필자 재구성

국내에도 ESG 평가 서비스를 제공하는 기관이 있다. 한국기업지배구조원, 서스틴베스트, 대신경제연구소가 그 대표적 ESG 평가기관이다. 이들 평가기관은 자체 개발한 평가방식을 통해 주로 국내 1,000여 개 상장기업에 대해 ESG 성적을 매기고 있다.

국내 ESG 평가기관

한국기업 지배구조원	– 기본평가(기업특성에 따른 가점)과 심화평가(부정적 이슈의 감점)로 구성 – 평가등급은 7개 등급(S, A+, A, B+, B, C, D)으로 구성 – 매년 3~6월 평가실시 후 10월에 평가등급 부여
서스틴베스트	– ESG 밸류 모델을 이용하여 국내기업의 ESG 성과 평가 – ESG 평가는 AA, A, BB, B, C, D, E 7개 등급으로 구성 – 코스닥시장의 1,000대(大)의 ESG 평가, ESG 위험관리에 　실패한 기업을 별도로 발표
대신경제연구소	– 자체평가모델 개발 후 2017년부터 ESG 평가 실시 – 코스닥 상장기업을 대상으로 연간 2회 정기평가 실시 – 수기조사에 기반한 기초조사 및 정량적 문항 평가 실시

자료: 아주경제 기사(2021. 3. 23.)

▌공신력과 투명성이 필요한 ESG 평가

이러한 ESG 평가기관의 평가기법에 따라 기업마다 평가등급에 큰 차이가 난다. 따라서 ESG 투자자는 투자에 앞서 ESG 평가방식마다 그 특징을 파악해야 한다. 각각의 ESG 평가방식이 다르기 때문에 같은 기업이라도 ESG 평가기관에 따라 전혀 다른 평가점수를 받을 수 있다.

이렇게 ESG 평가방식마다 특징이 다르기 때문에 어떤 ESG 평가방식이 시장에 더 큰 영향력을 갖고 있는지, 또는 투자자에게 활용되고 있는지 명확하게 파악할 수 없다. 다시 말해 기업에 어떤 ESG 평가항목의 향상에 노력하는 것이 전략상 바람직한지 알기 어렵다.

ESG 정보는 비정형적 정보가 많기 때문에 ESG 점수를 산출하기 위해 설문조사와 공개된 정보를 수집하여 분석하기 쉽지 않다. 기관투자자는 복잡한 과정 때문에 ESG 정보의 수집과 분석을 외부의 ESG 평가기관에 위탁하여 ESG 평가정보를 구입하고 있다.

ESG 평가는 기업이 대답하는 설문조사 또는 시장에 공개된 정보를 근거로 기업의 ESG에 관한 대책을 평가한다. ESG 평가기관에 따라 정보수집 기법도 다르다. 이전에 기업의 ESG 정보공시는 일반적이지 않았기 때문에 설문조사를 통해 정보를 수집하는 ESG 평가기관이 많았다. 하지만, 최근에 상장기업은 ESG 정보를 적극 공시하고 있기 때문에 공개된 ESG 정보를 사용하는 추세다.

설문조사 방법은 ESG 평가기관이 기업에 설문조사표를 발송하고, 답변내용을 근거로 평가한다. 평가기관이 질문항목을 자유롭게 설정할 수 있기 때문에 공개된 정보보다 유연하게 ESG 정보를 얻을 수 있다. 다만, 인력이 적은 기업에서 설문조사의 답변을 통한 정보공시는 부담될 수 있다.

공개된 정보의 경우에는 기업이 공개하는 통합보고서, 웹사이트 정보를 근거로 평가하기 때문에 기업이 공개하는 정보의 질과 양에 따라 평가가 좌우될 수 있다. 기업의 정보공시 방침의 차이에 따라 부담감은 다르지만 설문조사와 마찬가지로 정보공시에 일정한 자원을 투자해야 한다.

ESG 평가기관마다 평가대상기업의 수에도 차이가 있다. 시가총액이 일정 규모보다 적은 중견 또는 중소기업은 ESG 평가를 받지 못하고 있다. ESG 평가는 기업에서 의뢰하지 않고, 평가기관이 임의로 기업을 선정·평가하고, 등급을 부여하기 때문에 신용평가로 말하자면 비의뢰 평가방식에 해당한다. 평가기관의 자원이 한정되어 있다는 점을 고려하면 시가총액이 큰 기업부터 ESG 평가를 부여하는 것은 당연하다.

투자판단의 재료로서 역할이 크다면 ESG 평가의 대상회사도 늘어날 것이고, 장래에 시가총액이 크지 않은 기업도 ESG 평가를 받을 가능성 있을 것이다.

ESG 경영이 확산되려면 합리적이고 체계적인 평가시스템이 자리잡아야 한다. 최근 우리 정부는 ESG 평가시스템의 중요성을 인식하고, 혼란스러운 ESG 평가체계를 개선하는 작업을 추진하고 있다. 평가기관마다 세부평가 항목과 내용이 달라 기업의 부담을 줄이고, 평가의 공신력을 확보하려는 목적이다. 한국의 경영환경과 실정에 적합한 ESG 평가지표를 제시하여 ESG 평가기관의 가이드라인으로 이용하도록 한다는 방침이다. 이를 위해 금년 상반기에 다양한 의견을 경청하고, 하반기에 ESG 최종 지표를 발표할 예정이다.

ESG 평가를 받기 위한 인프라 정비

　많은 산업과 업종에서 ESG 과제는 다양하고 광범위하다. 기업활동에 조금이라도 관련된 ESG 과제를 모두 망라하면 상당히 방대할 것이다. 따라서 기업의 지속가능성을 높이고, 기업가치를 높이는 관점에서 회사의 전략과 관계가 깊은 ESG 과제를 명확히 설정하고, 이에 초점을 두고 대책을 추진해야 한다. 또한 투자자의 관점에서 중요하다고 판단되는 ESG 과제와 그 대책을 기업가치와 관련성에 근거하여 설명하는 하는 것은 중장기적 관점에서 기업을 평가하는 효과적인 수단이다.

　회사의 중요한 ESG 과제를 선정하는 명확한 방법은 없다. ESG 경영에 착수하는 경영자는 먼저 ESG 과제가 회사의 사업모델과 전략에 어떤 위험과 기회를 줄 것인지 진지하게 검토해볼 수 있다. ESG 과제는 위험과 기회요인으로서 기업의 사업모델과 사업전략에 중대한 영향을 미친다. 사회적 책임과 환경문제 등 새로운 규제에 의해 회사의 제품과 서비스를 제공할 수 없고, 동시에 ESG 과제에 적극 대처하면서 신기술을 개발하여 새로운 시장영역을 개척할 수도 있다. 이 때문에 기업 전략에 영향을 줄 가능성이 있는 ESG 과제를 검토할 때 위험과 기회의 관점에서 회사에 미치는 영향을 철저하게 분석해야 한다.

투자자에게 정보를 공시하는 관점에서도 ESG 과제를 점검하는 것은 효과적이다. ESG 과제를 해결하기 위해 위험관리와 수익기회를 검토하고 필요한 대책을 기업전략으로 설명하는 것은 기업가치를 분석하는 투자자에게 유용한 정보를 제공하는 것이다. ESG 대책으로서 위험에 대응하고 새로운 기회가 되는 수익창출 대책을 통해 장래 현금흐름의 증감상태, 위험대응에 따른 할인율 변화, 자산구성과 가치에 미치는 영향력 등 투자자가 구체적으로 재무적 수익을 계산할 수 있도록 정보를 제공한다면 매우 바람직할 것이다.정성적인 대책이라도 기업가치와 연결성을 의식하고 세심하게 설명할 필요가 있다.

기업의 전략은 규모, 업종, 사업운영 지역 등에 따라 다르기 때문에 ESG 과제를 선택할 때 기업마다 고려할 점이 다르다. 따라서 기업은 장래 ESG 과제를 선정할 때 기업의 가치관, 사업모델, 사업·자산포트폴리오, 연구개발, 오퍼레이션과 공급망, 제품과 서비스, 시장과 고객과 관련성 등을 깊이 있게 생각해야 한다.

▌머티리얼리티(materiality)를 선정하라

ESG 투자에서 기업전략과 기업가치에 영향을 주는 중요한 ESG 과제를 일반적으로 '머티리얼리티'라고 부른다. 이 머티리얼리티를 선정하는 프로세스를 '머티리얼리티 분석'이라고 부르고, 그 정보를 공개하는 경우도 있다.

대부분의 기업은 IIRC의 통합보고 프레임워크와 같은 ESG 정보 공시관련 준거 틀을 활용하여 회사의 가치에 관련된 ESG 과제를 열거하고, 회사의 가치관, 사업모델, 전략과 이해관계자에 미치는 영향력 등에 근거하여 중요도를 평가하고, ESG 과제를 선정한다.

머티리얼리티는 회사마다 다르고 확고한 선정방법도 없다. 그러나 과제목록 작성, 평가, 전략에 반영이라는 일반적인 프로세스를 생각해볼 수 있다. 첫째, 과제의 후보목록을 작성해본다. 머티리얼리티에 관한 기업의 공시정보를 보면 먼저 외부환경 분석, 국제적 정보공시 틀(GRI기준과 SASB기준), SDGs 등을 활용하여 폭넓은 ESG 과제 목록을 작성하는 사례가 있다. 후보목록을 작성할 때 여기에 이해관계자와 대화, ESG 정보를 조사·평가하는 평가회사의 조사항목을 활용하는 사례도 있다.

둘째, 머티리얼리티 후보목록을 특정 방법으로 각 항목의 중요도를 평가하고, 회사에 중요한 항목을 선정한다. 예를 들면, 회사의 중요도와 이해관계자의 중요도 등 평가기준을 마련하는 사례도 있다. 회사의 중요성은 최종적으로 기업의 지속가능성과 중장기적 기업가치와 연결하여 생각할 수 있다. 평가할 때 기업이념과 관련성, 회사의 전략과 개별 사업에 초래하는 위험과 기회, 그리고 그 영향 정도와 발생빈도를 분석하는 사례도 있다.

회사의 이해관계자를 선정하고, 그 이해관계자의 관점에서 중요성을 또 하나의 기준으로 생각할 수 있다. 예를 들면 ESG 과제를 중장기적 기업가치를 높이는 대책으로 생각한다면 주요 이해관계자를 중장기적 투자자로 생각할 수 있다. 이해관계자가 고객, 종업원, 거래처, 지역사회 외에도 경우에 따라 국제기관과 비정부단체(NGO)도 포함될 수 있다. 이해관계자에게 중요성을 평가할 때 회사 밖의 이해관계자에게 설문조사 또는 인터뷰를 실시하는 기업도 있다. 복수의 이해관계자를 대변하는 ESG 과제에 정통한 전문가와 인터뷰하는 사례도 있다.

마지막으로 선정된 ESG 과제와 그 대책은 전략에 포함한다. 중장기적 기업가치를 높이기 위해 머티리얼리티를 기업의 전략에 반영한다. 그리고 그 전략에 따른 구체적인 대응방침과 계획을 수립하여 실시한다. 중요한 ESG 대책과 대응방침에 적절한 지표를 설정할 수 있다. 머티리얼리티가 회사사업에 미치는 위험과 기회를 판단하고 적절한 지표와 목표치를 설정해야 한다.

기업가치를 높이기 위해 조직적으로 ESG 과제에 대처하려면 회사에 적절한 지배구조가 있고 효과적으로 기능해야 한다. 또한 투자판단의 정보가 되는 구체적인 대책과 계획을 투자자에게 공시해야 한다. 투자자가 회사의 지속가능성과 기업가치를 높이기 위해 대책을 실시한다는 사실을 이해할 수 있다면 지속적인 투자 유인력이 될 것이다.

다른 경영과제와 마찬가지로 중요한 ESG 과제를 조직의 의사결정 프로세스에 포함해야 한다. 무엇보다 ESG 과제를 충분히 논의하고 집행하려면 최고경영자의 헌신과 적절한 지배구조 체제를 갖춰야 한다. 기존의 경영상황과 지배구조 체제를 점검하고 회사의 ESG 과제에 적합한 지배구조 체제를 구축해야 한다. 최고 의사결정기구이자 감독기능을 하는 이사회는 ESG 과제를 중요하게 인식하고 세심하게 대책을 평가해야 한다.

▌회사내 ESG 추진체제를 구축하라

ESG 평가대상인 상장기업은 처음으로 ESG 평가를 받거나 평가등급을 개선하고 싶다면 실무차원의 대책을 세워야 한다. 첫번째로 ESG 평가기관을 선정하는 작업이 필요하다. 평가기관마다 특성과 장점이 있지만 무엇보다 투자자의 평가를 중시하거나 회사특성과 목표에 적합한 ESG 평가기관을 선택해야 한다.

처음으로 ESG 평가를 받으려는 상장기업들을 살펴보면 FTSE의 평가방식을 목표로 하는 경우가 적지 않게 발견된다. FTSE의 ESG 평가기법은 비교적 간단하고, 점수화할 때 공시자료를 참조했는지 설명하고, ESG 대책의 과제를 정리하기 쉽기 때문이다. 대체로 기관투자자는 복수의 ESG 평가기관이 제공하는 자료를 참고하여 투자기업을 평가한다. 또한 ESG 평가기관별로 중시하는 관점이 다르기 때문에 상장기업은 처음부터 하나의 평가기관으로 좁히지 않고, 3개 회사 정도를 참고로 하는 것이 좋다.

둘째, ESG 보고서를 철저히 분석해야 한다. 평가기관을 선정한 후에는 보고서를 입수하여 그 내용을 분석하고 지적사항을 정리한다. 평가대상 상장기업은 ESG 평가기관으로부터 무료로 보고서를 취득할 수 있는 경우도 있다. 보고서에는 E, S, G 항목별로 해당 섹터에서 중시하는 사항에 대한 평가가 기재되어 있다. 각 ESG 평가기관의 보고서 내용을 분석하여 현재 회사에서 부족한 ESG 대책을 마련해야 한다. 복수의 ESG 평가기관에서 지적한 공통항목에 대한 대책을 우선 추진해나간다. 그리고 필요에 따라 ESG 평가기관이 매긴 ESG 평가등급에 대해 적극적으로 대응해나갈 필요가 있다. 예를 들면 ESG 정보공시 사실의 오인(誤認)을 시정하거나 ESG 평점을 개선하기 위해 ESG 평가기관과 인게이지먼트 담당자를 두는 사례도 있다.

셋째, ESG 과제에 대한 회사내 대응체제를 마련해야 한다. 회사에서 선정한 중요한 ESG 과제 외에도 ESG 보고서를 분석한 후에 발견한 과제도 정리하여 기업전략에 추가 반영한다. 정리한 과제는 항목별로 장래에 명확한 대응방침을 세운다. 구체적으로 현재 회사에 대응방침과 구체적인 대책, 실적이 있는지 유무, 대응방침과 장래 세부대책, 담당부문을 명확히 정리해야 한다.

ESG 대책은 3가지 관점에서 정리할 수 있다. 즉 이전에 회사에서 대응했지만, 공표할 수 없는 사항(탄소배출량), 앞으로 수년 내에 대응 가능한 대책(탄소배출량 목표설정), 현재 대응하기 어려운 대책(환경 공급망 대응)의 관점에서 정리하고 대책의 우선순위를 명확히 한다. 이런 대책을 정리할 때 경쟁기업이나 ESG 평점이 높은 기업이 어떻게 ESG 평가항목을 공시하고 있는지 정리하면 큰 도움이 된다. ESG 평가항목은 추상적 표현이 많기 때문에 구체적 사례를 정리하면 회사의 대책으로 설정하여 추진하기 쉽다.

ESG 전담조직과 담당자를 두어 회사 ESG 대책의 실적을 파악하고, 정기적으로 정보공시 자료를 수립하고 정리할 필요가 있다. 해외기업 중에는 조직 횡단적 위원회를 설치하여 대책을 추진하는 사례도 많다. ESG 추진부서는 장래 구체적인 실행계획을 작성해야 한다. 대책 중에 자금과 인력 등이 필요한 항목은 ES 중장기 경영계획과 연계하여 대응해야 한다. 앞서 말했듯이, ESG 대책을 추진하고 평가할 때 기업가치를 높이는 전사적 관점에서 이사회와 경영진이 적극적으로 관여하는 것이 바람직하다.

▎ESG 정보공시에 적극 대응하라

ESG 평가를 받은 후에는 공시내용을 잘 정리할 필요가 있다. 무엇보다 투자자가 중장기적인 관점에서 기업가치를 평가할 때 유용한 ESG 정보를 공시해야 한다. 공시할 정보는 중요 ESG 과제에 관한 위험과 기회, 전략, 지배구조, 지표 등 최종적으로 기업가치와 관련성을 알기 쉽게 스토리로 보여주어야 한다. ESG 정보를 공시할 때 기존의 정보공시 틀을 활용하는 경우가 많다. 구체적으로 어떤 이해관계자를 위한 위한 공시인지를 명확하게 설정하여 적절한 공시 틀을 활용하는 것이 좋다.

정보를 공시하는 매체도 고려해야 한다. ESG 정보에 대한 투자자와 이해관계자의 니즈, 정보내용, 중요도 등을 고려하여 구체적인 공시매체 또는 예상하는 적절한 수단을 선택해야 한다. 정보를 공시하는 매체로는 주로 통합보고서와 지속가능성 보고서(CSR보고서) 등을 활용한다.

해외 상장기업 중에는 최근 투자자를 대상으로 ESG 정보를 공시할 때 임의로 통합보고서를 작성하는 기업이 매년 늘어나고 있다. 더 폭넓은 이해관계자를 대상으로 정보를 제공할 경우에는 지속가능성 보고서, CSR보고서, 환경보고서 등을 작성하고, 광범위한 ESG 정보를 게재하는 상장회사도 있다. 최근 평가기관에서 요구하는 공시항목이 늘어나고 있어 기존 보고서로 충분히 정보를 제공하기 어렵다.

이 때문에 최근에는 웹사이트에서 ESG 정보만 특화한 페이지를 작성하여 정보를 공시하는 기업도 늘어나고 있다. 어떤 기업은 ESG 평가기관을 의식하고 웹사이트에 ESG 평가기관의 대표적인 평가항목에 따라 작성한 사례도 있다. 많은 글로벌 기업들은 ESG 평가기관의 상세한 자료공시 요청에 적극 대응하고 필요한 자료를 공시하고 있다.

ESG 대책을 평가할 때 공시하지 않는 항목은 평가하지 않는다. 따라서 회사의 ESG 대책을 적절하게 평가받으려면 적극적으로 공시해야 한다. 다시 강조하지만, 회사에서 중장기 대책으로 추진하면서 ESG 대책을 외부에 공표·설명하지 않으면 ESG 평가점수는 낮아질 수 있다. 따라서 ESG 평가에 대응할 때 회사의 대책을 외부의 관점에서 점검하고 공시하는 자세가 필요하다.

ESG 대응방침을 명확하게 설정하는 작업도 필요하다. ESG 대책을 공시하고 있어도 ESG 평점이 낮다면 ESG 평가기관이 요구하는 프레임 워크에 따라 대응하고 있는지 확인해야 한다.

기관투자자가 ESG 투자를 확대하면서 ESG 평가등급에 대한 글로벌 기업들의 관심도 크게 높아지고 있다. 또한 많은 ESG 평가기관이 존재하고, ESG 투자기법도 다양하기 때문에 어떻게 대응해야 할지 고심하는 기업들도 많다. ESG 평점은 참조하는 정보의 차이, 평가기법의 차이에 따라 동일한 기업이라도 ESG 평가기관에 따라 차이가 있기 때문이다. ESG 평가시스템이 각 기업의 ESG 위험을 적절하게 평가할 수 있는지 우려하는 의견도 있다. 다만, ESG 평가분야는 현재 발전과정에 있고, 앞으로 ESG 평가기법이 더욱 세련될 가능성이 있다. ESG 평가기관이 회사에 공시를 요구하는 항목도 합의점을 찾을 가능성이 있다.

기업의 ESG 평가는 더욱 폭넓게 활용되고 있다. 투자의사결정 프로세스와 인게이지먼트에서 활용되고, 기관투자자는 의결권을 행사할 때 ESG 평가등급을 참조하고 있다. 은행은 기업의 ESG 평가에 따라 대출금리에 차등을 두고 있다. 어떤 기업은 임원보수의 핵심평가항목(KPI)에 ESG 평가를 반영하는 사례도 있다.

한국기업은 상장기업에 요구하는 ESG 정보공시 수준이 크게 높아지고 있다는 점을 인식해야 한다. 해외의 많은 상장기업은 다방면의 ESG 대책을 빠르게 수립하여 추진하고 있다. 상장기업이 추진하는 ESG 대책은 글로벌 관점에서 따라 공시되고 있다는 사실을 인식하고 기업가치를 높이는 기회로 적극 활용해야 한다.

▌이해관계자와 적극적으로 대화하라

일본 경제산업성은 2020년 운용기관 48개사를 대상으로 ESG 투자에 대한 대책과 동향을 조사했다. 조사결과, 기관투자자의 95% 이상이 위험감소와 수익확보 차원에서 ESG 정보를 투자판단에 활용하였다. 일본뿐만 아니라 선진국의 많은 기관투자자는 주로 ESG 평가등급을 투자의사결정 프로세스, 투자기업과 대화 및 의결권행사에서 활용하고 있다. ESG 평가에 근거하여 특정 기업의 ESG 과제를 선택하고 개선하기 위한 대화수단으로 활용하는 경우가 많다.

　글로벌 대형 기관투자자 중에는 ESG 평가등급에 따라 의결권을 행사하는 곳도 있다. 예를 들면 미국의 대형 기관투자자 '스테이트 스트리트 글로벌 어드바이저(SSGA)'는 독자적으로 ESG 평점을 산정하고, 평점이 낮은 투자기업에 대해 ESG 대책의 개선을 촉진하고, 개선의 기미가 보이지 않을 경우에는 해당기업의 이사에게 주주총회에서 선임을 반대한다는 방침을 발표한다. 일본의 대형 기관투자자 '제일생명(第一生命)'도 2020년 4월부터 투자기업과 지속적인 대화를 통해 기후변화관련 ESG 항목을 개선하지 않으면 대표이사의 선임에 반대한다는 방침을 발표하였다.

　이러한 기관투자자의 동향을 볼 때, 기업은 ESG 정보를 적극적으로 공시한 후에 투자자를 비롯한 이해관계자와 적극적으로 대화를 시도할 필요가 있다. 이해관계자와 이른 바 목적을 가진 건설적인 대화를 시도해야 한다. 공시한 정보를 근거로 대화할 때 투자자는 기업을 더 깊이 이해할 수 있고, 중장기적 기업가치를 높이는 대책을 더 효과적으로 추진할 수 있다.

　여기에서 대화는 '인게이지먼트(engagement)'를 의미한다. 인게이지먼트라는 말은 매우 다양한 의미가 있다. 상대에게 '애착심', '개선욕구'라는 의미가 있고, '이해·파악에 따른 노력', '헌신적 자세', '존경심을 갖고 대화한다'는 의미도 있다. 이러한 긍정적인 의미에서, 일부 기관투자자와 같이 단지 얇은 재무분석 지식에 근거하여 기업보다 상위 관점에서 지시하거나 관리하려는 행동과 다르다는 사실을 알 수 있다.

　인게이지먼트(대화)는 종합적인 관점에서 스튜어드십 코드와 기업지배구조 모범규준으로도 언급되고 있다. 좀더 풀어서 설명한다면, 인게이지먼트를 통해 투자자는 기업이 제시하는 장기적 기업가치 창조 프로세스를 잘 이해하고, 그 가능성을 해석하는 것이다. 결과적으로 투자자가 공감하고 타당한 주가를 판단하여 투자행동을 하는 계기가 될 수 있다.

기업과 이해관계자 사이에 대화의 본질적인 목적은 기업의 장기적 성장과 기업가치를 촉진하는 것이다. 따라서 기업은 중장기 경영계획을 달성하는 수단으로 구체적인 전략계획과 실행상황, 경영계획과 개별 전략과 전술이 어떻게 연계되고 있는지, 기업가치 향상을 위해 현재의 지배구조 체제가 어떻게 작동하고 있는지 이해관계자에게 세심하게 설명해야 한다. 최고경영자의 언어로 이러한 대책을 이해하기 쉽게 설명한다면 더욱 효과적일 것이다.

이해관계자도 기업이 공시하는 정보만 기다리지 않고, 제3자 또는 중장기적 관점에서 적극적이고 건설적인 대화를 요구해야 한다. 즉 기업의 의도를 시장에 적절하게 전달하기 위한 정보제공 형태, 더 효과적으로 기능하는 지배구조 대책 등을 요구하거나 제안하는 방식으로 대화를 시도해야 한다.

특히, 기관투자자는 투자기업과 그 사업환경을 깊이 이해하고 건설적인 목적을 가진 대화를 해야 한다. 기관투자자는 적극적인 인게이지먼트를 통해 ESG 과제의 위험과 기회의 관점에서 기업이 어떻게 대응하고 대책을 추진하는지 깊이 있게 이해하고, 적절한 투자판단에 활용할 수 있을 것이다.

다시 말하지만, 기업은 투자자와 지속적으로 목적을 가진 건설적인 대화를 시도해야 한다. 목적을 가진 건설적인 대화를 통해서 투자자는 회사의 ESG 과제에 관한 대책과 내용, 그 배경에 있는 사고, 기업가치와 관련성을 더 깊게 이해 수 있다는 점을 간과하지 않아야 한다. 목적을 가진 건설적인 대화는 투자자의 관점을 이해하고, 회사의 대책을 개선하거나 성장과 이노베이션의 계기가 될 수 있다는 점에서 적극적으로 대응해야 한다.

ESG 평가의 질을 높이기 위한 대책

ESG 평가시스템에 대한 전문가 그룹 평가

ESG 투자자는 주로 투자판단의 재료로서 ESG 평가를 참고하여 ESG 경영에 적극적인 기업에 투자한다. 기업에 관한 정보수집과 그 평가프로세스에 많은 자원을 투입해야 하기 때문에 전문성을 갖춘 ESG 평가기관이 그 평가업무를 담당하고 있다. 그러나 앞서 지적했듯이, 평가기관마다 ESG 평가방식이 크게 다르기 때문에 ESG 평가자체를 신뢰하지 못하는 기업이 많다.

이런 문제의식에서 2019년 영국의 씽크탱크 '서스테이너빌리티(Sustainability)'는 ESG 평가시스템을 조사하였다. 주요 ESG 평가기관에 소속된 전문가들과 인터뷰를 통해 11개 ESG 평가시스템의 질과 실용성을 조사했다. 조사결과를 보면, CDP 평가시스템(기후, 물&삼림 스코어)과 로베코샘의 평가시스템(기업 지속가능성 평가)이 질적 측면에서 가장 좋은 평가를 받았다. 반면에 7개 ESG

평가시스템은 50점 미만의 낮은 평가를 받았다. ESG 평가의 질은 정보의 신뢰성, 적절한 문제에 초점을 두고 있는지를 중시하고 있다.

ESG 평가의 질과 마찬가지로 CDP와 로베코샘의 평가시스템은 실용성 측면에서도 높은 평가를 받았다. 그러나 질적 측면과 비교할 때 실용성 측면의 평가는 높지 않았다.

주요 글로벌 ESG 평가시스템의 질과 유용성 평가

ESG 평가시스템	평가의 질	평가의 실용성
CDP 기후, 물&삼림 스코어	67	52
로베코샘 기업지속가능성 평가	66	53
서스테이널리틱스 ESG 위험평가	54	49
MSCI ESG 평가	51	48
블룸버그 ESG 정보공시 스코어	42	37
ISS-외콤(Oekom) 기업평가	42	34
FTSE 러셀 ESG 평가	41	33
IIS 퀄러티스코어	38	28
에코바디스(EcoVadis) CSR 평가	32	29
톰슨 로이터스 ESG 스코어	29	22
비지오 아이리스 지속가능성 평가	27	19

주) 점수는 5점척도에서 4+5의 합계   자료: Rate the Rater 2019

또한 2020년 서스테이너빌리티는 투자자들이 ESG 정보를 활용할 때 어떤 문제가 있는지 조사하였다. 조사결과, 투자자들은 평가방식의 질과 투명성을 높여야 한다고 대답했다. 즉 많은 투자자는 ESG 평가의 일관성과 비교가능성을 갖추고, 평가방법의 공개를 요구하였다. 실제로 현재 많은 ESG 평가기관은 평가기법의 핵심내용을 이용자에게 공개하지 않고 있다.

또한 ESG 평가기관의 ESG 평가방식에 편차가 크다는 지적도 있다. '미국자본형성협의회(ACCF)'가 발간한 보고서 'Ratings that don't rate'에 따르면, 특정기업의 ESG 평가등급이 평가기관에 따라 크게 차이가 나는 문제가 있다. 그 요인으로 평가기관마다 다른 평가방식, 주관적인 해석, 평가항목의 차이를 지목했다. ESG 평가기관마다 중시하는 항목이 다르기 때문에 동일한 기업의 평가에서도 평가기관에 따라 큰 차이가 날 수 있다는 것이다. 또 평가기관의 평가척도와 기준, 목적이 일치하지 않기 때문에 각 기업의 ESG 평가를 비교할 수 없는 문제도 있다.

또한 기업규모, 지역, 산업에 따라 평가에 편차가 발생하는 문제도 있다. 예를 들어 두 회사가 같은 산업에서 같은 사업을 하고 있지만, 본사가 위치한 지역에 따라 평가가 다르게 나올 수 있다. 유럽에 있는 회사는 해외 다른 지역에 있는 회사보다 훨씬 더 높은 평가를 받는 경우가 있다.

▎평가방식의 핵심문제, 비교 가능성과 일관성

ESG 평가의 목적 중 하나는 위험을 평가하고 잘못을 확인하는 것이다. 그런데 현재의 ESG 평가는 심각한 경영문제를 겪은 회사의 투자자에게 경고사인의 기능을 제대로 하지 못하고 있다.

다만, ESG 평가기관이 이러한 과제를 개선하고, 평가기법을 공시해도 일관성과 비교가능성의 문제가 남아 있다. 현재 기업이 공시하고 있는 ESG 정보의 항목과 깊이에 편차가 있고, ESG 평가기관은 산만한 정보를 독자적으로 정리하여 평가하고 있다. 각 기업이 공시하는 ESG 정보의 폭과 깊이가 다르기 때문에

ESG 요소를 적절하게 기업의 평가에 반영하는 것은 쉬운 문제가 아니다.

따라서 ESG 평가를 투자자와 기업 모두에게 유용하게 활용하도록 하려면 평가기관은 ESG 평가기법을 지속적으로 개선하고, 기업지배구조 모범규준과 TCFD 등 구체적인 정보공시에 관한 규정과 가이드라인도 정비해 나가야 한다.

최근 이런 ESG 평가의 문제점을 극복하려는 움직임이 보이고 있다. 2018년 미국 '지속가능성회계기준심의회(SASB)'가 개발한 지속가능성 회계기준은 ESG 평가의 비교가능성을 높인 공시기준을 제시하고 있다. 'SASB'는 2012년 비재무정보를 공시하는 공적 기준의 필요성을 인식하고 민간차원에서 산업별 업종별 가이드라인 작업을 추진했다. 또한 2017년 TCFD의 권고에 따라 기후변화 위험과 기회를 재무적으로 평가하고 공시하는 기업의 수요에도 적극 대응하는 차원에서도 공시기준을 마련하였다.

SASB의 지속가능성 회계기준은 ESG 요소의 비재무정보를 재무보고서에 반영할 때 11개 산업 77개 업종에 대해 각 산업과 업종의 중요성(materiality)이 높은 비재무적 요소의 공시항목과 공시방법을 제시하고 있다. 예를 들면, 탄소배출량이 많은 석유가스개발과 제조업의 경우 공시분야는 온실효과 가스 배출, 대기의 품질과 물 관리, 생물다양성에 대한 영향, 안정성·인권·원주민 권리, 커뮤니티 관계성, 노동자의 건강·안전성, 보유자원의 가격평가·자본지출, 기업윤리·투명성, 법률규제 환경 대응, 중요한 사고 위험관리 11개 분야를 제시하고 있다.

좀더 구체적으로 말하면, 지속가능성의 영향은 산업별로 다르고 기업이 가진 ESG 요소의 비중이 일률적이지 않다는 점에서 산업과 업종별 기준을 제시한 것이 특징이다. 구체적으로 SASB는 재무적 중요성에 초점을 맞춰 업종별로 관련성이 높은 지속가능성에 관련된 위험과 기회를 평가한다. 같은 사업모델을 가진 같은 업종이 같은 방법으로 자원을 사용하기 때문에 다른 업종에 비해 같은 지속가능성 위험과 기회가 존재할 가능성이 높기 때문이다. 그리고 기업의 재정상태 또는 경영실적에 영향을 미치는 구체적인 주제를 선정하고, 업종별 ESG 요소에 관련된 중요성이 높은 비재무요인의 공시항목을 정리하였다.

비재무요소를 정량적으로 평가하기는 어렵다. 그러나 SASB의 공시항목에 따라 같은 산업의 같은 업종에 속하는 기업을 모아 정보를 공시하면 정량적 평가에 한계가 있어도 기업을 횡적으로 비교할 수 있다는 장점이 있다. 업종별 ESG 요소에 관련된 중요성의 매트릭스를 마련하여 같은 업종내에서 비교하기 쉽기 때문에 각 기업은 경쟁기업과 비교하여 ESG 대책의 수준을 판단할 수 있다. 업종 포트폴리오를 중시하는 투자자라면 업종과 기업의 비교정보를 얻을 수 있기 때문에 투자종목을 더욱 쉽게 선별할 수 있을 것이다.

▌AI를 통한 ESG 평가기법 등장

어떤 회사가 환경과 사회과제에 대처하는 ESG 정보를 경쟁사와 비교할 수 있다면 투자판단에 좋은 자료가 될 수 있다. 기업이 소비자에게 그 정보를 제시할 수 있다면 좋은 평판을 얻을 수도 있다. 이런 장점 때문에 투자자가 업계별 각 기업의 비재무정보를 비교할 수 있는 대책이 중요하다. 절대적 평가기준이 없는 상황에서 비교가능성을 높일 수 있다면 투자자가 기업의 상대적 가치를 평가하는데 도움이 될 것이다.

최근에 AI(Artifical Intelligence, 인공지능)를 활용한 ESG 평가기법이 개발되어 평가의 비교가능성을 높이고 있다. 독일의 ESG 리서치 회사인 '아라베스크(Arabesque)'는 인공지능을 이용하여 재무정보 외에 비재무정보를 포함해 ESG 대책을 평가하는 툴(S레이)을 개발했다. 기계학습과 빅데이터를 활용한 독자적인 평가기법으로 매일 ESG 대책을 평가하고 일자별로 발표하고 있다. 'S레이'를 활용하여 기업이 공시한 정보 외에 세계 170개 국가에 있는 3만 개 이상의 정보원에서 200항목이 넘는 ESG 데이터를 수집·분석하고, 세계 80개 국가의 7,200개 상장기업을 평가하고 있다.

S레이는 ESG 평가점수와 기업의 사회적 책임을 평가하는 GC 평가점수를 제공한다. 평가점수를 산출할 때 15개 언어 5만 개 이상의 뉴스 미디어에서 매일 수집한 정보 외에 복수의 ESG 평가기관이 제공하는 200개 이상의 ESG 지표도 조합하여 독자적 기법으로 기업을 평가하고 있다. 이런 방대한 정보로 평가하기 때문에 S레이는 자체 ESG 평가모델이 비교 가능성을 담보하는 통일기준이 될 수 있다고 주장한다.

특히 ESG 요소 중에 S(사회)에서 빅데이터와 AI의 활용 가능성은 크고, AI를 활용한 ESG 평가는 이미 상당히 상업화되어 있다. 실제로 아라베스크 외에도 투자자가 이용하는 서비스 제공기관은 트루밸류 랩스(TruValue Labs), 도이치은행 리서치(Deutshe Bank Research), 미쓰비스UFJ트러스트 투자공학연구소 등이 있다. 기존의 대형 ESG 평가기관 서스테이널리스틱(Sutainalytics)도 매일의 기사와 보고서를 AI가 자동검색하고, 다양한 ESG 정보를 수집하고, 최종적으로 사람의 판단에 도움을 주고 있다. 트루밸류 랩스는 미디어 보도, 비정부단체(NGO) 발표, 정부기관의 방대한 외부정보에서 빅데이터를 수집하여 ESG 평가등급을 적시에 산출하고 있다. 기업이 발표한 자의성이 우려되는 정보는 일체 이용하지 않는다.

2018년 9월 미국의 리치몬드 글로벌 캠퍼스 캐피털이 AI를 활용한 ESG 펀드를 설립한 후 2019년 2월에 인덱스개발회사 '솔랙티브(Solactive)'가 ESG 평가에 AI를 도입한 새로운 인덱스 개발을 발표하였다. 일본에서는 ESG 평가회사인 '서스테이나 (Sustaina)'가 ISO26000을 기초로 독자적으로 개발한 AI평가시스템으로 상장기업을 포함한 4천 개 이상의 기업을 대상으로 평가결과를 검색할 수 있는 기업평가 사이트를 공개하였다. 앞으로 계속해서 AI를 활용한 ESG 평가의 움직임이 더욱 확산될 것으로 예상된다.

▌채권투자에서 활용되는 ESG 평가

2015년 유엔책임투자원칙(UNPRI)의 조사에 따르면, 채권 애널리스트와 어셋 매니저의 40% 이상이 위험관리 차원에서 신용위험을 분석할 때 ESG 요소를 활용하였다.

지금까지 ESG 요소는 주식투자의 판단재료로 많이 활용되었지만, 최근에는 채권시장에서도 투자판단에 ESG 요소를 활용하는 사례가 늘어나고 있다. 해외에서 ESG 평가등급이 높은 기업의 채권비중을 늘리도록 설계된 채권가격지수를 개발하고, 그 지수에 연동하는 ETF도 설정되어 있다. 예를 들면, 블룸버그 바클레이스 MSCI ESG 채권 인덱스는 기존의 채권인덱스에 ESG 평가비중을 추가하고 있다.

최근 그린채권(Green Bond, 그린 프로젝트, 소셜 프로젝트, 지속가능한 프로젝트의 자금조달을 목적으로 발행된 채권)의 발행규모는 세계적으로 증가하는 추세다. 그러나 그린채권을 보급하기 위해 환경에 긍정적 영향을 주장하지만 실제로는 그 효과가 전혀 없는 프로젝트에 투자하는 '그린 워싱(Green Washing)' 문제가 자주 발생하고 있다.

이런 그린 워싱의 대책으로 국제기관은 그린프로젝트와 소셜 프로젝트를 명확하게 정의하는 작업을 하였다. '국제자본시장협회(ICMA)'는 '그린채권 원칙'을, EU의 유럽위원회는 2018년 '지속가능 파이낸스에 관한 행동계획'을 발표했다.

최근 '유엔책임투자원칙(UNPRI)'도 주식투자 외에도 일반 채권시장에서 기업(발행체)의 신용력을 평가할 때도 ESG 요소를 체계화하고 투명성을 높이는 대책을 추진하고 있다.

'UNPRI'는 신용평가회사와 채권투자자를 대상으로 '신용평가에서 ESG에 관한 이니셔티브'를 조직하여 서명운동을 추진하고 있다. 이 이니셔티브는 신용평가에서 ESG 요소 활용지침을 마련하여 신용평가회사가 ESG 요소를 기업의 신용평가에 체계적이고 투명하게 고려하도록 촉진하고 있다.

ESG 요소는 채무자의 신용력 평가에 중요한 요소다. ESG 요소는 채무자의 현금흐름에 영향을 주고, 그들이 채무를 이행하지 않을 가능성도 있다. 기후변화와 연계된 좌초자산, 노동관련 문제, 회계업무의 투명성 부족 등 기업이 안고 있는 과제는 예상치 못한 손실을 초래할 수 있다.

이러한 위험요인을 해소하기 위해 신용평가기관과 투자자는 전략적 체계적으로 ESG 요소를 재무의사결정 프로세스에서 고려해야 한다.

신용평가기관의 ESG 요소 활용 지침

① 각 기업에 대해 어떤 ESG 요소가 기업의 신용력에 관계되어 있는지 평가한다.
② 신용평가에 어떤 ESG 요소를 고려하고 있는지 투명성을 갖고 의견을 발표한다.
③ ESG 요소를 이해하면서 신용분석에 어떻게 통합될지 검토한다.
④ 필요할 경우에 ESG 분석을 포함한 질 높은 평가를 제공하기 위한 조직체제와 인력, 분석자원을 확보한다.
⑤ 기업의 신용에 영향을 미치는 ESG 요소를 기업이 일관성을 갖고 발표하기 위한 산업계 전체의 대책에 참여한다.
⑥ 기업의 신용에 ESG 위험을 특정하고 이해하기 위해 투자자와 대화에 참여한다.

자료: 신용평가에서 ESG에 관한 이니셔티브(2017)

일본의 공적연금기금(GPIF)은 2017년 투자원칙을 개정하고 모든 자산에서 ESG 요소를 고려하는 방침을 제시했다. 2018년 11월 GPIF는 세계은행그룹(WBG)과 함께 발표한 보고서 '채권투자에 ESG 요소의 통합'에서 채권투자자에게 ESG 요소는 중요한 신용위험이고, 투자자가 더 안정된 재무적 이익을 얻기 위해 신용위험을 분석할 때 ESG 요소를 통합해야 한다고 지적하고 있다. ESG 투자를 그린채권에만 반영할 것이 아니라 채권투자자의 일반 투자프로세스에도 적용해야 한다는 의견을 제시했다.

그러나 ESG 채권투자에는 과제가 아직 남아있다. ESG는 아직 표준적인 정의가 확립되지 않았다. 특히 사회(S) 분야에서 다양한 의견이 있다. 정보의 정밀도가 높아지고 있고, 정보도 다양해지고 있지만, 신흥시장을 중심으로 그 정보가 충분하지 않다.

발행채(특히 국채)와 인게이지먼트를 추진하기 어렵고, 신용등급과 채권지수에서 ESG가 수행한 역할도 명확하지 않다. 주식과 비교하여 부족한 채권지수의 선택지, 특정 ESG에 초점을 둔 투자상품이 부족한 것은 위험요소로 지적되고 있다.

제6장

자본주의를 혁신하는 ESG 투자

새로운 패러다임 ESG 투자

코로나 팬데믹을 계기로 세계는 포스트 자본주의의 시대에 들어섰다. 산업혁명 이후 기업의 목적은 이익(주주가치) 추구가 중심이었다. 자본주의는 그 목적을 유능하게 달성하는 수단이었다. 그러나 자본주의는 빈부격차 확대, 지역격차, 환경파괴라는 심각한 사회·환경 문제를 일으키며, 지금 방치할 수 없는 상황에 이르렀다. 빠르게 진행되는 글로벌 경제환경에서 적지 않은 기업들이 국경을 넘어 사회·환경 문제를 일으키고 있다.

이런 문제들은 충분한 법률적 환경적 구조가 정비되지 않은 신흥국에서 더욱 심각하게 보도되고 있다. 특히 세계 각국이 모여 대응해야만 해결할 수 있는 기후변화 문제는 심각한 수준이다. 지금까지 기업은 이런 위험을 애써 모르는 척 해왔으나, 더 이상 이런 태도를 유지할 수 없게 되었다. 생각이 바뀐 투자자들이 기업의 사회와 환경위험에 관한 정보공시를 강하게 요구하고 있기 때문이다.

이러한 환경에서 등장한 것이 ESG 개념이고, ESG 투자 사고(思考)다. ESG 투자는 역전의 발상이다. ESG는 자본주의 경제에서 이익추구에 따라 일어나는 문제를 자본의 힘으로 해결하려는 것이다. 이익을 추구하는 자본이 이익을 추구하면서 동시에 ESG 과제에 적극 대처하라고 기업을 압박하는 형국이다. 기업이 입히는 사회·환경 위험을 겨냥한 ESG 투자는 자본주의를 계속 존속시키는 방법론이다.

ESG 투자는 투자세계에서 점점 더 중요한 위치를 차지하고 있다. 우선 대규모 자금을 굴리는 연금기금이 ESG 투자에 적극적인 자세를 보이고 있다. 이에 호응하여 선진국의 기업들이 ESG 투자를 수용하는 자세를 보이고 있기 때문에 장래 그 효과는 확실히 나올 것으로 보인다. 이제 경영자는 기업의 밸류체인(Value Chain) 구석까지 들여다 보고, 사업전략이 사회·환경 문제를 일으키지 않는지 세심하게 확인해야 한다.

앞으로 ESG를 중시하는 흐름은 더욱 강해질 것이다. 먼저 투자자보다 기업이 ESG를 중시하는 자세로 변하기 시작했기 때문이다. 투자자만 관심을 가지면 이전의 사회적 책임투자(SRI)와 같이 일시적 붐으로 끝날 가능성이 있었다. 당초 투자자의 요구도 있었지만, 많은 기업들 스스로 ESG를 활용하여 기업가치를 높이려는 ESG 경영으로 방향을 돌렸다. 기업이 ESG를 중시하는 경영으로 바뀌고 ESG 정보를 적극 공시하면 투자자도 주목할 것이다. ESG 투자와 ESG 경영에 긍정적 선순환이 발생할 것이다.

한국기업들도 ESG 경영의 글로벌 흐름을 명확히 인식해야 한다. 현재 선진국에서는 ESG 경영의 일환으로 SDGs를 사업목표로 설정하는 기업들이 늘어나고 있다. SDGs는 기업이 추구해야 할 바람직한 목표 17개를 제시하고 있다. 그 목표는 광범위하여 대부분 회사의 업종에 해당하는 것이 의외로 많다.

사실, 투자자의 입장에서 볼 때, ESG 투자와 운용수익간의 관계는 여전히 명확하지 않다. ESG 평가가 우수한 기업의 기업가치가 높다는 것이 어느 정도 검증되었다고 하지만 이미 높게 평가된 ESG 기업에 대한 투자수익률이 시장평균 수익률을 넘어설 것이라고는 말할 수 없다. ESG 평가가 높은 기업은 일반적으로 투자위험이 낮을 것이고, 'high risk, high return'이라는 증권시장의 특성을 고려할 때 기대수익은 상대적으로 낮기 때문이다. 따라서 시장의 효율성을 신뢰하는 투자자일수록 ESG 투자가 높은 수익을 낸다는 말이 회의적으로 들릴 수 있다.

ESG 투자를 고려하는 투자자는 단기적으로 높은 수익을 추구하기 보다 자본시장 전체를 건전한 방향을 이끌고, 자본시장의 지속성, 즉 투자수익의 지속성을 높이는 장기적 투자철학을 가져야 한다.

한국에서 ESG 투자는 유럽에 비해 상당히 뒤떨어져 있다. 유럽은 사회와 환경에 배려한 투자를 이념으로 받아들이고 있다. 많은 사람은 ESG 투자를 중시하는 사고를 갖고 있다. 한국은 비록 시대에 뒤떨어졌지만, 코로나 시대 이후에 ESG를 중시하는 기업이 대폭 늘어날 것이다. 기업이 ESG 경영으로 자본주의의 문제를 극복하는 새로운 지혜로 ESG 사고를 활용하길 기대한다.

▌유엔이 제시한 책임투자원칙(PRI)

요즘 선진국 글로벌 기관투자자들은 자산을 운용할 때 책임투자(Responsible Investment)를 확대하고 있다. 책임투자란 투자의사 결정과 투자기업을 선정하는 프로세스에서 투자기업의 ESG 요소(환경, 사회, 지배구조)라는 비재무적 평가를 통합하여 위험을 적절하게 관리하고, 장기적인 투자수익을 창출하는 투자방식이다.

그런 의미에서 책임투자는 ESG 투자 또는 지속가능투자(Sustainable Investment)라고 부른다. 기존에 환경에 대한 기업들의 인식을 평가기준으로 하여 투자기업을 선정하는 에코펀드(eco-fund) 등의 투자신탁상품을 사회적 책임투자(SRI, Social Responsible Investment)라고 불렀다. 특정 펀드에서 행하는 SRI와 달리 책임투자와 ESG 투자는 기관투자자가 운용하는 모든 자산에 환경, 사회, 지배구조의 평가를 포함하는 투자기법이라는 점에서 구분된다. 이 투자기법을 전문용어로 'ESG 인티그레이션(Integration)'이라고 부른다.

책임투자가 확대된 것은 유엔이 2006년 책임투자원칙(PRI, Principles for Responsible Investment)을 발표하고 많은 기관투자자가 여기에 동의하고 서명한 것이 계기였다. 책임투자원칙의 발표 후 국제적으로 책임투자의 흐름이 빨라지고 있다. 이런 글로벌 조류에는 지구의 지속가능성을 위협하는 다양한 문제, 즉 기후변화문제에 대해 기후변화 국제기구와 국제금융기관의 강한 위기의식이 작용하고 있다.

유엔이 책임투자원칙을 제안한 이후에 세계 각국의 기관투자자들은 잇달아 책임투자원칙을 적극 도입하고 있다. 책임투자에 관심을 가진 이유는 몇 가지가 있다. 먼저 금융부문에서 ESG 과제가 중요하다는 인식이 높아졌기 때문이다. ESG 과제를 자산운용 프로세스에 포함하는 것이 고객과 수익자에게 투자자로서 수탁자 책임을 수행하는 것으로 인식한 것이다. 기업의 실적, 투자수익, 시장행동에 단기주의가 미치는 영향을 우려하는 요인도 있다. 책임투자를 통해 경쟁사와 차별화를 시도하려는 목적도 있다.

현재 지속가능한 발전을 실현한다는 국제사회의 목적을 위해 금융기관이 기존의 SRI와는 명확하게 다른 차원에서 자산운용 전체에 ESG 요소를 포함할 것을 요구받고 있다. 책임투자원칙에 서명하는 기관투자자 수와 운용자산총액이 계속 늘어나고 있다. 기관투자자가 문제의식을 공감하고 있다는 의미다.

유엔이 제안한 책임투자의 6가지 원칙

① ESG 문제를 투자분석과 의사결정 과정에 통합한다.
② 적극적인 소유주가 되어 ESG 문제를 소유권 정책과 관행에 통합한다.
③ 투자하는 기업이 ESG 문제를 적절하게 공개하도록 추구한다.
④ 투자산업 내에서 원칙에 대한 수용과 실천을 촉진한다.
⑤ 원칙을 실천하면서 그 효과를 높이기 위해 협력한다 .
⑥ 원칙을 실천하는 과정에서 활동과 그 추진상황을 보고한다.

자료: PRI 홈페이지(www.unpri.org)

유엔의 책임투자원칙에 서명한 기관에는 3가지 종류가 있다. 즉 외부기관에게 자산관리를 위탁하는 어셋오너(Asset Owner), 어셋오너에게 자산을 위탁받아 운용하는 자산운용기관(Asset Manager), 운용자산에 관한 상품과 서비스를 제공하는 금융기관이다.

어셋오너와 자산운용기관이 책임투자원칙에 서명하려면 보고의무를 수행하고 연회비를 납부하면 된다. 서명기관이 된 후에는 1년간 회비가 면제되지만 이후 매년 책임투자원칙의 프레임워크에 따라 활동보고를 해야 한다. 활동보고 결과는 보고서로 웹사이트에 공개된다. 연회비는 운용자산금액에 따라 설정된다. 서비스 제공자는 보고의무는 없지만 종업원 수에 따라 설정된 연회비를 납부한다. 서명기관이 되어 책임투자원칙 준수에 관한 규정 등의 지원을 받고, 서명회원과 정보를 공유할 기회도 가질 수 있다.

책임투자원칙에 서명한 기관투자자 수와 운용자산 추이

연도	어셋오너 운용자산(조$)	어셋오너 수	PRI서명기관의 운용자산(조$)	PRI서명 기관 수
2006	2.0	32	6.5	63
2008	4.2	135	13	361
2010	4.8	203	21	734
2012	7.6	251	32	1,050
2014	11.2	270	45	1,251
2016	13.9	307	62	1,501
2018	19.1	373	81.7	1,951
2020	23.5	521	103.4	3,038

자료: PRI 홈페이지

유엔의 책임투자원칙에 서명한 기관투자자 수는 2006년 이후 계속 증가하고 있다. 전체 서명기관이 운용하는 자산은 2020년 103조 달러에 이르고 있다. 서명기관 수는 2006년 63개였지만, 2020년에는 3,038개까지 크게 늘어났다. 2021년 3월 현재 전체 서명기관은 3,816개이며, 그 중에 어셋오너 609개(16%), 자산운용사 2,789개(73%), 서비스 제공회사는 418개(11%)이다. 2020년 서명기관의 현황을 보면, 서명기관의 총수와 서명기관의 운용자산총액의 추이에 비해 어셋오너의 서명기관 수와 운용자산의 증가는 상대적으로 낮다.

▌기관투자자의 역할 증대와 개선책

책임투자원칙의 성과는 크다. 투자에서 환경과 사회적 측면을 고려하는 책임투자(ESG 투자)는 이전의 SRI와 같이 특정펀드의 투자만이 아니라 전체 운용자산을 대상으로 하고 있다. 또한 책임투자 원칙을 명확하게 제시하고, 동의하는 기관투자자에게 서명을 요구한다는 것도 특징이다.

책임투자원칙에 서명한 기관투자자에게 요구하는 사항

어넷오너에게 요구사항	-책임투자방침을 확실히 이행하고, ESG 요소를 주요 투자방침에 통합한다 -자산운용기관을 선정할 때 구체적인 책임투자전략을 검토하고, 계약서 속에 ESG 항목을 마련한다
운용기관에 요구 사항	-기업을 평가할 때 ESG가 미치는 임팩트를 문서화한다 -포트폴리오를 환경과 사회측면에서 그 임팩트를 부정적·긍정적 측면에서 측정한다 -책임투자전략과 투자기법에 대해 운용업계의 이해를 촉진하기 위해 PRI와 함께 또는 독자적으로 조사하거나 논의한다

자료: PRI홈페이 자료

실제로 2006년 이후에 많은 기관투자자가 책임투자원칙에 서명하면서 ESG 투자 비율이 크게 늘어나고 있다. 특히 미국과 유럽의 정부기금과 공적연금이 솔선하여 서명하고, 책임투자의 확대에 크게 기여하고 있다.

한편, 이러한 책임투자원칙의 실효성을 높이기 위한 과제도 지적되고 있다. 책임투자원칙에 서명한 기관투자자가 ESG 요소를 투자방침과 자산 운용프로세스에서 어떻게 통합해나갈지는 앞으로 해결해야 할 중요한 과제다. 책임투자원칙 보고서는 다음과 같은 3가지 문제를 지적하고 있다.

먼저, 어셋오너의 대책이 필요하다. 최근 책임투자원칙의 서명기관 수는 대폭 늘어나고 있지만, 어셋오너의 서명 수는 상대적으로 낮다. 따라서 장래 어셋오너의 서명을 늘려야 한다. 책임투자원칙에 서명한 기관의 운용자산은 103조 달러에 이르고, 책임투자원칙에 서명한 어셋오너가 보유한 운용자산은 매우 적다.

어셋오너의 책임투자원칙에 서명이 추진되지 않는 본질적인 문제점은 어셋오너가 책임투자에 대처하지 않으면, 위탁 운용하는 운용기관의 책임투자로 확대되지 않는다는 점이다. 책임투자의 대책이 충분하지 않은 어셋오너의 존재가 자산운용업계 전체에 책임투자를 보급하는 장애가 되고 있다.

둘째, 투자방침과 운용프로세스에 ESG 요소를 충분히 통합하지 못하고 있다. 운용기관은 상장주식에 투자할 때 ESG 요소를 기업가치 평가에 체계적으로 통합하지 않고 있고, 투자의사결정에서 ESG를 어떻게 고려하고 있는지 문서화한 운용기관은 많지 않다. 많은 서명기관의 책임투자 대책은 아직 형식에 머무르고 있고, ESG 과제의 구체적인 운용프로세스로 통합하지 못하고 있는 실정이다.

셋째, 기후변화 전략도 충분하지 않다. 현재 기관투자자는 기후변화전략을 시급히 수립해야 한다. 서명기관은 기후변화를 고려하고 있지만, 공식적인 전략을 공개하는 기관은 매우 적다. 기후변화에 대한 포괄적인 대책을 수립한 서명기관도 있지만, 아직 널리 보급되지 않고 있다. 기관투자자는 시급히 투자활동에서 기후변화 전략을 수립해야 한다.

▌ 인베스트먼트 체인(Investment Chain)을 구축하라

ESG 투자를 이해하려면 먼저 인베스트먼트 체인의 개념을 알아둘 필요가 있다. ESG 투자에 관한 주체를 명확히 살펴보아야 한다. 인베스트먼트 체인(Investment Chain, 투자연쇄로 번역할 수 있음)이란 자금의 갹출자부터 자금을 최종적으로 사업활동에 사용하는 기업에 이르기까지의 경로와 기능의 연결을 말한다. 자금을 공급하는 투자자와 자금을 조달하는 기업이 공통의 가치관에 따라 중장기적인 가치를 높이기 위해 협력하여 사회전체의 부를 늘릴 수 있다는 기본적 사고가 깔려 있다.

간단히 말해, 사회와 환경의 과제를 해결하기 위해 자금의 흐름을 유지·관리해야 한다는 개념을 의미한다. 투자도 단순히 수익만을 지향해서는 안 된다는 논리가 작용하고 있는 것이다. ESG 투자는 인베스트먼트 체인에서 그 핵심기능을 담당하고 있다.

인베스트먼트 체인이라는 개념은 2010년부터 영국의 금융보고협의회(FRC)가 사용하기 시작했다. 인베스트먼트 체인은 자금의 보유자인 어셋오너(기관투자자), 어셋오너에게 자금의 운용을 위탁받아 기업에 투자를 담당하는 어셋매니저(자산운용기관), 운용위탁기관에서 자금을 조달하는 기업으로 구성된다. 인베스트먼트 체인 속에서 특히 운용위탁기관과 기업, 어셋오너와 운용위탁기관의 관계는 중요하다.

바람직한 인베스트먼트 체인 구조

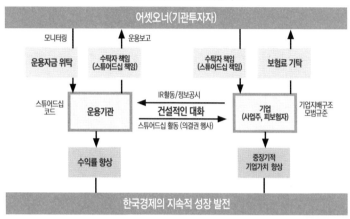

자료: GPIF(2016), 필자 재구성

어셋오너(Asset Owner)의 역할

어셋오너는 기관투자자 같은 외부기관에게 자산관리를 위탁하는 곳을 가리킨다. 예를 들어 국민연금 같은 대규모 연기금이 이러한 대표적인 어셋오너이다. 우리나라 국민연금은 2021년 현재 약 900조 원의 운용자산을 가지고 있다.

기관투자자들은 국민연금에서 일정한 자금을 배분받아 글로벌 시장에서 주식, 채권, 부동산 등 다양한 상품에 투자한다. 국민연금의 보유자산이 기관투자자들로 연결되는 과정을 인베스트먼트 체인(Investment Chain)이라고 말할 수 있다. 국민연금은 인베스트먼트 체인에서 가장 높은 위치에 있는 어셋오너로서 자본시장과 기업경영 행태에 큰 영향력을 행사할 수 있다. 어넷오너는 이 같은 막대한 영향력을 행사하여 경제계의 관행을 뿌리채 바꿀 수 있다.

어셋오너는 운용자산을 위탁하는 기관투자자를 선정할 때 스튜어드십(Stewardship) 책임과 ESG 투자에 대한 관심도를 평가한다. 그렇게 하려면 어셋오너는 기관투자자의 움직임과, 기관투자자가 투자하는 기업들의 경영상황을 상시 모니터링해야 한다. 따라서 운용위탁기관을 평가할 때는 높은 전문지식이 필요할 것임은 두 말할 필요가 없다.

운용위탁기관의 ESG 투자 역할

운용위탁기관은 어셋오너에게 지시를 받아 운용방침에 따라 운용하고 운영현황을 어셋오너에게 보고한다. 운용프로세스에 어셋오너가 지시하는 운용방침의 내용을 반영한다. 또한 어셋오너의 보유자산을 장기적 관점에서 안전하고 효율적으로 운용하기 위해 정보공시를 분석·평가하거나 대화를 통해 투자기업을 깊이 이해해야 한다.

안정된 투자성과를 내려면 투자기업이 위험을 적정하게 관리하고 경제적 이익을 계속해서 창출해야 한다. 기업의 사업모델과 경영환경 변화, 경영전략 등 비재무정보에 관한 지식과 이해력을 높여야 수익의 지속성을 파악할 수 있다. 운용위탁기관은 기업과 대화를 통해 이사회의 경영과제 설정, 대책수립, 조직 내 연계, 경영의 주요 대책과 관련부서의 기능을 효과적으로 연계하고, 횡단적으로 파악하고 평가해야 한다. 기업의 전체모습을 깊게 이해하는 장기투자자로서 기본자세를 기업에 전달하여 기업의 중장기적 파트너로서 신뢰를 받아야 한다.

기업과 적극적인 대화도 운용위탁기관의 중요한 역할이다. 운용위탁기관은 기업의 발행증권에 투자한다. 기업은 그 가치를 적정하게 평가받기 위해 운용위탁기관에 회사정보를 적극 공시하고 이를 근거로 대화한다. 운용위탁기관은 질문하고 기업은 수동적으로 답변하는 수직적 관계보다 유연한 커뮤니케이션을 통해 서로 배우는 관계를 유지해야 한다. 쌍방이 공감하면서 새로운 기업가치를 발견하고 건설적 창조적인 대화 프로세스를 만들어 나가야 한다.

운용위탁기관은 어셋오너에게 경제적 원천으로서 비재무정보의 중요성을 설명하고, 중장기적 관점에서 투자위험과 수익의 사고를 설명해야 한다. 이러한 대책은 어셋오너와 중장기적 투자관점을 공유하는데 도움이 된다. ESG 요소를 투자 프로세스에 어떻게 통합할 것인지도 세심하게 설명해야 한다. 인게이지먼트나 의결권행사 대책 등 인베스트먼트 체인에서 새롭게 발생하는 다양한 대책을 어셋오너에게 전달하고, 최종적으로 투자성과에 도움이 된다고 설명할 필요가 있다.

일부 애널리스트의 행동만으로 건설적이고 지속적인 대화에 한계가 있다. 운용기관의 경영자는 장기투자자로서 ESG 과제 해결을 위한 명확한 대책을 추진해야 한다. 예를 들면 ESG 대책에 필요한 리서치, 인재개발과 배치, 외부 전문기관과 제휴, PRI에 서명 등 장기투자에 필요한 운용체제와 위험관리 체제라는 경영과제를 추진해야 한다. 기업의 비재무정보를 조직적으로 수용하고 평가하는 체제를 구축하면 운용기관에게 장기적인 경쟁력으로 작용할 것이다.

운용위탁기관은 기후변화 이슈가 금융경제에 미치는 위험과 기회요소를 찾아내고, 투자분석과 의사결정 프로세스에 통합해야 한다. 투자의사결정 프로세스에 중대한 환경요소를 반영하여 중장기적 투자성과의 감소를 막을 수 있다.

수탁자로서 이해관계자에게 이러한 ESG 대책에 대한 설명책임 능력을 높여야 한다. 재무정보의 분석에 익숙한 운용위탁기관은 비재무정보로 구성된 ESG 요소는 매우 생소하다. 지금까지 경제적 이익을 단기적 관점에서 평가해왔기 때문에 ESG 투자는 이해하기 어렵다. 그저 환경과 사회를 좋게 만드는 투자로만 표면적으로 이해할 우려가 있다.

자산운용업계는 ESG 투자를 활성화하는데 중요한 역할을 해야 한다. 중장기적 기업가치를 높이는 관점에서 투자기업을 평가하는 중요한 위치에 있기 때문이다. 운용위탁기관은 기업 성장력의 원천을 깊이 이해하고 시장에서 기업가치를 적정하게 평가할 수 있는 기법을 적극 개발해야 한다.

기업가치를 평가할 때 재무정보와 함께 비재무정보를 전략적으로 능숙하게 활용하는 대책을 세워야 한다. ESG 요소를 고려하여 중장기적 기업가치를 파악할 때 보다 현명한 투자판단으로 이어질 수 있다.

운용위탁기관은 이러한 투자판단능력을 갖추고 중장기적 관점에서 수익자에게 지속적인 수익을 실현해야 하는 자산운용 전문가로서 책무를 인식해야 한다.

기업의 ESG 투자 역할

기업은 시장에서 적합한 평가를 받기 위해 충분한 정보를 공시해야 한다. 운용위탁기관이 회사의 지속적 성장대책을 이해할 수 있도록 기업은 목적을 가진 건설적인 대화를 시도하는 것이 바람직하다. 지속적 성장을 위한 눈높이와 사고를 운용기관과 공유해야 한다. 회사의 비재무정보를 객관적으로 평가하고 기업가치를 높이려면 운용위탁기관에 정보를 적극 공시해야 한다.

운용위탁기관과 다양한 문제로 대화를 할 때 IR부서만으로 대응하기 어렵다. 회사 내에서 특정 부서를 넘어 ESG와 관련된 부서의 협력을 얻어야 한다. 폐기물 처리와 같은 환경문제, 직원의 노동문제에 관해 대화할 경우 IR부서만으로 대응할 수 없다. 앞으로 기업의 ESG 대책이 강화되면 비재무정보가 더욱 중요해지고, ESG에 관한 질문과 평가항목은 늘어날 것이다.

따라서 운용위탁기관과 대화할 때 CSR부서도 적극 참여하도록 내부시스템을 개선하는 것이 바람직하다. 기업의 부문별 고유 역할에 따라 다른 관점에서 대화하면 시너지 효과가 발생하고 운용위탁기관이 회사상황을 더욱 깊이 이해할 수 있을 것이다. ESG 과제에 대한 문제의식을 이해하는 직원이 많을수록 기업의 대화능력이 높아지고 정보비용은 줄어들 것이다.

기업은 운용위탁기관과 대화할 때 이해해주기를 바라는 경영상황을 명확히 설정하고 커뮤니케이션을 시도해야 한다. 이를 위해 경영자는 먼저 현재의 회사상황을 충분히 이해하고 장래비전을 그려야 한다. 그리고 장래 기업가치에 향상에 영향을 주는 비재무정보를 분석하고 평가결과를 보고하는 시스템을 구축해야 한다.

경영자는 IR(Investor Relations) 활동을 추진하고, 필요에 따라 ESG 전담조직을 구축하거나 부서간 연계를 통해 효과적이고 유연하게 정보공시를 추진하면서 대화해야 한다. 회사의 관련부서는 비재무정보 공시의 중요성을 인식하고 중요한 정보를 경영자에게 적극 제공해야 한다. 경영자와 부서가 함께 협력하여 대응할 때 경쟁사보다 정보공시와 대화측면에서 우위에 서고 기업가치를 적정하게 평가받을 것이다.

또한 경영자는 비재무정보 공시에 관한 국제동향에 관심을 가져야 한다. 경영자가 ESG의 글로벌 이슈를 제대로 이해하지 못하고 대화하면 장기투자자는 ESG 과제에 인식도가 낮다고 판단할 수 있기 때문에 높은 평가를 받기 어렵다. 이런 기업은 잘못된 투자계획을 선택하거나 새로운 사업기회를 놓칠 가능성이 있다.

앞으로 투자자는 글로벌 이슈에 더욱 민감하게 반응할 것이다. 기업의 이사회는 장기적 관점에서 지속가능성 과제를 추진하도록 경영자의 의사결정을 적극 지원해야 한다.

어셋오너, 운용위탁기관, 기업은 장래 전망을 공유하고, 서로의 상황을 세심하게 공유하고, 진지하게 대화해야 한다. 정보공시와 대화를 통해 각 주체는 고유한 니즈(needs)와 상황을 서로 파악하는 계기가 될 수 있다. 이를 통해 인베스트먼트 체인이 경제적 이익을 창출할 수 있도록 효율적인 운영체제를 만들어야 한다. 어셋오너, 운용위탁기관, 기업이 충실한 정보공시와 대화를 통해 신뢰관계를 만들어간다면 건전한 ESG 투자를 늘리고, 지속가능한 사회를 만드는데 기여할 것이다.

환경과 사회문제에 대응하는 ESG 투자

ESG 투자는 사회적 책임투자라고도 한다. 사회적 공헌을 기대하는 투자라는 의미다. 이것은 ESG 투자가 기존의 투자방식과 구별되는 특징 중 하나다. 그러나 ESG 투자는 본질적으로 수익을 추구하는 적극적 투자행동을 한다는 점에서 사회적 공헌만을 생각한 자선사업과는 확실히 다르다. ESG 투자가 투자로 인정받으려면 수익을 내는 것이 중요하다.

ESG 투자가 목표하는 수익에는 금전적 수익과 사회적 수익 두 가지가 있다. 투자수익은 일반적으로 금전적 수익을 말한다. 투자수익을 요구하는 것은 본래 투자의 목적이자 ESG 투자를 투자로 인식하게 하는 부분이다. 위험자산은 일반적으로 시장의 위험프리미엄, 또는 가치와 규모 등 위험요소에 대한 위험프리미엄을 갖고 있다.

사회적 수익이란 기업활동을 통해 사회공헌의 결과로 얻는 수익이다. 자연환경과 노동환경의 개선, 세상의 빈곤감소 등을 사회적 수익으로 생각할 수 있다. 이 사회적 수익은 직접적인 투자자의 금전적 수익으로 연결되지 않는 경우도 있다. 금전적 수익이 거의 없음에도 불구하고 그 사회적 수익만으로 만족하는 투자자도 많다.

사회적 수익은 실증적인 것이 없고, 이념적 비중이 높은 투자라는 특징이 있다. 어떤 사물에 대해 이렇게 존재해야 한다고 생각하고 투자하는 것이다. 진정 금전적 수익을 가져올지 확실하지 않지만 그렇게 존재해야 한다고 생각하고 투자한다는 뜻이다.

한편 이런 사회적 수익은 장기적으로 금전적 수익과 위험감소로 이어질 수 있다. 단기적으로 금전적 수익을 기대할 수 없지만 장기적으로 경제, 사회, 자연환경이 좋아지면서 기업은 그 장점을 향유하고 기업가치는 높아질 수 있다.

▌SRI에서 ESG 투자 시대로 변천

현대의 기업들은 환경문제, 고용증진, 주주배당, 시민사회 등의 다양한 문제에 직면해 있다. 이와 관련하여 2015년 유엔은 기업이 대응할 과제로 지속가능개발목표(SDGs)를 제시했다. 지속가능한 사회를 실현하기 위해 기업은 사업활동을 통해 이익을 추구하면서 동시에 SDGs를 달성하도록 요구받고 있다.

앞에서 언급한 책임투자원칙의 목표는 기업이 추진하는 SDGs와 같은 목표를 평가하려는 것이다. 투자자들은 오랫동안 기업을 평가할 때 주로 얼마나 이익을 많이 내는지에 주목했다. 순자산이익률(ROA)와 주주자본이익률(ROE)은 자본효율이 좋고

나쁨을 측정하는 중요한 지표로 여겼다.

그러나 1990년대 이후에는 상황이 크게 바뀌었다. 이때 등장한 'CSR'과 'SRI'는 새로운 경영 이슈가 되었다. 그 결과 CSR에 대처하는 기업이 늘어나고 기업경영의 환경문제에 초점을 두고 친환경기업에 투자하는 펀드도 등장했다. 지금까지 기업가치와 전혀 관련이 없는 비재무정보를 기업평가 프로세스에 포함한 것이다. 1996년에 ISO14001(환경경영체제)의 등장을 계기로 기업의 환경경영이 급속하게 보급되었다.

기업이 배출하는 이산화탄소와 폐기물 등이 지구 환경을 크게 해치고 있음을 스스로 반성하고 환경 보전을 위한 투자를 확대해 나가는 것이 환경경영이다. 환경경영에 대한 투자확대는 기업들에게 에너지 절감과 생산성 증대라는 이익을 가져다 주었고, 기업경쟁력에 또다른 요인이 되었다.

SRI에서 ESG 투자로 역사적 변천

1920년대 초기	〈윤리투자〉 -종교적·윤리적 동기에 의한 투자 -알코올·도박 등 종교 교리에서 벗어난 업종을 투자에서 제외
1960년~	〈인권·노동·환경 등 사회운동으로서 투자〉 -네이팜탄의 제조중지를 요구하는 주주제안 실시 -GM의 이사회 다양성과 주주위원회 창설 요구
1990년~	〈기업의 재무와 비재무 평가의 융합〉 -ISO14001의 발행을 계기로 기업의 환경경영이 급속히 보급 -CSR이 사업의 지속성과 브랜드에 미치는 영향을 인식
2010년~	〈투자의 환경·사회적 영향을 중시〉 -금융위기 이후 기업의 ESG 관점의 필요성 인식 -투자수익과 동시에 투자의 환경·사회의 임팩트에 배려

자료: 다이와총연(2014), 필자 재구성

기업들이 환경경영에 헌신하는 모습은 투자자에게 기업의 장기적 경영전략을 긍정적으로 판단하는 재료가 되었다. 2000년경부터 환경문제 외에도 식품의 원산지 위장, 식품의 안전성 문제, 내부고발로 부정사건 발각, 강제노동 등 다양한 CSR에 관련된 문제가 기업가치에 중대한 영향을 미친다는 사실을 투자자는 이해하기 시작했다.

경제계에 환경과 사회문제에 관심이 커지면서 기업의 비재무 정보를 평가하기 위한 투자기법도 개발되었다. 예를 들어 비재무적 정보를 기업평가에 적극적으로 반영하는 '포지티브 스크리닝(Positive Screening)'이라는 투자기법이 있다. 또 하나의 투자기법인 'ESG 인티그레이션'은 ESG 평가와 재무평가를 별도로 실시한 후에 두 가지를 합쳐 우수한 종목을 선정하는 기법이다. 2000년대 중반부터 주목받고 있는 'ESG 인티그레이션'은 기업의 ESG 문제에 대응하고, 그 재무적 영향을 통합하여 평가하는 방법으로 유럽의 연금기금이 적극 도입하고 있다. 투자자가 기업의 ESG·요소를 평가하면 기업의 CSR전략과 실천을 촉진하고, 사회의 지속가능성을 높일 수 있다는 점에서 적극 활용하고 있다.

비재무적 정보는 기업경영의 질을 평가하는 중요한 요소다. 2008년 글로벌 금융위기를 경험한 장기 투자자는 사회적 책임의 관점에서 투자기업의 ESG라는 비재무적 정보의 중요성을 인식하기 시작했다.지금까지 글로벌 대기업의 반복적인 부정사건을 보면 재무정보에 편중된 기업평가 방식을 반성할 필요가 있다. 또한 ESG 요소라는 비재무정보를 기업가치의 평가지표로 도입해야 한다는 주장이 정당성을 얻고 있다.

파리협정을 계기로 전 세계는 과학적 근거에 따라 기후변화 대책의 명확한 목표를 설정하고 있다. 세계가 기후변화 대책에 한 방향으로 대응하는 전환점을 이루었다. 구체적으로 국제에너지기구(IEA)에 따르면, 지구 온도가 금세기 말까지 2℃ 상승하는 것을 막으려면 온실효과 가스 배출을 2009년에 비해 2050년에는 절반이상으로 감축해야 한다.

그러나 그간에 세계 각국들이 이행한 탄소배출 감축 노력으로 볼 때, 기존의 대책만으로는 목표를 달성할 수 없을 것으로 보인다. 만약 약속한 감축목표를 달성하려면 온실효과 가스 배출의 많은 양을 차지하는 화석연료(석탄, 석유, 천연가스)를 대폭 축소시킬 필요가 있다.

이런 배경에서 '좌초자산(Stranded Asset)'이라는 개념이 등장했다. 좌초자산이란 일반적으로 시장과 사회환경이 격변하여 그 가치가 크게 훼손되는 자산을 말한다. 좌초자산이라는 말은 국제환경 비정부단체 '탄소추적자 이니셔티브(Carbon Tracker Initiative)'가 2011년 발표한 보고서 '태울 수 없는 탄소(Unburnable Carbon)'에서 처음으로 제창한 개념이다. 화석연료는 중요한 에너지원으로서 가치 있는 자산이지만, 기후변화 대책으로 탄소배출량을 줄여야 하는 상황에서 활용할 수 없기 때문에 자산가치가 크게 떨어진다. 자산가치가 떨어지면 그 자산을 보유한 기업은 자산가치를 손실 처리해야 한다.

따라서 화석연료를 사용하는 기업들은 좌초자산에 대한 기관투자자의 투자동향을 파악해야 한다. 기관투자자에게 좌초자산이 재무에 미치는 영향을 공시하고, 기관투자자가 어떤 투자의사결정을 내리는지 살펴야 한다.

좌초자산의 개념이 확산되면서 화석연료 생산 및 유통과 관련 있는 기업들에서 투자자금을 회수하는 기관투자자가 늘어나고 있다. 이미 일부 연금기금과 운용기관은 보유하는 포트폴리오 구성종목에서 좌초자산 위험을 파악하고 좌초자산 위험이 있는 기업의 주식을 매각하고 있다. 물론 화석연료관련 기업의 에너지 전환 계획 등 기후변화 위험 대책에 따라 투자자금을 회수하지 않는 경우도 있다. 인게이지먼트를 통해 투자기업에 저탄소용 사업모델로 이행을 촉진하거나 포트폴리오에서 탈탄소화를 추진하는 기관투자자도 있다. 기후관련 재무정보를 공시하는 기업의 대책에 따라 기관투자자의 대응이 달라질 수 있다는 점을 유의해야 한다.

공동 인게이지먼트와 투자자금 회수

세계 최대 자산운용회사인 '블랙록(BlackRock)'의 CEO 래리 핑크(Larry Fink)는 2021년 1월 발표한 연두서간에서 장래 기후위험을 생각할 때 투자자는 현재의 투자원칙을 재평가할 수밖에 없다고 했다. 기후변화는 투자자의 가장 큰 관심사이고, 이 같은 관심변화를 반영하여 장차 투자자금이 재배분될 것이라고 강조했다. 그리고 기후변화에 대응하지 않는 기업에 투자하는 것은 위험하고, 그런 기업에 투자하지 않겠다며 경영자들에게 압력을 가했다. 블랙록은 앞으로 기후변화 위험과 계획의 정보를 공시하는 투자기업에게 추가보고를 요구하겠다고 강조했다.

이렇게 블랙록은 기후변화를 포트폴리오의 중요한 위험요인으로 설정하고, 투자에서 우선사항으로 취급하고 있다. 뱅가드

(Vanguard)와 스테이트 스트리트 은행(State Street Bank) 등 대형 기관 투자자들도 기업에 기후관련 정보공시를 강하고 요구하고 있다. 구체적으로 연차 주주총회에서 더 활동적인 역할을 수행하고 있다. 때로는 의결권 행사를 통해 이사회에 기후관련 정보공시의 개선을 요구하고 있다. 먼저 기업의 경영자와 직접 대화하고, 충분히 개선되지 않은 사항에 대해 의결권을 행사한다.

미국과 유럽의 기관투자자는 이미 오래 전부터 포트폴리오 위험요인을 고려하여 투자정책을 결정하고 투자자금을 회수 (divestment)하고 있다. 2017년 노르웨이 정부가 정부연금기금의 운용대상에서 제외한 59개 회사를 발표한 것이 그 대표적인 사례다. 정부연금 펀드법에 따라 노르웨이 국회가 투자자금 회수 방침을 결정하고, 노르웨이 재무성은 구체적인 회사 명단을 제시하였다.

미국 최대 도시 중 하나인 뉴욕시는 2018년 관리하는 5개 연금기금에서 5년 이내에 화석연료관련 기업에서 완전한 투자자금 회수계획을 발표했다. 5개 연금기금의 운용자산은 1,910억 달러에 이르고, 화석연료와 관련된 190개 이상의 기업에 50억 달러를 투자하고 있다. 뉴욕시는 화석연료 대형 5개 회사를 제소하고 있다. 기후관련 위험대책에 수십 억 달러의 재정지출이 발생한 것에 대한 보상을 요구하는 소송을 벌인 것이다.

프랑스 공무원퇴직연금기금(ERAFP)은 투자기업의 환경 경영 실태와 기후변화 전략을 고려한 투자종목을 선정하여 발표하고 있다. 이를 대행하는 '트루코스트(Trucost)'는 자연자본의 가치를 기업회계에 포함하는 자연자본회계의 분야에서 세계적인 기업이다.

ERAFP는 트루코스트와 기후변화를 포트폴리오에 편입하고, 기후변화 전략에서 높은 평가를 받은 종목을 선정하여 운영하는 체제를 마련하고 있다. 이런 동향은 다른 기관투자자에게도 확산될 것으로 예상된다. 앞으로 기업은 기관투자자가 기후관련 정보공시를 적극 요구한다는 점을 인식하고 사전에 대비해야 한다.

기관투자자의 투자자금 회수 사례

미국 뉴욕시	〈화석연료 관련 기업에서 완전 투자자금 회수〉 2018년 1월 연금기금에서 5년 이내에 화석연료관련 기업에서 완전한 투자회수 발표
샌프란시스코시	〈화석연료 관련 종목에 투자축소 결정〉 직원퇴직연금기금(SFERS)은 2018년 1월 240억 달러의 투자 포트폴리오에서 화석연료관련 기업의 비율 감소 결정
덴마크 퇴직연금기금 (PKA)	〈석유와 가스 업종 35개사에서 투자자금 회수〉 2018년 4월 재무성과와 환경의 관점에서 석유·가스 62개사를 평가한 후 35개사에서 투자자금 회수 결정
영국 로이즈	〈석탄관련 기업에 투자중단〉 운용자산총액의 75%를 차지하는 센트럴펀드에서 2018년 4월부터 석탄관련기업에 투자중단 발표
프랑스 악사	〈석탄의 투자자금 회수 확대〉 2017년 12월 석탄관련 기업에서 이전의 5배에 이르는 투자자금 회수 발표
독일 알리안츠	〈석탄 투자자금 회수와 석탄관련 보험인수 중지〉 2018년 5월 2040년까지 석탄관련 기업에서 단계적으로 투자철수와 손해보험 인수 중지를 발표

자료: 노무라자본시장연구소(2018), 필자 재구성

▌기후 관련 재무위험 대책을 수립하라

국제결제은행(BIS)은 기후변화를 '그린스완(Green Swan)'으로 부르고, 우리 지구에서 요즘 나타나는 급격한 기후 급화가 장래 세계 경제에 매우 큰 손실을 초래할 것이라고 경고했다. 그리고 이러한 기후위험에 대비하여 각국의 중앙은행과 규제당국, 금융기관에게 적극적인 위험평가를 요구하고 있다.

앞에서 지적했듯이, 미국과 유럽의 기관투자자들도 투자 의사결정에서 기후관련 정보공시를 거세게 요구하고 있다. 투자기업의 기후관련 위험이 재무에 주는 영향을 이해하고 투자의사결정을 내리려는 대책이다. 이러한 흐름에 맞춰 기업은 기후관련 위험과 사업기회의 측면을 정량적·정성적으로 분석한 정보를 공시해야 한다.

적극적인 기후관련 정보공시는 기업에게도 유용하다. 기후관련 위험과 기회를 중장기적 경영과제로 설정하면 시간경과에 따라 사업에 미치는 영향을 파악하고, 적절한 대책을 수립하여 경영에 반영할 수 있다. 기업이 기후관련 위험으로 소송사건에 휘말릴 경우 잠재적 배상책임 위험에 대비해야 한다. 기업은 이렇게 충분히 예상되는 다양한 기후관련 위험에 적극 대처해야 한다.

금융안정이사회(FSB)는 기후관련 위험에 대비한 TCFD를 설립했다. 기후관련 위험으로 금융시장의 심각한 혼란을 예방하고 자산가치가 크게 손실되지 않도록 국제금융시스템을 구축하려는 것이다. 실제로 기후관련 위험은 대부분의 경제섹터와 산업에 영향을 주기 때문에 TCFD는 전체 섹터와 각 국가·지역의 투자기업에 널리 적용할 수 있는 기후관련 재무정보공시를 제언한 바 있다. TCFD가 제시한 공시 틀은 기후변화가 초래하는 개별 기업의 위험과 기회를 평가할 때 유용하게 활용되고 있다.

TCFD 제언에 따르면, 기후관련 위험은 크게 2가지로 분류된다. 저탄소경제 이행(移行)에 관련된 위험, 기후변화의 물리적 영향에 관련된 위험이다. 저탄소경제로의 이행은 지구상의 경제구조를 근본적으로 바꾸는 것이기 때문에 정부 정책, 법률규제, 기술혁신, 시장 변화가 반드시 뒤따를 수밖에 없다. 따라서 이행 위험은 기업에 정책과 규제위험, 기술위험, 시장위험, 평판위험을 초래할 수 있다.

기후관련 위험과 기회, 재무적 영향

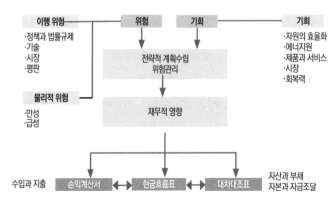

저탄소 경제로의 이행이 본격화되면 경우에 따라 기업의 자산이 직접적으로 손상되고 글로벌 공급망이 단절되는 위험에 처할 수 있다. 글로벌 공급망이 구축된 다국적 기업들의 경우에는 기후관련 위험의 직접적인 영향뿐만 아니라 공급과 유통체인에 2차적·3차적 영향도 평가해야 한다.

기업들이 장차 맞이하는 환경 위험을 업종별로 평가할 때, 금융업과 식품업계는 공급망 파괴의 위험이 가장 크게 나타난다.

TCFD가 권고하는 정보공시 구조

	전략
핵심요소	기후변화 위험과 기회를 초래하는 조직의 사업·전략·재무계획에 현재 또는 잠재적 영향을 그 정보가 중요한 경우에 공시한다
공시내용	− 기업이 식별한 단기·중기·장기의 기후관련 위험과 기회 설명 − 기후관련 위험과 기회가 조직의 사업·전략·재무계획에 미치는 영향을 설명 − 2℃ 또는 그 이하의 장래 다른 기후시나리오를 고려하여 조직전략의 회복능력을 설명
	위험관리
핵심요소	기후관련 위험에 대해 조직이 어떻게 식별·평가·관리하는지 공시한다
공시내용	− 조직이 기후관련 위험을 식별·평가하는 프로세스를 설명 − 조직이 기후관련 위험을 관리하는 프로세스를 설명 − 조직이 기후관련 위험을 식별·평가·관리하는 프로세스가 조직의 종합적 위험관리에 어떻게 통합되는지를 설명
	지배구조
핵심요소	기후관련 위험과 기회에 관한 조직의 지배구조를 공시한다
공시내용	− 기후관련 위험과 기회에 대한의 이사회의 감시체제 설명 − 기후관련 위험과 기회를 평가·관리할 때 경영자의 역할 설명
	지표와 목표
핵심요소	기후관련 위험과 기회를 평가·관리할 때 사용하는 지표를 그 정보가 중요한 경우에 공시한다
공시내용	− 조직이 전략과 위험관리 프로세스에 맞춰 기후관련 위험과 기회를 평가할 때 사용하는 지표를 공시 − 소콥 1, 소콥 2에 해당하는 경우에는 스콥 3의 온실효과 가스(GHG) 배출량과 관련 위험을 설명 − 조직이 기후관련 위험과 기회를 관리하기 위해 사용하는 목표, 실적을 설명

자료: TCFD 최종보고서

금융업계의 공급망 위험으로는 체계적 위험이 있다. 금융기관은 각종 거래와 결제네트워크에서 서로 망으로 연결되어 있기 때문에 한 곳에서 지급불능 상태에 빠지면 그 영향이 순식간에 파급될 가능성이 있다.

여기에서 우리가 주목해야 할 사항은 TCFD가 권고하는 정보공시 구조다(그래픽 참조). TCFD는 조직운영의 핵심요소를 구성하는 지배구조, 전략, 위험관리, 지표와 목표를 중심으로 기후관련 위험과 기회를 공시하도록 제언하고 있다. 이러한 세계적인 공시구조의 발전으로 투자자는 기업의 핵심사업분야, 전략, 재무계획에 단기·중기·장기에 걸쳐 기후관련 변화가 어떤 영향을 줄지 충분히 이해할 수 있다.

또하나 주목해야 할 사항은 기업들 자체의 온실효과 가스(GHG) 배출량을 상세하게 이해하고 나서 기후변화 전략을 수립해야 한다는 점이다. 기업의 온실효과 가스 배출량의 산정과 보고기준, 가이던스는 '온실효과 가스 프로토콜(GHG Protocol)'에서 제공된다. '온실효과 가스 프로토콜'은 1998년 세계환경경제인협회(WBCSD)와 세계자원연구소(WRI)가 공동으로 설립하고, 정부기관, 기업, 비정부단체(NGO)로 구성된 이니셔티브다. 2016년 CDP에 대응하는 포춘 500대 기업의 92%가 직·간접적으로 '온실효과 가스 프로토콜'에 따라 정보를 공시하였다.

온실효과 가스 배출량 범위

-스콥 1 배출량: 기업의 온실효과 가스의 직접 배출량(연소, 공업 프로세스 등)
-스콥 2 배출량: 다른 회사에서 공급된 전기, 열, 증기 사용에 따른 간접 배출량
-스콥 3 배출량: 산정 기업의 활동에 관련된 다른 회사의 배출량

보통 기업은 온실효과 가스 배출량을 스콥(scope) 1, 스콥 2, 스콥 3으로 구분하여 공시한다. '공급망 배출량'이라고 불리는 이것은, 원료조달·물류·판매·폐기에 이르기까지 일련의 전체 흐름을 보여준다. 따라서 기업들이 이행해야 할 온실가스 배출 감축량은 직접적 배출량은 물론이고, 사업활동 전반에서 발생되는 모든 온실가스가 대상이 된다(표 참조).

ESG 투자의 인게이지먼트 전략

한국어로 '관심유발', '관여촉구'로 번역할 수 있는 인게이지먼트(engagement)는 ESG 투자기법 중 하나다. 투자자가 투자한 기업에 대해 대화를 통해 ESG 항목의 개선을 요구하는 행위다. 예를 들면 자산운용회사는 투자기업에 대해 사전에 기준이 되는 ESG 항목의 개선을 요구하거나 홈페이지에 ESG에 대한 요구항목을 제시한 경우도 있다. ESG 정보공시가 불충분하다면 평가기관의 공시정보에만 의존해야 한다.

이런 경우에 자산운용회사는 다양한 정보원(경쟁사, NPO법인)을 취재하여 정보를 수집하고 기업의 문제점을 파악하여 구체적 개선책을 제안한다. 예를 들면, 경쟁사의 ESG 대응 모범사례를 조사하여 그 내용을 투자기업에 제안할 수도 있다. 때로는 사외이사와 ESG 관련 위원회의 회원으로서 투자기업에 들어가서 구체적인 변화를 촉진하기도 한다.

투자자는 ESG 인게이지먼트를 통해 무엇을 얻을까? ESG 인게이지먼트를 통해 간접적인 수익을 기대할 수 있다. 먼저 ESG가 개선되면 기업은 환경변화에 사전에 대비하여 투자받은 자금을 회수당하는 위험을 회피하여 파국을 피할 수 있다.

또 ESG 요소를 배려한 경영은 매출을 늘리고 업적이 떨어지는 위험을 피할 수 있다. 실제로 미국과 유럽에서는 오래 전부터 환경문제에 적극 대처하지 않는 기업은 제품판매에 영향을 받고 있다. 유럽에서 ESG 요소를 배려하지 않는 공급업체에서 물품 조달을 줄이는 움직임이 늘어나고 있다. ESG 경영을 하는 기업은 ESG에 문제가 있는 조달업체에서 구매를 하지 않는다. 결과적으로 ESG 경영을 하지 않으면 매출이 크게 감소할 위험이 있다. 반대로 ESG 평가가 좋은 기업은 이러한 니즈를 충족하면 매출을 늘릴 수 있다.

기업의 실적하락을 방지하는 효과도 있다. 환경문제에 적극 대처하면 기업의 이미지 손상을 막고 소비자의 평판위험을 줄일 수 있다. 과거 하천 및 해양에 대량의 원유를 유출하여 세계를 떠들썩하게 하였던 석유회사 엑슨모빌(ExxonMobile)의 스캔들, 소프트웨어를 조작하여 유해가스 배출량을 속인 자동차 회사 폭스바겐의 사례를 보면, 이들 기업에게 올바른 환경관리 시스템이 있었다면 기업명성에 엄청난 타격을 받지 않았을 것이다.

ESG 인게이지먼트는 국가경제를 활성화하고 투자손실 위험을 피하는 데도 도움이 된다. 거액의 투자자산을 운용하는 어셋오너(Asse Owner)는 운용자산 규모가 크다. 따라서 안정적인 투자수익을 올리려면, 중장기적 관점에서 다양한 부동산 자산과 증권에 분산 투자해야 한다. 이 포트폴리오 운용실적은 경제 전체의 움직임과 연계되어 있다. ESG 투자가 활발하면 경제의 다양한 위험을 피할 수 있다. 예를 들어 기업들이 탄소배출량을 줄이면 기후변화가 경제 전체에 미치는 나쁜 영향을 피할 수 있다. 또 기관투자자 및 개인 투자자들의 신뢰를 잃어 주가가 폭락하는 기업을 미리 파악할 수 있다. 어넷오너 입장에서 보면 ESG 투자는 경제 전체에 미치는 악영향을 사전에 예방하고 포트폴리오 전체의 이익을 지키는 수단이 될 수 있다.

해외사례를 보면, 기업이 ESG 평가를 개선하는 과정에서 주식초과 수익을 얻는 경우도 있다. 효율적 시장에서 ESG 평가가 높은 기업은 그 정보가 주식시장에 반영되어 있다. ESG 평가가 낮았던 기업이 그 평가가 좋아지면 위험 프리미엄(Risk Premium)이 감소하고 기대 현금흐름이 개선되어 주식 초과수익으로 연결될 수 있다.

예를 들면, 증시 분석가 딤슨(Dimson) 박사가 1999~2009년 사이에 미국 상장기업을 분석한 연구보고서에 따르면, ESG 인게이지먼트에 성공할 경우, 주식 초과수익률이 7.1%로 나타나 전체 평균치보다 높은 결과가 나왔다. ESG 인게이지먼트가 결과적으로 기업행동에 변화를 촉진할 수 있다면 초과수익으로 이어질 가능성이 있다는 얘기다.

ESG 인게이지먼트는 이렇게 많은 장점이 있다. 다만, ESG 인게이지먼트에는 모니터링 비용이 발생한다. ESG 과제에 대한 인게이지먼트가 효율적으로 기능하려면 모니터링 부담 문제를 해결해야 한다. 투자기업의 정보공시 내용과 공시방법을 개선한다면 ESG 인게이지먼트의 모니터링 비용을 줄일 수 있다.

그럼, 투자자는 무엇에 관해 기업과 대화를 해야 할까? 일본

정부는 2017년 가치창조 가이던스(가치창조를 위한 통합적 정보공시·대화 가이던스)를 발표하고, 6가지 항목으로 구성된 기본 틀을 제시하였다. 기업은 정보공시의 항목으로, 기관투자자는 인게이지먼트의 테마로 활용하도록 가이던스를 마련하였다.

일본의 통합적 정보공시·대화 가이던스 주요 내용

① 가치관	기업이념과 비전 등 회사의 방향과 전략을 결정하는 판단 축
② 사업모델	사업을 통해 고객과 사회에 가치를 제공하고, 지속적인 기업가치 향상으로 이어지는 구조
③ 지속가능성·성장성	사업모델이 지속되고, 성장성을 유지하기 위한 중요사항, ESG와 위험 등
④ 전략	경쟁우위를 지탱하는 경영자원과 무형자산을 유지하고, 사업포트폴리오를 최적화하는 대책
⑤ 성과와 중요한 항목	재무성과와 전략수행의 핵심평가항목(KPI)
⑥ 지배구조	경영과제 해결에 적합한 이사회의 지속성, 사장과 경영진의 스킬과 다양성

자료: 일본 경제산업성(2017)

ESG는 단순히 사회봉사 대책이 아니다. 기업은 ESG 요소를 활용하여 사업모델을 더 경쟁력 있는 전략으로 만들어야 한다. 투자자는 기업이 공시하는 ESG 정보를 통해 사업의 경쟁력을 이해할 수 있다. 투자자는 기업가치 향상에 크게 영향을 미치는 ESG 활동에 인게이지먼트를 강화해야 한다. 기업도 장기적 기업가치를 높이는 활동에 비중을 두고 정보를 공시해야 한다. 기업은 통합보고서에 기업전략과 ESG 관계를 관련지어 설명한다면 투자자의 이해를 높이고 동시에 ESG 대책을 실천하여 장기적 기업가치를 높일 수 있을 것이다.

기관투자자는 기업과 대화능력을 높여라

'Aiming for A'라는 기관투자자 단체는 영국의 대형 상장 에너지회사 10개에 대해 온실효과 가스 관리의 개선을 요구하는 주주제안을 하고 있다. 이 이니셔티브는 2015년 대형 석유회사 'BP'와 '쉘'에게 앞으로 CDP(기후변화 정보공시를 요구하는 영국의 비영리단체)로부터 'A등급'을 받고, 저탄소에너지의 R&D와 투자전략 수립 등 기후변화에 관한 정보공시를 훨씬 강화할 것을 요구하였다. 'BP'와 '쉘'의 주주총회에서 이 제안에 다수가 찬성하여 가결되었다.

최근 세계적으로 대형 자산운용 회사들이 화석연료 관련 기업들에서 투자금을 회수하는 사례가 잇따르고 있다. "Aiming for A"와 같이 적극적인 주주행동을 통해 기업에 변혁을 시도하는 움직임도 활발하다. 국가를 불문하고 많은 투자자들이 화석연료 에너지 관련 사업을 추진하는 기업의 장기적 성장을 우려하고 있다는 사실을 알 수 있다.

환경문제 인식이 높은 유럽은 ESG 경영이 가장 앞서가는 곳이다. 유럽의 많은 기관투자자는 투자기업에 적극적인 인게이지먼트를 실시하고 있다. 재무 애널리스트와 별도로 ESG 전문팀을 만들고 의결권 행사 등 다양한 인게이지먼트를 적극적으로 실시한다. 기관투자자가 투자기업의 환경과 사회 분야의 개선을 요구하거나 충실한 정보공시를 요구하고 있다.

ESG에 관한 인게이지먼트는 운영체제, 인게이지먼트 개시 시점, 인게이지먼트의 테마 등 다양한 방식으로 추진되고 있다.

먼저 유럽의 기관투자자는 인게이지먼트를 하는 전문부서를 설치하고 있다. 연금기금의 경우 의결권 행사와 인게이지먼트를 하는 팀, 의결권 행사와 별도로 인게이지먼트만을 하는 독립된 팀을 가진 경우도 있다. 자산운용기관은 환경과 사회에 특화되거나, 지배구조에 특화된 부서로 이분화되어 있는 곳도 있다.

인게이지먼트팀은 개별기업의 주주총회 시점에 인게이지먼트를 개시한다. 대부분의 기관투자자는 사전에 반대 가능성을 기업에 통보하고 있다. 또한 투자기업에 사고와 부정 등이 발생할 때, 국제규모의 중대한 위반이 판명될 때 기관투자자는 스튜어드십 책임을 의식하고, 인게이지먼트를 한다. 또한 특정 섹터의 고유한 ESG 테마에 대해 그 섹터에 속하는 기업에 문제가 있을 때 인게이지먼트를 개시한다.

인게이지먼트 기법에는 기업과의 직접대화, 주주총회 의결권 행사, 공동 인게이지먼트, 증권거래소 및 규제당국과 대화 등이 있다.

이러한 인게이지먼트 기법 가운데 모든 기관투자자는 기업과 대화를 가장 중요하게 생각한다. 기업과 만나 다양한 테마를 의논하면 그 기업의 사정을 이해할 수 있다. 기업의 의견을 들을 때까지 자신들의 사고와 충분히 다르다는 점을 인정한다. 즉 기업과 대화 목적은 서로 사고의 차이를 줄이는 것이다.

유럽의 기관투자자는 인게이지먼트를 할 때 환경과 사회의 과제에 관해 대화하고 개선책도 제안한다. 필요에 따라 여러 기관투자자들이 함께 개입하는 공동 인게이지먼트를 실시한다. 공동 인게이지먼트를 하면 기업에 영향력을 높여 경영진이 경청할 수 있도록 하는 효과가 있다. 공동 인게이지먼트는 가장 효과적인 방법이다.

인게이지먼트의 기간은 대략 3년 정도를 목표로 하는 기관투자자들이 많다. 인게이지먼트를 개시할 때 먼저 목표를 정하고, 그 달성도를 측정하는 핵심평가항목(KPI)을 설정한다. 기업과 대화 상황에 따라 적합한 인게이지먼트 기법을 사용한다.

일반적으로 먼저 기관투자자는 주주총회 이전에 미팅을 갖고 의견을 교환한다. 다양한 의논을 하면서 중대한 테마에 대해 기업과 합의에 이르지 않으면 의결권 행사에서 그 이사와 경영자 등에게 반대표를 던진다. 물론 반대표를 던질 때는 기업에 반대 이유를 통지하고 다시 기업과 대화를 진행한다.

유럽의 기관투자자는 바텀업(bottom-up)과 톱다운(top-down) 두 가지 방식으로 인게이지먼트를 실행하고 있다. 바텀업 방식은 투자기업 중에서 환경과 사회에 문제가 큰 기업을 조사한 후에 인게이지먼트를 실시하는 것을 말한다. 톱다운 방식은 산업섹터별 환경과 사회문제를 조사 후에 섹터에 속한 기업을 대상으로 인게이지먼트하는 것을 뜻한다.

좀 더 구체적으로 말하면, 톱다운 방식은 글로벌 거시적 관점에서 업종별 환경과 사회문제 중에서 중대한 테마를 정하여 인게이지먼트 활동을 한다. 먼저 환경과 사회에 관해 글로벌 문제부터 거시적 테마를 먼저 설정한다. 환경이라면 기후변화, 수자원의 이용, 대기오염, 사회문제라면 인권과 성 평등, 보건의료, 사회복지 등이 있다. 기업이 이러한 거시적 테마에 어떤 과제를 갖고 있는지 점검하고, 업종별 기업별로 사실을 확인한 후에 선택한다. 예를 들어, 기후변화의 테마 중에는 온실효과 가스 배출감소 대책이 있다면, 석유와 석탄, 광업이라는 업종과 관련된다. 해당 업종의 과제를 결정한 후에 그 업종에서 가장 문제가 심각한 기업을 대상으로 인게이지먼트를 한다.

인게이지먼트에는 상당한 시간과 노력이 필요하다. ESG 방침을 바탕으로 대상기업이 기준을 벗어나는지 확인한 후에 ESG 평가기관의 평가등급, 블룸버그(Bloomberg) 등이 제공하는 ESG 정보를 활용한다. 사전에 유가증권보고서와 ESG 관련 보고서를 전부 읽어야 하고, 수많은 ESG 평가회사가 제시한 점수와 등급 평가 보고서도 조사한다. 비정부단체(NPO)와 삼림파괴 등으로 소송을 진행하고 있는지, 시민사회에서 어떤 비판을 받고 있는지 등 최근의 언론보도를 점검하는 것도 필요하다.

투자자와 기업들과의 관계에서 나타나는 용어에 액티비즘 (activism, 행동주의)이 있다. 이것은 주주이익을 추구하기 위해 기업경영에 적극 관여하거나 주주총회에서 의안을 제시하는 등 폭넓은 경영개입 활동을 가리킨다. 소액주주에 의한 이사파견 등 기업경영에 깊이 참여하는 것도 포함된다. 인게이지먼트는 액티비즘이라기 보다도 대화를 통해 대상기업의 행동을 단계적으로 바꿀 것을 요구하는 비교적 온건한 방식이다. 더 장기적 관점에서 비재무적 경영개선을 촉진하는 것이다.

예를 들어, 프랑스 자산운용회사 아문디(Amundi)는 먼저 기업에 영향이 큰 테마를 매년 설정한다. 중대한 테마를 개선하기 위해 몇 년 동안 지속적으로 기업과 접촉한다. 몇 년에 걸쳐 대응한 과제는 전력회사의 석탄화력 발전관리, 분쟁 광물의 컴플라이언스, 석유개발자원센터의 인권존중 등이 있다.

그럼, 인게이지먼트의 성공은 어떻게 판단할까? 기관투자자들에게 성공이란 인게이지먼트의 테마와 관련하여 기업에 변화가 일어날 때로 정의한다. 기관투자자들은 자신들의 관심영역에 따라 기업이 달성할 목표를 세분화하고, 일정기간이 지난 뒤에 달성 여부를 확인하고 있다. 세부목표의 설정방법은 다양하다. 어떤 기관투자자는 각 테마에 대해 정량 가능한 핵심평가항목(KPI)를 설정하고, 그 달성여부를 판단한다.

인게이지먼트의 성공요인은 기업과 신뢰관계 구축, 기업문화의 이해, 지속적인 인게이지먼트 실시, 대화의 질 등을 꼽는다. 특히 신뢰관계를 구축하는 방법 중 하나는 인게이지먼트 후에 감사장을 보내는 방법도 있다. 이는 서로 신뢰관계를 구축하고 투자자의 의견에 귀를 기울이도록 배려한다. 문화를 이해하기 위해 연금기금은 인게이지먼트 대행업자를 활용하기도 한다. 인게이지먼트 담당자는 해당 국가의 문화를 이해하지 못하면 진정한 의미에서 상대를 이해할 수 없기 때문에 적절한 대행업자는 도움이 된다.

일본의 사례를 분석해 보면, ESG 투자에서 인게이지먼트 테마는 주로 지배구조(G)가 주류였다. 영국에서도 2006~2011년 사이에 기관투자자들이 제기한 ESG 이슈 가운데선 지배구조에 관한 인게이지먼트 테마가 가장 많았다.

한국도 장래 일본과 같이 지배구조의 개선문제에 ESG 활동이 상당히 집중될 것이다. 물론 이러한 기관투자자의 인게이지먼트 활동에 대해 기업들이 부정적인 태도를 보일 수도 있다. 환경과 사회 문제가 단기적으로 비용을 증가시켜 기업 본업의 가치를 손상시킬 위험이 있기 때문이다. 이때 기관투자자는 다양한 관점에서 업종과 기업별 과제나 문제를 확인하고, 모범사례를 수집하고, 기업가치를 높일 수 있도록 목적을 가진 건설적인 대화나 제안을 하는 것이 바람직하다.

유럽의 기관투자자와 같이 인게이지먼트 보고서를 공시하면 투자기업과 사회전반에 도움이 될 것이다. 인게이지먼트 보고서에 각 과제의 모범사례를 제시하고, 섹터별 정보공시가 우수한 기업을 소개하면 기업은 인게이지먼트에 적극 대응할 것이다. 이러한 공시정보는 기업 스스로 ESG 활동을 점검하는 지침이 될 것이다.

기업은 보고서에서 기관투자자가 문제로 지적한 주요 ESG 과제를 파악하고 ESG 경영을 강화할 수 있다. 기관투자자는 일반사회와 대화할 계기가 되고, 지금까지 인식하지 못했던 ESG 문제를 파악할 수 있다. 이렇게 인게이지먼트의 활동정보를 공시하는 것은 기관투자자를 선명하게 차별화하는 의미도 있다.

▍인게이지먼트 조직체계를 구축하라

'세계지적자본단체(WICI)'는 기업의 핵심자산인 지적자산(인적자산, 조직자산, 관계자산)의 중요성을 인식하고, 이들을 화폐자산 및 물적 자산과 최적으로 조합하여 보고·공시하도록 기업들에게 권고하는 단체다. WICI 일본법인은 기업의 통합보고서를 심사하고 표창하며 기업의 비재무적 가치를 적극 공시하도록 촉진하고 있다. 2017년 심사부터 ESG 요소의 비중을 더욱 높이고 있다.

현재 한국에서 통합보고서를 발표하는 기업은 많지 않다. 앞으로 많은 상장기업이 비재무자료를 포함하는 통합보고서를 적극 발표할 것이다. 기업은 통합보고서에서 비재무자료가 어떻게 기업가치 향상으로 이어지는지 보여주어야 한다. 통합보고서를 통해 ESG 대책을 알기 쉽게 공시하고 설명하는 것이 바람직하다. 기업은 적합한 공시내용과 방법을 선택해서 기업의 사업모델을 전략적으로 차별화할 필요가 있다. 통합보고서를 통해 ESG 대책의 정보를 공시하는 방법은 제7장에서 상세히 다루기로 하겠다.

앞으로 국내 기업들도 단순한 정보공시 대책에서 이해관계자와 적극적으로 대화하는 자세로 바꾸어야 한다. 기업은 정보를 충분히 공시하고 ESG 요소를 깊이 이해하는 기관투자자와 적극적으로 대화를 통해 새로운 관점을 발견하고 이들의 권고를 경영에 반영할 수 있다. 현재 많은 기업의 IR부서는 기관투자자와 접촉하고 있다. IR활동을 통해 기관투자자가 바라는 재무정보, 경영전략, 지배구조 등의 요망사항을 이사회에서 공유할 수 있다.

세계적인 헬스케어 업체인 일본 TOTO그룹은 이런 면에서 관심을 가질만한 기업이다. TOTO그룹은 ESG 투자자를 대상으로 IR활동에 주력하고 있다. 경영기획부와 홍보부 외에 ESG 추진부서를 신설하고 콘텐츠 개발부터 이해관계자에 대한 정보발송까지 서로 연계하여 추진하고 있다. 장기적으로 주식을 보유해 달라는 의미에서 장기적으로 보유하는 경향이 있는 외국인 투자자는 중요한 IR대상이다. 지속적으로 안정된 경영을 추구하기 위해서도 사업자체를 ESG 관점에서 대화하는 것이 효과적으로 생각한다. 대화할 때는 투자자와 기업의 근본적인 관계로 되돌아갈 필요가 있다. ESG의 지표는 단기간에 바뀌지 않기 때문에 투자자는 장기적인 관점에서 경영에 대해 조언해준다. 그런 조언을 받아들이면 기업경영을 혁신하고, 그 성과를 다시 보고하는 선순환이 만들어질 것이다.

환경과 사회의 과제는 주로 CSR부서와 관련된 업무로 투자자의 의견이 직접 전달되지 않을 수 있다. 기관투자자와 대화 테마가 ESG와 관련될 경우 IR부서와 함께 CSR부문도 참석하는 정보공유 시스템을 만들어야 한다. 이렇게 ESG 대책을 추진하는 기업은 기관투자자에게 새로운 인식을 심어줄 수 있을 것이다.

▌ 글로벌 기업의 인게이지먼트 사례

일본의 최대 자산운용회사 노무라자산운용은 인게이지먼트를 할 때 아래와 같은 4가지 기본방침을 정하여 투자기업과 일상적인 대화를 통해 논의하고 서로 깊이 이해하면서 스튜어드십 (Stewardship)책임을 수행하고 있다.

노무라자산운용은 투자판단을 할 때 기업과 직접 접촉하여 얻는 정보를 중시한다. 노무라 직원들이 기업관계자들과 갖는 연간 접촉 건수는 5,000건에 이르고 있다. 그 내용은 설명회의 참여부터 IR담당자의 취재, 현장견학, 경영자와 면담까지 매우 다양하다. 그중에서 기업과의 직접면담은 연간 2,000건에 이른다. 회사면담은 기업경영에 관한 상세한 의논, 경영과제에 관한 솔직한 의견을 교환할 수 있는 중요한 대화 기회로 생각한다. 방문면담에 참여하는 사람의 40%는 기업의 경영진으로 경영전반에 걸쳐 다양한 논의를 할 수 있다.

노무라자산운용의 인게이지먼트 방침

① 우호적이고 건설적인 대화에 노력한다.
② 재무정보뿐만 아니라 ESG 과제에 대응상황과 배경에 있는 전략과 철학 등 비재무정보를 이해하도록 노력한다.
③ 자본의 효율적 이용에 관한 투자기업의 사고를 경청하여 회사의 사고를 전달한다.
④ 중대한 부정과 사고가 발생할 때 원인과 재발방지대책을 경청하고 건전한 경영을 촉진한다.

기업 CEO들이 의사결정을 할 때 환경(E), 사회(S), 지배구조(G)를 중시해야 하는 이유는 평판위험 때문이다. 저명한 기업은 언론을 통해 환경오염과 아동노동 등의 정보가 흘러나가면 사회적 평판이 떨어진다. 고객이탈과 실적악화가 우려되면 투자를 억제하는 움직임이 보인다. 미국과 유럽의 연금기금들은 환경, 사회, 인권 등에 시민의 관심이 매우 높고, ESG 정보를 투자판단의 중요한 요소로 삼고 있다. 위험이 높은 업종과 실제로 문제가 발생한 기업에게는 주의를 환기하고 있다.

기관투자자들이 ESG 투자를 중시하는 또 하나의 이유가 있다. 장기적으로 경제적 측면에서 반드시 영향이 나타난다는 점이다. 환경과 사회문제는 당장 내일 기업의 실적에 영향을 주지 않는다. 기업이 열악한 환경오염을 일으키고 노동자를 혹사해도 업적에 바로 영향은 없다. 그러나 10년, 20년이라는 긴 시간으로 보면, 반드시 기업의 실적과 사회에 영향을 준다. 자선사업이 아니라 기업의 장기적 성과의 관점에서 기관투자자는 ESG에 관한 대화를 요구하고, 기업은 긍정적으로 수용해야 한다.

예를 들면, 제약품과 반도체는 제조과정에서 대량의 물을 사용한다. 중국과 인도에서 물은 희소한 자원이다. 두 국가에 제조공장이 있다면 공업용수 확보와 정화처리가 매우 중요하다. 이 문제를 방치하면 수년 후에 물이 부족하고, 지역주민과 분쟁이 일어난다. 물 부족으로 생산을 할 수 없다면 사업에 영향을 준다. 제조업에서 노동문제로 파업이 발생하면 생산에 영향을 준다. 이렇게 ESG 문제에 관한 인게이지먼트는 기업과 사회의 지속적 성장에 중요한 문제다.

임팩트 투자시장의 성장

　현재 자본시장에서는 사회 전체의 지속가능성을 고려한 투자기법이 다양하게 개발되고 있다. 환경과 사회에 나쁜 영향을 없애려는 사회적 책임투자, ESG 투자기법이 그런 사례다. 이에 비해 경제적 수익을 올리면서 사회와 환경에 대해 긍정적인 임팩트(Impact, 강력한 영향)를 주려는 '임팩트 투자(Impact Investment)'가 최근 주목받고 있다.

　임팩트란 프로젝트를 실시한 결과 대상이 되는 사회 전체에 장기적으로 발생하는 사회·경제적 변화를 의미한다. 임팩트 투자는 ESG 투자의 연장선장에서 최첨단으로 진화되고 있는 투자기법이다. ESG 투자는 기업의 환경과 사회에 대한 대책에 주목하여 위험을 줄이고 투자기회를 발견하여 수익을 높이려는 투자로 임팩트를 위한 투자는 아니다. ESG 투자자는 투자를 통해 자금을 제공하고 인게이지먼트를 실시하기 때문에 기업의 지속가능한 경영을 촉진하고, 사회 전체의 지속가능성을 높이는 역할을 한다. ESG 투자의 목적은 어디까지나 경제적 수익을 확보하는 것이다. 이에 반해, 임팩트 투자는 처음부터 구체적인 사회과제의 해결을 목적으로 한다는 점에서 차이가 있다.

임팩트 투자의 위치

구분	목적	기대 수익
전통적 자선사업	기부를 통해 사회과제에 대처	사회적 수익
벤처 자산사업	벤처캐피탈 기법을 통해 사회과제 해결에 대처	사회적 수익 중시
사회적 투자	사회·환경의 성과와 일정한 금전적 수익을 위한 투자	사회적 수익, 시장평균보다 적은 수익
임팩트 투자	사회·환경의 성과와 일정한 금전적 수익을 위한 투자	사회적 수익, 시장평균 수익
지속가능한 책임투자	ESG 요소를 투자의사결정에 포함하여 투자가치를 높이고, 투자위험을 감소함	시장수익 중시
영리목적의 기업·투자자	사회, 환경, 지배구조 요소를 투자의사결정에 거의 포함하지 않음	시장수익

자료: OECD(2019)

임팩트 투자는 사회와 환경의 과제해결에 공헌할 의도로 변혁을 일으키는 상품과 서비스 사업 자체에 투자한다. 명확한 임팩트를 위해 투자하고 어느 정도의 임팩트를 창출했는지 평가하고 보고하는 특징이 있다.

즉 임팩트 투자는 경제적 수익을 중시하면서 사회와 환경에 미치는영향을 투자성과로 확인하려는 투자기법이다. 간단히 말해, 임팩트 투자는 사회와 환경을 개선하는 효과를 창출하고, 동시에 경제적 수익을 얻으려는 것이다.

예를 들어 건강보건분야의 임팩트 투자라면 백신접종을 받은 사람의 수, 그 약품의 가격 감소율, 그 약품의 수익자 수의 증가율을 측정하고 투자를 통해 확보된 사회적 수익으로 평가한다. 사회 환경적 수익, 경제적 수익이라는 두 마리 토끼를 쫓아 두 마리 토끼를 전부 잡으려는 것이다.

▌ 임팩트 투자가 성장하는 이유

글로벌 임팩트 투자 네트워크(GIIN, Global Impact Investment Network)는 임팩트 투자를 활성화하기 위한 국제적 조직이다. 이 조직이 추정한 세계 임팩트 시장규모는 2019년 말 7,150억 달러이고, 1,720개 기관이 참여하고 있다. 임팩트 투자를 하는 금융기관들이 관심을 두고 있는 산업분야는 에너지, 금융, 삼림, 식품과 농업 등이다.

임팩트 투자시장이 급속하게 확대되면서 '임팩트 워싱(Impact Washing)'이라는 용어도 등장하고 있다. 이 용어의 뜻은 겉으로는 임팩트 투자를 내세우면서도 실제로는 달성한 것이 전혀 없는 이름뿐인 투자를 가리킨다. 임팩트 투자의 건전한 발전을 추진하기 위해 원칙과 요건 등을 명확하게 설정하는 움직임도 있다. 경제적 편익뿐만 아니라 사회 환경에 대한 임팩트에 관심을 가진 기관에 투자요건을 제시하고 있다.

구체적으로 국제금융공사(IFC)는 2019년 임팩트 투자의 운용원칙을 제정하여 서명을 추진하고 있다. 2021년 2월 현재 29개국 110개 기관에서 서명하고 있다. 이 원칙이 널리 공유되어 경제적 수익을 추구하고 동시에 사회 환경에 대한 임팩트를 측정할 수 있는 투자를 실현할 것으로 기대하고 있다.

임팩트 투자의 9가지 운용원칙

① 전략적 임팩트 목표를 투자전략에 따라 정의한다.
② 전략적 임팩트는 포트폴리오 단위로 관리한다.
③ 임팩트의 실현에 대한 자산운용사의 공헌을 명확히 설정한다.
④ 투자에서 예상되는 임팩트를 일관된 방식으로 평가한다.
⑤ 투자에서 발생하는 잠재적 부정적 임팩트를 평가·대처·모니터링·관리한다.
⑥ 투자의 임팩트 실현의 달성도를 예상에 비춰 모니터링하고 적절한 대책을
　실시한다.
⑦ 임팩트의 지속성에 미치는 영향을 고려하면서 출구전략을 실행한다.
⑧ 투자의 의사결정과 프로세스를 점검하고, 문서화하고, 실현된 임팩트와 얻
　은 식견을 바탕으로 개선한다.
⑨ 이 운용원칙에 대한 추진상황을 공시하고 정기적 독립적으로 검증한다.

자료: 국제금융공사(IFC) 홈페이지

　임팩트 투자는 현재 선진국과 개발도상국을 가리지 않고 전 세계로 확산되고 있다. 2019년 비즈니스 라운드테이블(BRT)과 다보스 회의를 계기로 기업은 주주의 이익뿐만 아니라 이해관계자의 이익을 높이는 존재로서 인식되기 시작했다. 시대의 변화에 따라 기업의 존재의의를 다시 묻고 있는 것이다. 임팩트라는 말을 자본주의 혁신과 관련하여 생각해보면, 이해관계자의 이익옹호로 생각할 수 있다. 기업의 존재의의에 대한 이러한 사고의 변화와 임팩트 투자의 확대는 서로 상승효과를 낼 가능성이 있다.

　또한 임팩트 투자는 지구상의 모든 국가와 기업들이 유엔의 지속가능한개발목표(SDGs)를 실현하는 유용한 방법이다. 제3장에서 설명한 유엔 SDGs의 17개 목표는 그대로 임팩트 투자의 프레임워크로 활용될 수 있는 내용이다. 유엔 SDGs를 달성하려면 2030년까지 연간 약 5~7조 달러가 필요하다고 추정하고 있다. 이러한 막대한 자금을 마련하려면 국가의 공적 자금만으로

는 부족하다. 따라서 유엔은 민간자금을 활용하기 위해 투자자에게 새로운 투자기회에 공헌할 것을 호소하고 있다.

임팩트 투자는 경제적 수익에 한정하지 않고, 사회적 환경적 영향도 중시하는 지속가능한 투자로 윈윈(win-win) 솔루션으로 인식되고 있다. 그러나 임팩트 투자에 대해 경제적 수익의 불확실성과 임팩트 측정의 복잡성을 이유로 투자효과를 비판하는 목소리도 많다. 임팩트 투자는 모든 사회·환경문제를 해결할 수 있는 특효약은 아니다. 그렇지만 우리 인류가 처해 있는 환경악화 등 중대한 사회과제를 해결할 때 훌륭한 보완책이 될 수 있다. 이러한 점에서 임팩트 투자는 많은 전문가들의 관심을 받고 있다.

임팩트 투자 대상은 과거에 증권시장에 상장되지 않는 비상장기업들이었다. 그러나 요즘에는 상장시장이 주요 투자대상으로 떠오르고 있다. 상장기업을 대상으로 투자결정을 할 때는 ESG에 대한 기업 CEO들의 태도를 중시한다. 일반적으로 상장기업의 경영진은 자기기업의 사회공헌 철학을 CSR(기업의 사회적 책임) 보고서를 통해 발표하고 있다. CSR보고서는 그 기업이 시장에서 투자자들에게 보이고 싶어하는 자신들의 모습이 자세히 기록되어 있다. 이러한 CSR보고서를 통해서 투자대상 기업을 고를 수 있다. 하지만 임팩트 투자를 위한 기업자료는 ESG 투자용 자료만큼 아직 충분치 않다.

▎늘어나는 녹색채권 발행

ESG 과제해결을 목적으로 발행하는 ESG 채권이 최근 많은 관심을 받고 있다. 일반적으로 ESG 채권은 그린채권(녹색채권), 사회적 채권, 지속가능채권으로 3가지로 구분할 수 있다. 그린채권은 일반적인 공채(公債) 또는 사채(社債)와 똑같이 발행하지만, 조달자금은 환경을 개선하거나 환경에 배려한 프로젝트에 사용된다는 점이 특징이다.

유럽투자은행(EIB)은 2007년 처음으로 기후변화 대책 프로젝트를 위해 그린채권을 발행하였다. 이후 수많은 글로벌 기업들이 그린채권을 발행하고 있다. 우리나라에서는 최근 현대자동차, LG화학, 현대중공업, 한국중부발전 등이 녹색채권을 발행하였다.

녹색채권은 자금조달의 대부분이 지구환경 개선을 위해 활용된다는 점에서 공정한 평가·관리를 위해 철저한 기준이 마련되어야 한다. 이런 취지에서 국제자본시장협회(ICMA, International Capital Market Association)는 2014년 그린채권 원칙(GBP)을 발표하였다(이후 몇 차례 개정됨).

국제자본시장협회가 제시한 그린채권의 적격 프로젝트

- 재생가능에너지, 에너지 절약
- 환경오염 방지와 관리
- 자연자원과 토지이용의 지속가능한 관리
- 해양 및 육상의 생물다양성 보전
- 클린 수송, 클린 빌딩
- 지속가능한 수자원 및 하수관리
- 기후변화에 대응
- 자원절약과 환경경제에 적용한 제품 기술과 제품 프로세스

국제자본시장협회가 제시한 그린채권 원칙은 자금용도, 프로젝트 평가와 선정 프로세스, 자금관리, 리포팅 4가지 요소로 구성되어 있다. 특히 자금은 그린 프로젝트에만 사용되어야 한다

(위 표 참조). 이것은 법적 서류와 채권 자체에도 명확하게 표시되어야 한다.

프랑스는 이런 그린채권 원칙을 활용하여 저탄소경제로 전환하기 위해 2015년 기관투자자가 기후변화에 관한 보고를 의무화하는 '에너지 이행법'을 제정하였다. 또한 금융상품의 ESG 표기 기준을 정하고, 탄소배출량 감소의 정보공시도 의무화하였다.

최근 들어, 많은 기업들이 그린채권을 발행하고 있다. 급속하게 늘어나는 그린채권 발행규모를 볼 때, 그린채권 시장은 앞으로도 일정한 성장을 유지하며 규모가 크게 늘어날 것으로 예상된다. 또한 앞으로 선진국뿐만 아니라 중국과 인도 등 개발도상국으로 확대될 것으로 보인다. 실제로 환경투자에 많은 자금이 필요한 국가들도 직접 나서서 그린채권을 발행하고 있다. 여기에는 지방정부도 합세하고 있다. 2016년 폴란드 정부가 행정기관으로서 처음으로 그린채권을 발행하였고, 이후 도쿄도와 파리시도 발행하였다.

제 **7** 장

ESG 평가를 잘 받는 성공전략

무형자산의 가치를 전달하는 통합보고서

불교경전 '반야심경(般若心經)'에 '색즉시공 공즉시색(色即時空 空即時色)'이라는 말이 있다. 석가는 물질을 '색', 본질을 '공'이라 하며 같은 것이라고 했다. 물질은 보이지만, 물질의 형태를 이루고 있는 본질은 눈에 보이지 않는다. 결국 눈에는 보이지 않아도 거기에는 실체가 확실히 존재하고 있다는 것이다.

아인슈타인은 '모든 질량이 산화하여 보이지 않아도 완전히 사라진 것이 아니라 우주에 에너지로 변한 것'이라고 설명했다. 그는 질량(色, 물질)과 에너지(空)의 등가성(等價性)을 발견하고, 이를 증명하였다. 후일 아인슈타인은 불교경전을 보고 자신의 이론이 석가가 설파한 '색즉시공 공즉시색'이라는 불교철학을 증명했다는 것을 알았다. 불교경전이나 아인슈타인의 이론을 보면, 보이지 않는 것에서 가치를 찾아내는 것은 인간이 정신세계에 의존하고 있다는 사실을 의미할지도 모른다.

▌무형자산의 가치가 상승하는 글로벌 기업

기업경영에서 인적자본, 지적자본, 조직자본과 같은 '보이지 않는 무형자산(Intangible Asset)'의 중요성은 커지고 있다. 일본 닛케이신문의 조사에 따르면, 2017년 전 세계에서 활동하는 기업들이 가지고 있는 '보이는 자산(Tangible Asset)'의 가치규모는 30조 달러, '보이지 않는 자산의 가치는 40조 달러에 달하는 것으로 추정되었다. 이미 보이지 않는 자산이 보이는 자산을 능가하고 있다는 얘기다.

미국 조사업체 '오션 토모(Ocean Tomo)'에 따르면, 1975년 당시 미국 S&P 500기업에서 '보이는 자산(유형자산)'이 기업시가총액에서 차지하는 비중은 83%로, '보이지 않는 자산(무형자산)' 비중 17%에 비해 훨씬 높게 나타났다. 그런데 2020~2021년 발생한 코로나 사태로 언택트(Untact) 기업들이 가진 무형자산의 시장가치가 급상승하면서 2020년 현재 무형자산의 비중이 90%까지 상승한 것으로 평가되고 있다.

S&P 500기업의 무형자산의 비중

구분	1975년	1985년	1995년	2005년	2015년	2020년
무형자산	17%	32%	68%	80%	84%	90%
유형자산	83%	68%	32%	20%	16%	10%

자료: 오션토모 웹사이트(https://www.oceantomo.com)

경영자가 중시하는 지표 중 하나인 총자산이익률(ROA)이 있다. 오랫동안 경영자는 재무적 경영지표를 기업가치의 판단기준으로 생각하고, 눈에 보이는 자산, 자금, 토지, 재고 등을 효과적으로 사용하여 수익을 올리는 것을 중시했다. 그러나 이제 시대가 변하고 있다.

앞에서 언급했듯이 S&P 500 기업의 무형자산 비율이 90%까지 증가했다는 것은 시장에서 기업가치는 보이지 않는 자산으로 결정되고 있다는 사실을 알 수 있다. 결과적으로 현재 'ROA'가 의미하는 것은 자금과 토지, 재고의 운용뿐만 아니라 보이지 않는 자산을 최대한으로 활용하는 것이 본질적인 'ROA'라고 말할 수 있다.

특히 '보이지 않는 자산(무형자산)' 중에 저작권 및 특허권 같은 지적재산(Intellectual Property)의 비중이 크다. 즉 경영에서 지적 재산 전략이 불가결한 상황이 되었다. 그리고 회사의 최대 자산을 운용하는 지적 재산 전략은 경영자의 중대한 임무다. 경영자는 회사의 장래를 생각하고 사업전략을 수립할 때 보이지 않는 자산을 적절히 활용해야 조기에 수익을 올리고, 사업을 글로벌로 확대할 수 있다.

그러나 눈에 보이지 않는 존재를 인식하기 어렵다. 무형자산 자체를 직접 측정하거나 관찰할 수 없기 때문에 활용하고 관리하기 어려운 점이 있다. 또한 전통적인 재무보고 형식으로 무형자산의 모습을 포괄적으로 파악할 수 없다. 경영자가 그 존재를 의식해도 경영관리 측면에서 그렇게 주의를 기울이지 않는다. 그렇더라도 재무정보만으로 시장에서 결정되는 기업가치를 완벽하게 설명할 수 없다. 재무보고의 구조만으로 표현할 수 없는 무엇이 존재하고 있다.

▌재무보고에서 기업보고 시대로 전환

지금까지 기업의 재무보고의 한계를 극복하고자 국제사회는 많은 노력을 해왔다. 최근에 기업이 활용하기 시작한 통합보고서는 그런 대표적인 노력의 산물이다. 통합보고서란 지적자산(정성적 자료)과 재무자료(정량적 자료)라는 2가지 관점에서 회사의 독자적 강점과 경영비전, 장래의 사업전개와 전망 등을 정리한 자료다.

일반적으로 회사에는 두 가지 정보가 있다. 하나는 재무자료다. 매출과 이익 등 손익계산서에 기재된 자료, 현·예금과 순자산 등 대차대조표에 기재된 자료가 있다. 이들은 어느 시점에서 회사의 경영상태를 나타내는 정보로서 결산서 작성시점의 과거 정보다.

기업에 또 하나의 비재무적 자료가 있다. 예를 들면 경영자의 우수한 능력과 경영이념, 경영비전, 종업원의 높은 동기부여와 스킬, 노하우, 상품개발 능력과 상품력, 기술력, 우량 거래처 등을 말한다. 이들은 결산서에 나타나지 않지만 회사의 보이지 않는 자산이다. 매출과 이익을 창출하는 원천이 되는 자산이다.

이런 보이지 않는 지적 자산은 각 기업의 독자적 강점인 무형자산이다. 이런 지적 자산을 어떻게 활용하여 고객에게 가치를 실현하고, 어떻게 장래 계획을 실현할지 정리하는 것은 큰 의미가 있다. 이런 작업을 통해 회사 내외의 이해관계자에게 회사의 강점과 경영비전, 장래의 사업전략에 관한 정보를 구체적으로 제공하고, 이해를 깊게 할 수 있다.

사실, 기업의 비재무정보의 가치는 오래 전부터 입증되었다. 이미 1945년 유니레버는 발간하는 연차보고서에 재무제표 외에 회사의 조직구조와 자본지출표를 기재하였다. 그 당시 회계전문가들은 유니레버가 제공하는 비재무적 정보를 매우 가치

있게 평가하였다.

1990년대부터 본격적으로 기업의 무형자산을 어떻게 기업가치에 반영할지 논의하기 시작했다. 미국을 중심으로 자본시장에서 재무보고만의 문제점을 극복하기 위한 구체적인 방법을 모색하기 시작했다. 1990년대 후반 회계전문가들은 진정한 기업가치를 파악하기 위해 주요 증권거래소의 상장기업을 평가한 결과, 재무보고 기준에 따라 작성한 재무제표상 이들 기업의 가치는 시가총액의 30%에 지나지 않았다.

투자자는 기업의 재무적 가치가 크게 낮은 것을 보고 도대체 어떤 자산이 가치 있는지 의문이 생겼다. 그리고 투자자는 눈에 보이는 재무적 가치보다 무형자산이 훨씬 많은 가치가 있다는 사실을 명확하게 인식하였다. 그 무형자산은 바로 회사의 평판, 장기전략, 공급망 관리, 이해관계자와 관계, 지배구조와 위험관리의 질, 효율적인 내부통제 등이었다.

2008년 글로벌 금융위기를 계기로 기업의 비재무정보의 가치가 다시 부각되기 시작했다. 재무보고 중심의 단기실적주의 경영이 세계의 금융위기를 초래했다는 비판의 목소리가 끊이지 않고 있다.

최근 사업의 글로벌화·복잡화·디지털화가 빠르게 진행되면서 복잡한 재무보고만으로 기업의 가치를 파악하기 어려운 환경이 되었다. 투자자는 재무보고서를 통해 사업활동의 거래실태, 기업의 업무활동과 재무활동을 정확하게 이해하기 어렵다. 재무보고서에는 회계기준과 공시요건에 따라 복잡하고 불필요한 내용도 많이 들어 있다. 기업이 많은 비용을 부담하여 재무보고를 작성하지만, 그 목적성과 유용성이 부족한 측면이 있다.

유용한 정보가 방대한 자료 속에서 매몰되어 필요한 정보가 투자에 활용되지 않고 있다고 투자자는 지적한다.

기업의 비재무적 가치가 크게 늘어나는 환경에서 복잡한 재무정보만으로 본질적인 기업가치를 설명할 수 없다. 특허와 브랜드 가치, 경영자의 자질, 직원의 기술 등 직접 숫자로 나타나지 않는 무형자산이 기업가치에 차지하는 비중도 커졌다.

그런 배경에서 재무제표만으로 기업가치를 충분히 분석하기 어렵고, 재무 이외의 정보가 기업가치, 중장기적 성장성을 측정하는 요소로서 중시되고 있다. 특히 장기 투자자는 재무·비재무를 포함한 기업가치의 전체 모습에 대한 설명을 요구하고 있다. 이런 환경에서 통합보고서는 장기 투자자의 설명요구에 대응하는 기업가치 창조 보고서로 유용하게 활용될 수 있다.

물론 모든 투자자가 장기적 가치를 기대하는 것은 아니다. 장기지향 투자자는 매우 적고, 당장 눈앞의 기업 실적 예상 등으로 판단하는 단기지향 투자자가 대부분이다. 그러나 기업이 통합보고서에 장기적인 가치창조 스토리를 담고, 투자자가 그 목표를 실현해나가는 모습에 공감한다면 달라질 것이다. 장기적 가치에 근거한 투자판단의 중요성을 이해관계자에게 적극적으로 알린다면 단기지향에 편중된 투자자의 자세도 점차 변할 것이다.

최근 양적으로 크게 늘어나는 기업정보를 효과적으로 전달하는 관점에서도 통합보고가 요구되고 있다. 글로벌화, IT기술의 급속한 발달, 2008년에 금융위기를 배경으로 기업보고는 재무보고, CSR보고, 지배구조 보고 등으로 다양해지고, 양적으로 확대되었다. 기업은 재무정보의 공시와 별도로 사회와 환경 대책에 관한 정보를 공시하는 CSR보고서와 지속가능성 보고서를 발표하고 있다.

그러나 지속가능성에 관한 보고서는 대부분 기업의 재무보고와 별도로 독립된 보고서로 발행되고 있기 때문에 기업의 지속가능성 대책과 경영전략과 관계가 명확하게 보이지 않았다. 공시정보의 양이 늘어나고 복잡성이 증가하고, 정보가 서로 관련되어 있지 않기 때문에 기업가치를 해석하는 것이 더욱 어렵게 되었다. 이러한 경영환경을 볼 때, 정보의 남발을 해소하기 위해 가장 중요한 요소를 선택정리하고, 재무정보와 비재무정보를 관련지어 간결하게 기업의 지속가능성을 이해할 수 있는 새로운 커뮤니케이션 방법이 필요한 시대가 되었다.

이러한 시대적 배경을 인식한 영국공인회계사협회(ACCA)는 통합보고서의 필요성을 다음과 같이 강조하고 있다.

"과거 수십 년에 걸쳐 기업의 지속가능성 과제가 큰 흐름이 되었다. 바로 그 핵심은 주식가치의 창조에서 공유가치를 창조하는 방향으로 나아가고 있다는 점이다. 기업은 공유가치를 창출하여 본업뿐만 아니라 장기적으로 사회전체의 가치를 창조해야 한다. 이제 기업의 경제적 이익과 외부의 사회적·경제적 성과가 기업의 성공을 정의하는 시대가 되었다. (중략) 이러한 변혁으로 기업보고에도 새로운 트렌드가 생기고 있다. 즉 재무와 비재무의 과제를 하나의 시스템으로 묶은 통합보고서가 필요한 시대가 되었다."

국제 기업보고 프레임워크를 제시하는 국제통합보고협의회

는 그런 시대적 흐름을 간파하고 재무정보와 비재무정보를 망라하는 국제통합보고 프레임워크를 제시하였다. 국제통합보고 프레임워크를 계기로 글로벌 기업들은 재무보고와 CSR보고서, 지속가능성 보고서를 합친 통합보고서를 발행하고 있다. 통합 대상으로 재무보고서, CSR보고서, 연차보고서 등 모든 공시정보를 포함하고 있다.

기업정보 공시의 새로운 질서

새로운 시스템	과거 시스템
간결하고 중요한 사항만 제시	길고 번잡함
효과적인 커뮤니케이션	양식에 의한 설명
장래의 사고로 보다 장기적 관점	과거 회고적이고 단기적 관점
단순하고 찾기 쉬움	복잡함
독자의 니즈에 민감하게 대응	범용적
조직과 그 이해관계자의 가치창조에 초점	주주를 위한 재무업적에 중점
개별 상황에 따른 투명성이 높은 정보공시	규정에 따른 한정적 정보공시
조직이 의존하고 영향을 미치는 모든 자본에 대한 스튜어드십을 반영	재무자본에 스튜어드십을 투영
최신기술을 도입할 수 있음	정적·고정적

자료: Guthrie(2016)

통합이란 단순히 대상이 되는 모든 공시정보를 하나로 묶는 것은 아니다. 통합보고서의 정보가 유기적으로 결합된 형태로 공시된다는 점이 중요하다. 유기적으로 결합된 형태란 기업이 지금까지 무엇을 하고, 장래 어디를 향해가는지 이해할 수 있도록 공시한다는 의미다.

통합보고는 기업의 가치창조에 대한 커뮤니케이션 프로세스를 말한다. 이 프로세스의 결과로 작성된 커뮤니케이션 수단이 통합보고서이다.

▋통합보고는 기업경쟁력을 높인다

ESG는 어디까지나 범주를 제시한 개념이다. 기업이 ESG 관리항목을 도입해도 새로운 사회적 가치창출, 사회과제 해결에 어떻게 연결되는지 충분히 설명할 수 없다. 기업은 투자자에게 ESG 경영을 통해 기업가치를 창출하는 모습을 생생하게 보여줄 필요가 있다. 이러한 사회적 요구에 부응하여 등장한 것이 바로 통합보고서다.

현재 일부 국가는 제도적 장치를 마련하여 기업의 통합보고서 발행을 강화하고 있다. 영국에서는 국제통합보고 프레임워크와 거의 똑같은 '전략보고서'가 제도화되었다. 남아프리카 공화국은 요하네스버그 증권거래소의 상장기업들에게 통합보고서 제출을 의무화하였다. 통합보고서를 작성하지 않으면 그 이유를 설명할 것(Comply or Explain)을 요구하고 있다. 말레이시아도 통합보고서의 작성을 의무화하였다.

일본은 통합보고를 표준화하고 장려하기 위해 2017년 '가치창조를 위한 통합정보공시·대화 가이던스'를 발표하였다. 이 가이던스는 기업경영자가 기업의 가치관, 사업모델, 지속가능성·성장성, 전략, 성과와 중요한 성과지표, 지배구조를 이해관계자에게 통합적으로 전달하기 위한 일종의 지침서다. 기업이 체계적인 정보공시를 통해 투자자와 대화의 질을 높인다는 목적에서 만들어졌다. 또한 경영자는 이 지침서에 따라 기업가치 창조를 위한 회사의 경영상황을 정리하고, 회고하고, 적극적으로 실천할 것을 기대하고 있다.

일본에서 통합보고 가이던스의 발표를 계기로 통합보고서를 작성하는 기업은 빠르게 늘어나고 있다. 시가총액 상위의 글로벌 기업을 중심으로 통합보고에 관한 논의가 활발하게 진행되고 있다. 2020년에 통합보고서를 작성한 회사는 이미 500개를 넘었고, 최근에는 비상장 기업, 대학 등 다양한 조직으로 확산되고 있다. 기업의 본질적인 가치를 보여줄 수 있는 통합보고서의 장점 때문에 도입기업은 더욱 늘어날 것으로 보인다.

통합보고서는 기업의 가치창조 능력을 투자자가 이해하도록 주체적으로 발행한다는 취지가 있다. 현재 이러한 통합보고서의 본질을 이해하지 못하고 가능한 비용을 적게 들여 보고서를 적당히 작성하여 공시하는 회사도 있다. 이런 겉핥기 식 보고서는 다른 회사의 보고서를 대충 인용하는 수준에 지나지 않는다.

통합보고서 작성은 기업경영에 여러 가지 장점이 있다. 남아공 국영전력회사 '에스콤(Eskom)'은 기업의 가치창조 스토리를 자신의 언어로 전달할 수 있다는 장점을 강조한다. 장기적인 가치창조 스토리의 전개과정을 역동적인 모습으로 공시하면 기업의 중점대책을 강조하면서 가치창조의 방향을 제시할 수 있다는 것이다. 기업의 가치창조 스토리를 전달하려고 논의하는 과정에서 조직의 커뮤니케이션이 활성화되고 외부에 홍보기능도 더욱 커질 수 있다.

기업의 가치창조 활동의 전체모습을 장기적 시간대로 전달하기 때문에 통합보고서는 장기적 위험자금을 공급하는 투자자를 끌어들일 수 있다. 반대로 기업이 장기적 가치창조의 모습을 전달하지 못하면 투자자는 장기적인 자금을 공급하지 않을 것이다. 기업의 단기적 성과에 좌우되지 않고 장기적 기업가치 향상에 관심 있는 투자자와 매칭된다면 안정된 경영기반에서 지속적으로 성장을 추구할 수 있다.

통합보고서 작성의 다양한 장점

- 기업의 가치창조 전체모습을 파악하여 경영과제를 개선하고 의사결정의 질을 높인다.
- 경영의 중요과제를 명확히 설정하고 측정하고 개선할 수 있다.
- 중요한 이해관계자와 커뮤니케이션의 공통기반으로 깊이 있는 대화를 할 수 있다.
- 다양한 정보를 한 권에 집약하여 비용을 줄일 수 있다.
- 보고서를 작성할 때 부서간 연계와 커뮤니케이션이 필요하기 때문에 부문간 장벽을 제거할 수 있다.
- 기업이념과 전략, 사업모델에 공감하는 이해관계자를 끌어들일 수 있다.
- 기업 가치관에 공감하는 동기부여가 높은 직원을 채용하고, 인력비용을 줄일 수 있다.
- 기업이 불투명한 정보를 주도적으로 공시하여 투자자의 위험수준을 줄일 수 있다.
- 자금조달 비용을 줄일 수 있다.

▌이해관계자와 소통하는 글로벌 기업

기업과 대중이 적극적이고 성실한 의사소통을 통해 서로 깊이 이해하면서 이익을 창출하는 시대가 되었다. 이제 재무보고만으로 진정한 기업가치를 보여줄 수 없다. 기업은 사회과제를 해결할 책임이 있고, 그 방법과 성과도 사회에 보여주어야 한다.

통합보고는 사회과제를 해결하고 중장기적 기업가치를 사회에 보여주는 커뮤니케이션 수단이다. 일찍이 사업상 환경과 사회적 과제의 중요성을 인식한 업종의 기업들은 비재무정보를 전략에 적극 반영해왔다. 특히 다국적 제약회사들은 통합보고서를 작성하는 방법으로 사업환경 변화에 대처해왔다. 제약회사는 태생적으로 환경과 사회 변화가 회사의 사업전략에 영향을 주고, 회사의 사업프로세스가 환경과 사회에 영향을 준다는 상호관계(통합사고)를 비교적 이해하기 쉬운 업종이다. 즉 식생활의 변화와 기후변화는 인간의 건강상태와 질병에 영향을 주고, 제약기업의 사업전략에도 영향을 준다는 통합사고를 하고 있다. 일본 최대의 제약회사 다케다약품공업은 일찍부터 기업활동에 통합사고를 중시하고 통합보고서 작성에 노력했다.

다케다약품공업은 통합보고서 작성의 모범사례로 인정받고 있다. 다케다약품공업은 2005년 당시 연차보고서와 CSR보고서를 개별로 발행하였다. 두 보고서에는 중복된 내용이 많았다. 주주를 비롯해 폭넓은 이해관계자를 위해 공통된 기업정보를 모색하던 중 통합보고서를 발행하기로 결정했다.

다케다약품공업은 매년 커뮤니케이션과 사회공헌 분야 등 관련 부서에서 일하는 직원을 선발하여 통합보고서 작성 프로젝트를 조직하고 있다. 팀 기능이 통합된 횡단적 프로젝트팀이 주체가 되어 회사의 다양한 정보를 유기적으로 결합하여 통합보고서에 담아 공시하고 있다. 통합보고서 하나만 작성하기 때문에 이전보다 제작비용이 대폭 줄어들었다.

통합보고서는 투자자만을 위한 IR자료가 아니다. 물론 투자자나 애널리스트가 읽고 있지만, 본래의 목적은 종업원, 거래처, 고객, 지역사회 등 모든 이해관계자에게 회사의 다양한 대책을 전달하고 이해시키기 위한 커뮤니케이션 도구다.

간단히 말해 통합보고서는 기업이 사회에 자신의 사업과 사고를 설명하기 위한 핵심자료다. 이러한 내용을 간결하게 편집하는 것은 어렵다. 무엇이 본질이고 어떤 모습으로 어떻게 말할지 결정하기 어렵다. 회사에서 다양한 견해가 있다. 통합보고는 자기표현을 위해 산고(産苦)의 프로세스를 거쳐야 하고, 기업의 장벽을 넘은 활발한 커뮤니케이션을 통해 만들어진다. 다양한 견해를 압축해서 정리할 수 있다면 독자는 회사를 더 잘 이해하고 좋은 인상을 가질 것이다.

대부분의 기업에서 IR(Investor Relations)부서 직원들만 통합보고서를 힘들게 작성한다. 그러나 기업의 홍보나 IR담당자가 통합보고서를 작성하기 어렵다. 회사의 독자적 기술의 강점, 조직문화의 경쟁우위 등 기업의 암묵지(暗默知)를 외부에 제시하려면 형식지(形式知)로 바꿔서 표현해야 한다. 기업의 모든 부문에 있는 비재무적 자본을 찾아내고 정리해야 하기 때문에 IR부서만 대응하여 보고서를 작성하기 어렵다.

통합보고서는 기업경영의 의사결정, 기업이 보유한 비재무자본과 정보의 관련성, 이해관계자의 관련성 등 기업활동 전반을 포괄하고 있다는 점을 생각해야 한다. 경영자는 물론 재무, 마케팅, 인사, IT 등 전 부서가 협력해서 작성할 필요가있다.

통합보고서를 위해 전 부문이 커뮤니케이션하고 협력할 수 있다면 기업은 강해진다. 통합보고서를 작성할 때 기업은 보유한 모든 자산의 가치를 평가할 수 있는 좋은 기회로 삼아야 한다. 통합보고서를 작성하는 과정에서 기업은 사회경제 트렌드와 사업전략간의 불일치, 숨겨진 지적 자본과 중요정보를 파악하고 개선할 수 있다. 단순히 업무수행 정도로 하는 작업이 기업의 장기 전략으로 바뀔 수 있다.

　예를 들어 인사부서는 직원의 생산성과 사기를 측정하고, 개선하기 위한 전략적 인사대책을 마련할 수 있다. 재무부서는 회사의 목표를 달성하기 위해 재무자산을 어떻게 활용할지 재무정보와 전략수행을 결합한 전략적 분석을 제언할 수 있다. 모든 기업활동과 장래의 목표를 언어로 정리하고 외부에 보고하기 때문에 회사의 모든 부문은 전략부문으로 바뀔 수 있다. 간단히 말해, 통합보고서의 작성은 기업의 경쟁력을 강화하는 대책이 된다.

　이렇게 통합보고서는 투자자에게 기업가치를 설명하는 대화수단으로서 중요한 기능을 하고 있다. 앞에서 언급했듯이, 일본은 통합보고서의 장점을 인식하고, 그 보급활동을 적극 추진하고 있다. 일부 비영리단체와 일본의 공적연금기금(GPIF)은 표창제도를 활용하여 통합보고서의 확산에 크게 기여하고 있다.

　'세계 지적자본단체 일본법인(WICI Japan)'은 2013년부터 매년 상장기업이 발행한 통합보고서를 심사하여 우수기업을 표창하고 있다. 2020년 이토추상사와 히타치제작소, 아지노모토, 미쓰비시케미컬홀딩스 등 9개 기업을 선정하여 표창하였다. 그중에서 우수기업상을 받은 이토추상사와 히타치제작소의 통합보고서는 완성도가 높고 다른 회사에 모범사례로 인정받고 있다. 통합적 사고로 경영을 실천하고, 중장기 가치창조력이 각 이해관계자와 관계에서 알기 쉽게 제시되고 있어 장래에 기업가치 향상을 기대할 수 있다는 점을 높이 평가받았다.

　세계 최대규모의 일본의 공적연금기금(GPIF)도 매년 주식운용을 위탁한 운용기관에게 우수한 통합보고서와 개선도가 높은

통합보고서의 선정을 의뢰하고 있다. 2021년에는 우수한 통합
보고서 77개 회사, 개선도가 높은 통합보고서로 94개 회사를 선
정했다. 이토추상사, 히타치제작소, 기린홀딩스 등이 우수기업
으로 뽑혔다.

GPIF가 선정한 통합보고서 작성 우수기업과 선정 이유

이토추상사	−상장자회사의 지배구조 상황 보고 −중요한 의사결정프로세스의 위험관리를 상세히 기술 −기업이념에 근거하여 재무·비재무 모든 분야에서 중장기 성장 방향을 명확하게 제시

히타치제작소	−성과와 과제를 회고하고, 지향하는 모습을 실현하기 위한 전
	  략을 부문별 가치창조 스토리로 설명
	−재무·비재무 목표, 지속적 성장을 지탱하는 구조, 이노베이션
	  등을 알기 쉽게 설명
	−경영의 집행과 분리, 이사회 다양성에 대응

동경해상홀딩스	−기업의 존재의의, 강점, 장래 모습을 간결 명확하게 정리 −사외이사의 활동현황, 종업원의 설문결과 정보를 공시 −CEO메세지, 사외이사의 대담 등 매우 유용한 정보를 공시
기린홀딩스	−기업가치의 최대화를 위한 재무전략 방침이 명확함 −기업지배구조에 실적연동 보수의 계산방식을 공시 −가치창조 모델에서 기업의 강점을 숫자로 상세하게 설명

스미토모 화학	−재무·비재무정보를 사업별 통합형태로 기재하고, 어떻게 경쟁
	  우위로 연결되는지 명확하게 작성
	−ESG 요소를 어떻게 경영에 반영하는지 상세히 기재
	−장기경영계획을 실현하기 위해 경제·환경·사회 분야에 구체적
	  인 KPI설정

옴론	−"해방한다"는 탁월한 발상의 경영이념을 실현하고 있음 −매우 충실한 경영정보를 제공하여 투자판단 자료로 유용함 −주력사업에 이사회가 관여하는 모습을 제시하여 이사회의 효 과적인 기능을 이해하기 쉬움
가오	−ESG 경영의 중점대책과 2030년 목표치를 명확하게 제시 −밸류체인마다 ESG를 고려하고, 기업문화로 정착하고 있음 −중장기 목표를 재무·비재무 측면에서 상세히 설명

자료: GPIF(2021)

기업의 목적에 맞는 통합보고서 작성

통합보고서는 장기에 걸쳐 기업의 가치창조 스토리를 담고 있어야 한다. 동일한 사업을 하더라도 어떻게 기업가치를 창조하느냐에 따라 그 내용은 본질적으로 다를 수밖에 없다. 따라서 통합보고서를 작성할 때 사회에 어떤 가치를 제공하고 싶은지, 회사는 무엇을 위해 존재하는지 기업의 목적과 존재의의를 다시 명확히 설정해야 한다.

세계적인 식품화학 업체인 '유니레버(Unilever)'는 "지속가능한 삶을 당연하게", '네슬레(Nestle)'는 "생활의 질을 높여 더욱 건강한 미래에 공헌한다"를 기업의 목적으로 제시하고 있다. 일본의 의료기기업체 '올림퍼스(Olympus)'는 2018년 "세계 사람들의 건강과 안심, 마음의 풍요 실현"으로 경영이념을 개정하여 발표하고 세계의 이해관계자와 공유하고 있다. 또 '소니(Sony)'는 "질과 테크놀로지 능력으로 세계를 감동으로 채운다"는 목적을 제시하고 있다. 이들 기업은 모두 사회에 어떻게 가치를 제공할 것인지 적극적 관점을 제시하고 있다.

기업의 목적은 그 존재의의를 말한다. 사회 속에서 어떤 상태에 있고 싶거나 사회에 대해 어떤 가치를 제공하고 싶은지를 제시하는 불변의 개념이다. 따라서 투자자들도 투자기업을 고를 때 기업의 목적에 주목하고 있다.

미국의 대형 자산운용회사 블랙록(BlackRock)은 2018년 투자기업의 CEO에게 보낸 서한에서 기업목적의 중요성을 호소하고 있다. 블랙록의 CEO 연두서간의 제목도 2018년에 "목적의식(A Sense of Purpose)", 2019년에도 "이익과 목적(Profit and Purpose)"이었다. 기업의 목적 실현과 이익 창출을 동시에 달성하는 것, 다시 말해 사회적 가치창조와 경제적 가치창조를 양립할 수 있다는 점을 강조하였다.

2020년에는 기업이 이해관계자를 위해 매월 무엇을 하고 있는지, 명확한 목적에 따라 장기전략을 추진하고 있는지 주목하고 있다고 강조했다. 이제 블랙록과 같이 많은 기관투자자가 인게이지먼트할 때 기업의 목적을 중시하고 있다는 점을 알 수 있다.

단기실적주의가 만연된 기업풍토에서 기업의 목적에 따라 주체적으로 장기적 가치창조의 방향으로 경영방식을 바꾸기는 쉽지 않다. 그러나 세계의 사회경제 환경은 기업에 명확한 목적의식을 요구하고 있다. 즉 기업이 목적의식을 갖고 장기적인 기업가치를 높이는 방향으로 나갈 수밖에 없는 시대에 직면하였다.

이제는 기업은 그 본질적인 목적을 기점으로 하는 가치창조 스토리를 제시하고, 다양한 이해관계자에게 깊은 이해를 얻어야 한다. 앞으로 기업은 가치창조 스토리를 실험하면서 지속적인 성장의 실마리를 찾아야 할 것이다.

▍백캐스팅 발상으로 장기목표를 설정하라

현재 시점에서 장래의 실현가능성을 생각하고 미래의 목표를 향해가는 것을 포어캐스팅(forecasting)방식이라고 한다. 예를 들면 현재 갖고 있는 자원으로 적절한 도전목표를 설정하는 것이다.

반면에 미래의 모습에서 역산하여 현재의 대책을 생각하는 발상을 백캐스팅(backcasting)이라고 한다. 목적을 기점으로 하면 필요에 따라 도달할 수 없을 것 같은 큰 목표를 설정하고, 추진방법은 나중에 어떻게 해서라도 생각해내는 것이 백캐스팅방식이다. 즉 목적을 기점으로 회사가 장기적으로 어떤 모습으로 있고 싶은지 비전을 수립하고, 그 모습에 도달하기 위해 지금부터 무엇을 할 것인지, 어떻게 해야 할지 전략을 설정한다. 백캐스팅으로 설정한 기업의 장기전략은 이해관계자와 대화에서 중요하다.

백캐스팅은 현재 주목받는 SDGs에 적용할 수 있다. SDGs는 2030년의 목표를 기점으로 하는 백캐스팅 방식으로 만들어져 있다. 즉 구체적인 방식은 알지 못해도 세계는 2030년에 어떤 상태가 되어 있어야 한다는 상당히 도전적인 목표로 설정되어 있다. 기업의 사업전략이 SDGs와 어떤 관계가 있는지를 요구하는 것이 아니다. SDGs목표를 달성하기 위해 회사는 어떻게 공헌할 것인지를 제시하는 것이다.

현재 많은 글로벌 기업이 발행하는 통합보고서에는 SDGs와 관련된 기업비전과 중장기 전략이 포함되어 있다. 회사의 SDGs 달성을 형식적으로 위장하는 'SDGs 워싱(washing)'을 우려하는 목소리도 커지고 있다. 기업이 포어캐스팅으로 SDGs 달성을 형식적으로 생각한다면 'SDGs 워싱'으로 지적받을 가능성이 있다.

지금까지 기업은 경제성장을 전제로 목표를 추구하였다. 주주와 고객등이 이해관계자도 성장을 전제로 기업을 바라보았다. 이제 경제적 성장기반이 과거와 달리 근본적으로 바뀌었기 때문에 기업과 이해관계자는 본질적인 목적으로 새롭게 연계해야 한다.

기업은 사회에 어떤 가치를 제공하고 싶은지 명확하게 제시해야 한다. 그리고 기업이 제공하는 가치창조에 공감하는 이해관계자와 밀접한 관계를 구축해야 한다. 이해관계자와 대화하면서 장기적 가치창조를 실현해야 한다. 목적을 축으로 사회에 어떤 가치를 위해 무엇을 할지 종업원, 고객, 지역사회, 거래처, 투자자 등 이해관계자와 적극적으로 대화해야 한다. 그런 새로운 발상은 기업의 장기적 성장기반을 뒷받침하고, 이해관계자와 장기적으로 안정적 관계를 유지할 수 있다. 다시 말해 기업의 목적은 경영의 모든 기점이면서 판단기준이다. 그리고 이해관계자에게는 구심력이 된다. 이것이 바로 장래에 진정한 기업의 생존전략임을 잊지 말아야 한다.

ESG와 SDGs경영 시대에 기업은 진정한 목적을 인식해야 한다. 단기주의 실적을 넘어 스스로 무엇을 위해 존재하고 있는지 근본적인 질문을 던질 때 장기전략에 집중하고, 이해관계자와 더욱 신뢰 있는 관계를 구축할 수 있다. 어떤 기업은 창업 후 많은 시간이 지나 사업다각화를 추진하면서 기존의 기업목적과 달라진 경우도 많다. 기업의 목적을 명문화하지 않은 회사도 많다. 그런 기업은 창업자의 정신, 지금까지 고객에게 제공한 제품과 서비스를 점검하면서 어떤 목적을 갖고 경영했는지 진지하게 생각해봐야 한다.

▌기업가치 창조 스토리를 담아라

다시 강조하자면, 통합보고서 작성이란 경영자가 중장기 가치창조 구조를 직접 통합보고서에 담아 발행하는 것이 진정한 취지다. 중장기 가치창조 구조는 기업이 중장기에 걸쳐 어떻게 수익을 내며 생존해나갈지를 보여주는 사업모델이다. 통합보고서는 장래 어떤 모습으로 있고 싶은지(비전), 그곳에 어떻게 도달할 것인지(전략)을 제시해야 한다.

구체적으로 통합보고서에는 기업의 가치를 지속적으로 높이는 중장기적 성장전략, 그리고 중장기적 성장을 방해하는 위험을 인식하고 적절한 매니지먼트 능력(ESG 경영 능력)에 관한 정보를 담아야 한다.

그러나 통합보고서를 보면 많은 기업들이 장래 바라는 자신들의 모습을 제시하지 않고, 원하는 모습에 도달하기 위한 세분화된 목표를 제시하지 않은 경우도 있다. 이런 기업은 회사의 강점이 무엇이고, 강점을 살려 중장기에 걸쳐 어떻게 수익을 낼 것인지 회사에서 먼저 토론하는 것이 바람직하다. 통합보고서의 기획단계부터 IR부문, CSR부문, 기업브랜드를 총괄하는 부문이 함께 모여 충분히 논의해야 한다.

통합보고서에는 회사만의 강점으로 독특한 가치창조 스토리를 전개하는 것이 중요하다. 강점은 기업에 따라 천차만별이다. 브랜드 능력과 인재, 제품개발 능력 등 회사마다 다른 능력이 있다. 기업활동에서 이익을 내는 원천이 무엇인지 파악하고, 투자자도 이해한다면 주가도 올라갈 것이다. 따라서 기업은 비즈니스 특징, 경영비전 등을 바탕으로 가치창조 스토리를 구축하는데 힘을 쏟아야 한다. 기업의 가치창조 구조를 공시하는 것은 매우 의미 있고 중대한 기업 프로젝트다.

재무정보와 ESG 정보를 단순히 함께 기재하는 것을 통합보고서로 생각하는 기업도 있다. ESG 정보를 성실하게 설명하는 것도 중요하지만, 환경, 사회, 지배구조의 대책을 단순히 소개하는 것만으로 기업가치 창조 스토리를 만들 수 없다. 통합보고서가 가치창조 스토리만 제대로 보여준다면 충분한 정보가치가 있다. 가치창조 스토리의 본질에서 멀리 벗어난 정보는 통합보고서에 담지 않아야 한다.

글로벌 기업의 사례를 보면, 통합보고서의 발행방법은 회사마다 다양하다. 지금까지 회사의 커뮤니케이션 툴(tool)과 합치거나 사용방법 등도 각 회사의 상황에 따라 다르다. 연차보고서와 CSR보고서를 통합보고서에 포함하는 회사도 있다. 통합보고서를 회사 안내자료로 사용하거나 책자로 발행하지 않고 웹사이트에만 공개하려는 회사도 있다. 모두 다양한 이해관계자를 강하게 의식한 통합보고서를 만들려는 것이다.

무엇보다 회사에서 사용하기 편리하고 설명하기 쉬운 자료를 만드는 관점이 중요하다. 통합보고서를 어떻게 발행하든 간에 본질적인 정보, 즉 가치창조 스토리를 명확하게 제시해야 한다는 것을 잊지 말아야 한다.

그럼, 통합보고서에 누구나 공감하는 스토리를 만드는 방법은 무엇일까? 그것은 통합보고서 내용을 단순하게 제시하는 것이다. 단순할수록 통합보고서의 메시지는 강하고 독자의 마음에 남는다. 내용을 보태는 것보다 줄이는 것이 더 어렵다. 또한 적합한 디자인을 활용하여 시각적으로 내용을 단순하게 구성하여 호소해야 한다.

통합보고서를 작성할 때 회사상황을 가능한 자세히 설명하려고 많은 정보를 담는 경향이 있다. 기술내용이 많다고 해도 필요 충분한 정보가 포함되었다고 말할 수 없고, 오히려 독자의 이해를 방해할 수도 있다. 상세한 정보를 많이 제시할수록 그 스토리를 공감하기는 어렵다. 텍스트가 적어도 누구나 공감하는 맥락과 창의적인 디자인만으로 공감을 얻을 수 있다. 중요한 사항만을 포함한 간결한 보고가 중요하고 투자자와 기업의 대화가 보고의 질을 높이는데 효과적이다.

국제통합보고협의회(IIRC) CEO 폴 드럭만(Paul Druckman)은 통합보고에 무엇을 포함하는 것이 문제가 아니라고 말한다. 그보다 기업의 가치창조 능력에 대한 어떤 스토리를 전달하고 싶은지를 간결하게 제시하는 것이 중요하다고 강조한다. 간단히 말해 회계의 관점이 아니라 사업전체를 생각하는 시스템 사고가 필요하다는 것이다.

누구나 공감하기 쉬운 통합보고서는 몇 가지 맥락을 포함하고 있다. 먼저 통합보고서에 현재의 경영상황, 주력상품과 서비스를 제시하고 다른 회사와 차이를 명확하게 설명한다. 그리고 다른 회사와 차이를 존중하고, 성장하는 구조와 시나리오를 알기 쉽게 설명한다. 시간이 경과하고 기술혁신으로 사업환경이 급격하게 변하기 때문에 다른 회사와 차이가 변할 가능성이 있다는 것도 보여줄 필요가 있다. 즉 장래의 사업환경을 예측하고, 그 근거에 관해 설명하는 것이다.

통합보고서의 디자인도 중요하다. 디자인은 단순히 그래픽 디자인과 영상으로 표현하는 것은 아니다. 구체적으로 기업과 경영자의 가치창조 스토리를 실천하려는 의지와 메시지를 전달하기 위한 창의적인 방식으로 제시해야 한다.

앞에서 언급했듯이, 그 힘든 작업에도 불구하고 통합보고서 작성은 기업에 많은 효과를 가져다 줄 것이다. 통합보고서를 작성하면서 부문간 장벽을 넘어 활발한 커뮤니케이션을 촉진하고, 이사회에서 회사의 장기전략을 논의하는 계기가 될 것이다. 통합보고서 발행은 중장기적인 기업가치를 높이기 위한 장기적인 프로젝트임을 잊지 말아야 한다. 결코 하루 아침에 좋은 성과를 낼 수 없다. 경영자가 중심이 되어 열정을 갖고 대처하면 장기적으로 기업가치를 높이는 최고의 대책이 될 것이다.

경영자는 통합보고서의 작성을 투자자에 대한 책임과 경영자로서 책무를 보여주는 효과적인 수단이라는 사실을 인식해야 한다. 그리고 단기적 경영성과에 대한 집착에서 벗어나 장기적인 기업가치를 높이는 방향으로 눈을 돌려야 통합보고서의 진정한 가치가 보일 것이다.

▌이해관계자의 공감을 얻어라

통합보고서를 작성하는 배경을 이해한다면 어떤 요소를 통합보고서에 담아야 할지 짐작할 수 있을 것이다. 현재 다양한 통합보고 프레임워크가 존재하지만, IIRC의 국제통합보고 프레임워크는 필요한 요소를 체계적으로 제시하고 있다.

그럼, 국제통합보고 프레임워크는 어떻게 구성되어 있을까? IIRC는 통합보고서를 '외부환경의 맥락에서 조직의 전략, 지배구조, 성과, 장래전망이 어떻게 단기·중기·장기의 가치창조에 연결되는지에 관한 간결한 커뮤니케이션'으로 정의하고 있다. 조직의 개요와 외부환경, 지배구조, 사업모델, 위험과 기회, 전략과 자원배분, 성과, 전망, 작성과 표시의 기초라는 8가지 내용 요소를 제시하고 있다. 제목만으로 어떤 내용이 들어가야 하는지 대충 짐작할 수 있을 것이다.

내용요소 중에 사업모델에 유의할 필요가 있다. IIRC가 제시하는 사업모델이란 다양한 자원을 활용하여 추진하는 사업활동의 청사진이라는 의미다. 이 자원은 매우 광범위한 개념으로 모든 사람, 물건, 자금, 브랜드, 기업문화, 암묵지, 신용, 이해관계자와 신뢰관계, 자연환경과 생태계까지 포함하고 있다. 이렇게 파악하기 어려운 다양한 자원을 능숙하게 활용하여 선견지명을 갖고 충실히 경영하는 기업은 장래가 유망하다고 볼 수 있다.

이렇게 통합보고서는 기업활동의 개략적 내용과 그 방향성을 사회와 역동적인 관계 속에서 그려내는 커뮤니케이션 수단이다. 통합보고서에서 기업은 사회와 관계를 어떻게 최적화하고, 그 방법을 어떻게 이해관계자에게 이해시키고, 공감을 얻을 수 있을지 생각해야 한다. 통합보고서에 무엇을 기재하고, 어떻게 표현해야 할 것인지도 중요한 문제다. 이해관계자가 흥미를 갖고 읽을 수 있도록 컨셉, 콘텐츠, 비쥬얼도 고려해야 한다.

통합보고서 작성의 7가지 핵심요소

- 커뮤니케이션의 대상자로서 이해관계자의 관점을 중시한다
- 조직의 지속가능성을 유지하기 위해 어떻게 진지하게 사회와 마주할지 생각한다
- 주주가치가 아니라 기업가치를 폭넓게 이해관계자에게 제공한다
- 비재무적 기업가치를 중시한다
- 수직적인 조직의 문제점을 통합보고로 해소한다
- 경영에 필수적인 중장기적 프로세스 매니지먼트로 파악한다
- 최초부터 완벽을 추구하지 않고, 서서히 단계적으로 추진한다

    상장기업의 주주와 투자자는 중요한 이해관계자로서 기업활동을 엄격하게 점검할 수 있다. 그러나 비상장기업과 공기업에서는 기업활동을 점검하기 어려운 실정이다. 이러한 비상장기업과 공기업도 통합보고의 발상을 조직에 도입할 필요가 있다. 조직의 장기전략을 설정하고, 성장기반을 마련하는 차원에서 통합보고서는 매우 유용한 수단이다. 여러 부서가 수평적 커뮤니케이션을 통해 장래 원하는 모습을 그려보고, 어떻게 목표를 성취할 것인지 논의하면서 조직의 결속력이 강화되고 조직의 명확한 방향을 찾을 수 있다.

    앞으로 한국에서도 ESG 경영이 보편화되면서 통합보고서를 작성하는 기업은 대폭 늘어날 것이다. 다른 기업의 ESG 경영에 편승하여 형식적으로 통합보고서를 작성하는 기업도 있을 것이다. 그러나 통합보고서의 내용과 회사상황이 동떨어져 있으면 작성의 성과를 거둘 수 없다. 해외기업의 사례를 보면, 형식적인 대책으로 추진하는 경우도 적지 않다. 통합보고서가 형식만 갖춘 보여주기식 보고서가 된다면 결국은 보고서를 읽는 독자(이해관계자)의 니즈에 맞출 수 없고 활용되지도 않을 것이다.

    따라서 활용되는 통합보고서를 작성하려면 기업은 무엇 때문

에 누구를 위해 통합보고서를 작성하는지 근본적인 질문을 던져야 한다. 통합보고서는 결코 형식적인 자료가 아니고, 그 작성하는 작업도 중요한 의미가 있다. 통합보고서가 기업가치 향상을 위한 커뮤니케이션을 목적으로 작성한 것이라면 그 기업과 가장 관계가 깊은 이해관계자의 공감을 얻어야 한다. 이해관계자를 배려하는 통합보고서는 결과적으로 목적 있는 대화매체로서 활용되어야만 의미를 가질 수 있다.

최근 글로벌 환경에서 볼 때 투자자의 대응방식이 바뀌고 있다. 투자자는 스튜어드십 코드와 기업지배구조 모범규준에 따라 중요한 이해관계자로서 기업경영의 모습을 신중하게 점검하기 시작했다. 통합보고서는 이런 투자자를 위해 작성된다. 통합보고서의 내용이 목적에 적합하게 작성된다면 투자자와 목적을 가진 건설적 대화에 공헌하고, 인베스트먼트 체인을 통한 자본시장의 건전성과 투명성을 높일 수 있다.

▍머티리얼리티를 명확히 설정하라

앞서 언급했듯이, 해외에서 통합보고서를 작성하는 기업은 매년 크게 늘어나고 있다. ESG 정보를 통합보고서로 공시하는 추세는 더욱 확산될 것이다. 그러나 이런 통합보고서는 기재내용에 관한 명확한 기준이 없는 임의의 보고서다. 당연히 보고서의 내용과 양은 기업에 따라 큰 차이가 있다. 정량적 평가가 아니기 때문에 정보내용도 자유롭게 기재하고 있다.

그렇다고 통합보고서를 회사의 관점에서 임의로 작성할 수는 없다. 외부의 투자자 등 이해관계자가 통합보고서를 정밀하게 분석하고 평가하기 때문이다.

현재 대부분의 기관투자자는 기업이념, CEO 메세지, 장래 지향하는 방향(가치창조 스토리)의 일관성이 있고, 중장기적 가치창조 스토리를 실현하기 위한 핵심평가항목(KPI)과 실행계획을 구체적으로 제시하는 통합보고서를 높이 평가하고 있다. 그런 기업은 당연히 통합보고서에 중요한 요소를 기재하고 있다고 생각할 것이다.

무엇보다 처음으로 통합보고서를 작성하는 기업은 큰 부담이 된다. ESG 정보공시에는 정해진 명확한 규범이나 포맷(format)이 없고, 국제적 가이드라인(스탠더드)도 다양하기 때문에 어느 것을 참고해야 할지 모르는 기업이 많다.

세계최대의 일본 공적연금기금 'GPIF'는 기업이 ESG 정보공시에 참고하는 다양한 국제 가이드라인을 분석한 결과, 'ESG 위험과 기회의 인식', '머티리얼리티의 선정', '머티리얼리티의 전략과 대책', '핵심평가항목(KPI)설정', '지배구조'라는 5개 공통항목을 발견하였다. 다시 말해, 기업은 통합보고서로 정보를 공시할 때 적어도 이 5개의 공통항목을 반드시 포함해야 한다는 의미다.

공통항목은 아니지만, 기후변화 시나리오 분석은 글로벌 투자자가 가장 관심을 갖고 있는 ESG 테마로서 적극 반영하는 것이 좋다. ESG 정보공시에 착수하는 기업은 먼저 이렇게 6개 항목부터 검토하면서 시작하길 바란다.

특히 기업은 앞서 언급한 5개 공통항목 중에는 '머티리얼리티의 선정과 그 전략·대책'에 주목해야 한다. 모든 가이드라인에서 '머티리얼리티'를 매우 중요한 항목으로 취급하고 있다는 점이다. 일반적으로 머티리얼리티(materiality)는 '중요한 과제',

'사물의 중대성'이라는 의미가 있다. 선진국의 ESG 정보공시 분야에서는 그 용어를 번역하지 않고 '머티리얼리티' 그대로 사용하고 있다. 다양한 ESG 과제 중에서 회사가 우선하여 대처해야 하는 중요한 과제라는 의미다. 기업이 무엇을 머티리얼리티로 할 것인지는 기업의 경영과 활동에 직결되기 때문에 매우 중요한 문제다.

제5장에서 ESG 평가와 관련하여 머티리얼리티 선정 프로세스를 설명하였지만, 그 중요성 때문에 다시 한번 여기에서 간단히 소개하기로 한다.

대체로 머티리얼리티는 3가지 프로세스를 거쳐 선정된다. 먼저 SDGs 목표를 참고하여 기업에 관련되는 환경과 사회적 과제를 망라한 후에, 그 중에서 우선순위를 매기고, 최종적으로 몇 개의 과제로 좁힌다. 이때 중요한 사회적 과제를 종축(縱軸)에, 회사의 중요항목을 횡축(橫軸)에 두는 매트릭스를 활용하여 우선순위를 매겨 선정하는 기업도 있다. 머티리얼리티를 선정하고 우선순위를 설정하면 회사의 ESG 과제를 정리하고 추진방향을 명확히 설정할 수 있다. 통합보고서에는 이런 머티리얼리티 선정 프로세스도 공시하고 있다. IIRC 프레임워크에 따르면, 머티리얼리티 항목에서 통합보고서는 '조직의 단기·중기·장기의 가치창조능력에 실질적으로 영향을 주는 현상에 관한 정보를 공시한다'고 규정하고 있다. 기업이 창출하는 가치는 저마다 다르기 때문에 당연히 영향을 주는 것도 기업마다 다르다. 즉 기업 스스로 머티리얼리티를 정의해야 한다.

IIRC가 2013년 발표한 '국제통합보고 프레임워크'에서 통합
보고서의 전반적인 내용을 총괄하는 지도원칙과 내용요소를
규정하고 그 기초적 개념을 설명하고 있다. 기본적인 내용 설명
과 함께 통합보고서가 재무자본의 제공자에게 조직이 장기적
으로 어떻게 가치를 창조하는지 설명하려는 취지를 밝히고 있
다. 조직의 장기에 걸친 가치창조 능력에 관심을 가진 모든 이
해관계자에게 유익하다는 점도 강조하고 있다.

IIRC는 이른바 '옥토퍼스(octopus) 모델'이라는 가치창조 프로
세스로 그 프레임 워크를 제시하고 있다. 기업의 가치창조 프로
세스를 문어(octopus)의 모습처럼 그리고 있기 때문에 그런 명칭
을 붙인 것이다.

국제통합보고 프레임워크의 기업 가치창조 프로세스

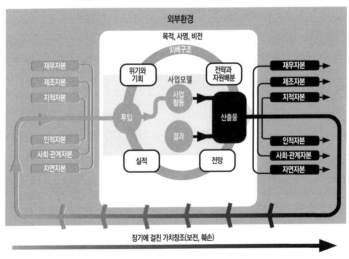

자료: 국제통합보고 프레임워크(2021)

통합보고서에서 가치창조란 자본을 이용하여 경제적 가치와 사회적 가치를 창출하고 자본을 변화시키는 것을 말한다. 여기에서 자본이란 재무자본, 제조자본, 지적 자본, 인적 자본, 사회·관계자본, 자연자본 6가지 형태를 말한다. 이들 6가지 자본은 다양한 이해관계자에게 가치창조를 전제로 하고 있다.

통합보고서는 6가지 자본 모두를 고려할 필요가 없고, 오히려 회사에 관련된 자본을 적절하게 파악하고, 누락 없이 설명하는 것이 중요하다고 지적한다. 통합보고서에서 6가지 자본을 이용하여 어떻게 가치를 창조하는지 그 프로세스의 일관성 있는 설명을 요구하고 있다.

6가지 자본의 정의

제조자본	-제품의 생산이나 서비스 제공에서 조직이 이용 가능한 제조물
재무자본	-제품을 생산하고, 서비스를 제공할 때 이용 가능한 자금 -차입, 주식, 기부 등 자금조달에 의해 획득하거나 사업활동, 투자를 통해 창출한 자금
인적자본	-인간의 능력, 경험, 이노베이션 의욕
지적자본	-조직적 지식기반의 무형자산
사회·관계자본	-개별 커뮤니티, 이해관계자, 기타 내부기관, 개별적·집합적 행복감을 높이기 위해 정보를 공유하는 능력
자연자본	-조직의 과거·현재·장래에 걸쳐 성공의 기초가 되는 물건과 서비스를 제공하는 모든 재생가능 및 재생 불가능한 환경자원과 프로세스

자료: 국제통합보고 프레임워크(2021)

가치창조 프로세스의 모델에서 다양한 자본은 입력되어 이용되고, 사업활동을 통해 결과물(제품, 서비스, 부산물과 폐기물)로 변환된다. 조직의 활동과 결과물은 자본의 영향으로서 성과를 창출하는 흐름(가치창조 과정)을 보여준다. 가치창조 프로세스는 통합보고서에서 기재하는 내용의 전체모습을 포착할 수 있는 중요한 정보다. 따라서 통합보고서를 읽는 독자가 가치창조 프로세스를 올바로 이해하도록 명확하게 제시해야 한다.

기업은 6가지 자본을 성장시킬 때 ESG 평가점수를 높일 수 있다. 회사가 창조하는 가치는 6가지 자본이 증가·감소·변환하는 과정에서 나타난다. 회사가 창조하는 가치는 회사에 창조되는 가치와 다른 사람에게 창조되는 가치가 있다. 회사에 창조되는 가치는 주로 재무자본을 제공하는 주주와 채권자에 환원된다. 다른 사람에게 창조되는 가치는 종업원과 지역주민 등 다양한 이해관계자와 사회전체에 영향을 미친다.

ESG는 다른 사람에게 창조되는 가치에 주목하여 평가한다. 회사에 창조되는 가치도 다른 사람에게 창조되는 가치와 깊은 관계가 있다. 기업은 광범위한 사업활동과 사회에서 다양한 관계를 형성하면서 두 가지 가치는 서로 연계된다. 예를 들어, 자동차회사가 자동차를 고객에게 팔면 고객은 자동차를 소유하고 운전, 이동의 편리성이라는 가치를 얻을 수 있다. 자동차 회사에 소속된 딜러(dealer)와 거래하면 안심하고 자동차를 구입할 수 있다. 자동차를 제조할 때는 수많은 부품회사와 가공업체가 관련되어 있다.

그 밖에 지역주민과의 관계도 있다. 자동차의 생산에는 지역에서 공급되는 물과 전기를 사용하고, 생산활동을 통해 나오는 배기·배수 문제를 잘 처리해야 한다. 자동차회사는 자연자본인 물과 공기, 공공(公共)의 제조자본인 도로를 이용하고, 지역주민에게 피해를 끼치지 않도록 암묵적 약속을 하고 있다. 공장 종

전략적 초점과 장래지향	조직의 전략이 어떻게 단기·중기·장기의 가치창조 능력과 자본의 이용 및 자본에 대한 영향에 관련되는지 통찰력을 제공한다
정보의 결합성	조직의 장기에 걸친 가치창조 능력에 영향을 주는 요인의 조합, 상호 관련성, 상호관계의 전체상으로 보여준다
이해관계자와 관련성	조직과 주요 이해관계자와 관련성에 대해 그 성격과 질에 관한 통찰을 제공한다. 또한 조직이 이해관계자의 정당한 니즈와 관심을 어떻게 얼마나 이해하거나 고려하고 대응할지에 통찰력을 제공한다
중요성 (머티리얼리티)	조직의 단기·중기·장기의 가치창조 능력에 실질적 영향을 주는 현상에 관한 정보를 공시한다
간결성	통합보고서는 간결하게 구성한다
신뢰성과 완전성	중요성이 있는 전체의 현상에 대해 부정적·긍정적 측면에 대해 균형 있고, 중요한 오류가 없도록 포함한다
초지일관성과 비교가능성	정보는 기간을 넘어 초지일관하고, 조직의 장기에 걸친 가치창조 능력에 중요성이 있는 범위에서 다른 조직과 비교할 수 있는 방법으로 표시한다

자료: 국제통합보고 프레임워크(2021)

업원 중에서는 그 지역 출신 노동자가 많고, 결과적으로 지역고용을 높여 경제적 효과를 창출한다. 종업원은 급여를 받고, 일하는 기쁨을 얻고, 일을 통해 스킬과 능력을 키운다. 이렇게 회사는 외부의 다른 사람과 서로 작용하면서 가치를 창출한다.

또한 IIRC 국제통합보고 프레임워크는 지도원칙과 내용요소를 제시하고 있다. 지도원칙은 보고서 작성과 표시의 기초가 된다. 구체적으로 지도원칙은 전략적 초점과 장래 지향, 정보의 결합성, 이해관계자와 관계성, 중요성(머티리얼리티), 간결성, 신뢰성과 완전성, 초지일관성과 비교 가능성 7가지다. 7가지 지도원칙 중에서 머티리얼리티가 가장 중요한 요소다.

머티리얼리티란 조직의 단기·중기·장기의 가치창조 능력에 실질적인 영향을 주는 현상에 관한 보고를 말한다. 정치, 환경, 사회, 기술과 같은 거시적 정보부터 회사상황과 관련된 미시적 정보까지 기업의 가치창조에 영향을 주는 현상은 매우 다양하다. 현실적으로 모든 정보가 기업가치에 미치는 영향을 설명하기 어렵다.

이러한 요인 때문에 이해관계자의 니즈를 근거로 기업가치를 높이는데 진정 중요한 머티리얼리티를 선정하는 것이 중요하다. 머티리얼리티는 가치창조에 큰 영향을 주는 현상으로 기업의 전략과 밀접한 관계가 있다. 기업은 머티리얼리티를 적절하게 파악하고, 이를 근거로 전략을 수립하고 경영자원을 배분하는 대책이 필요하다.

전략적 초점과 장래 지향

프레임워크는 통합보고서에 기업의 전략과 그 전략수립 배경에 초점을 둔 정보를 제공할 것을 요구하고 있다. 기업이 단기·중기·장기에 걸쳐 가치를 창조하는 능력을 경영자가 어떻게 전망하고 있는지에 관한 정보다. 장래 기업이 창출하는 가치의 원천을 어떻게 파악하고, 그 원천과 다양한 자산의 품질과 이용가능성을 어떻게 보장하고, 어떻게 효과적으로 활용할 것인지 설명해야 한다.

정보의 결합성

통합보고서는 기업의 가치창조 스토리의 전체모습을 보여주는 것이다. 그 전체모습을 이해하도록 내용요소간의 조합, 상호관계, 의존관계를 제시해야 한다. 재무정보와 비재무정보와 결합성, 정량적 정보와 정성적 정보의 결합성, 과거부터 현재, 그리고 미래를 향하는 시간대로 결합성을 제시할 것을 요구하고 있다. 7가지 내용요소를 연계하여 기업의 가치창출 스토리를 설명할 수 있도록 했다.

이해관계자와 관련성

통합보고서는 기업이 다른 이해관계자와 관계를 통한 가치창출을 설정하고 있다. 기업은 주요 이해관계자와 관계를 제시하고, 기업은 이해관계자의 요구와 기대를 어떻게 이해하고, 어떻게 대응할지 명확히 제시해야 한다. 시간경과에 따라 가치를 창출하는 중요한 요소와 현상에 초점을 두고 이해관계자가 관심이 높은 정보를 명확히 하여 기업은 설명책임을 수행하고, 투명성을 높일 수 있다.

중요성과 간결성

독자는 기업의 가치창조 능력을 판단하기 때문에 중요성이 높은 정보를 간결하게 제공해야 한다. 기업은 중요성이 높은 정보를 제공할 때 그 중요성의 판단 프로세스도 통합보고서에 공시할 것을 요구하고 있다.

신뢰성과 완결성

통합보고서는 중요성이 높은 모든 정보는 그 부정적·긍정적 측면에 관계 없이 균형 있고 오류 없이 공시할 것을 요구하고 있다. 내부 보고시스템, 이해관계자와 인게이지먼트, 독립된 제 3기관의 보증으로 신뢰성을 높일 수 있다. 또한 부정적·긍정적 정보라도 중요성이 높은 정보를 모두 공시해야 한다. 정보의 완결성을 보장하기 위해 동종업계 기업의 보고내용을 고려할 것을 제안하고 있다. 같은 업종에서 중요성이 높은 현상은 공통적으로 나타날 가능성이 있기 때문이다.

일관성과 비교가능성

통합보고서에 공시하는 정보는 시간경과에 따라 일관성이 있고, 기업의 가치창조 과정에서 중요한 범위 내에서 다른 회사와 비교할 수 있어야 한다. 특정 연도의 실적에 따라 업적평가지표를 변경하지 않고, 보고방침과 공시하는 업적평가지표에 중대한 변경이 있을 경우에 그 이유와 영향을 설명해야 한다.

프레임워크의 내용요소는 기업이 통합보고서에서 언급할 8가지 내용이다. 이들은 조직의 상황에 따라 내용이 바뀔 것을 고려하여 정보공시에 관한 체크리스트 형식이 아니라 질문형식으로 되어 있다. 이 때문에 지도원칙의 내용도 참고하면서 어떤 정보를 어떻게 보고할 것인지 회사가 판단해야 한다.

8가지 내용 요소

조직개요와 외부환경	조직이 무엇을 하고, 어떤 환경에서 사업을 하는가
지배구조	지배구조는 어떻게 조직의 단기·중기·장기의 가치창조를 지지하는가
사업모델	조직의 사업모델은 무엇인가

위험과 기회	조직의 단기·중기·장기의 가치창조 능력에 영향을 미치는 구체적인 위험과 기회는 무엇인가, 이에 대해 조직은 어떤 대책을 추진하는가
전략과 자원배분	조직은 어디를 지향하는가, 또한 어떻게 도달하는가
실적	당해 기간의 전략목표를 어떻게 얼마나 달성했는가, 또한 자본에 대한 영향의 결과는 무엇인가
전망	전략을 수행할 때 어떤 과제 또는 불확실성에 직면할 가능성이 높은가, 그리고 결과로서 발생하는 사업모델과 장래의 실적에 미치는 잠재적 영향은 무엇인가
작성과 표시의 기초	조직은 어떻게 통합보고서에 포함할 현상을 결정하는가, 또한 이들 현상은 어떻게 정량화하거나 평가하는가

자료: 국제통합보고 프레임워크(2021)

　이런 내용 요소는 서로 관련되어 있고, 개별 내용 요소를 단순히 기재하는 것만으로 충분하지 않다. 각 정보의 통합성을 의식하고, 기업의 가치창조에 영향을 주는 중요한 사항에 대해 간결하게 초지일관된 가치창조 스토리로서 설명해야 한다. 또한 통합보고서의 취지에 비추어보면 정보의 망라성보다는 간결성

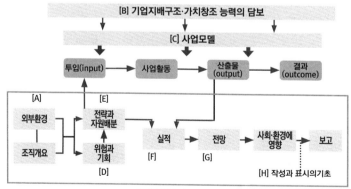

국제통합보고 프레임워크의 요구내용

경영전략수립과 보고프로세스

을 중시해야 한다. 회사의 가치창조에 대해 독자가 쉽게 이해하도록 머티리얼리티를 의식하여 기재내용을 선택하고 집중해야한다.

앞에서 설명하는 8가지 내용 요소는 통합보고서의 표준이 되는 목차가 아니다. 프레임워크가 제시하는 순서대로 내용요소를 설명할 필요도 없다.

조직개요와 외부환경

기업은 어떤 환경에서 어떤 상황에서 사업을 하는지 설명해야 한다. 기업의 미션과 비전, 기업이념과 기업문화에서 주요 활동, 사업구조, 시장 및 제품·서비스, 시장 포지셔닝 등 기업의 개요를 말한다. 단순히 사업정보를 설명하기보다 기업의 전체 모습을 선명하게 설명해야 한다.

지배구조

기업의 지배구조는 가치창조 능력을 지원하는 체제다. 리더십과 조직의 다양성, 리더의 능력과 책임범위, 전략적 의사결정 프로세스를 제시해야 한다. 기업의 가치창조를 위한 전략을 달성하기 위해 지배구조가 어떻게 기능할지 구체적으로 설명해야 한다.

위험과 기회

외부환경에서 기업의 가치창출 능력에 영향을 미치는 중요한 위험과 기회는 무엇인지 설명하는 것이다. 이러한 복합적인 경영환경에서 기업은 위험과 기회에 어떻게 대응할 것인지 궁정적·부정적인 영향이 미치는 내부적·외부적 요인을 기재한다. 단순히 위험과 기회를 기재하는 것이 아니라 보고서의 독자가 기업의 가치창조 능력을 판단할 수 있도록 중요한 것을 전략과 지배구조 등 다른 요소와 관련지어 설명해야 한다.

전략과 자원배분

외부환경을 통해 인식할 수 있는 위험과 기회에 근거하여 조직은 어떻게 장래 모습을 지향하고, 어떻게 실현할지 전략과 달성방법을 위한 자원배분 계획을 기재해야 한다. 전략달성을 위한 자원배분계획이 사업모델, 위험과 기회 요소와 어떻게 관련되어 있는지 설명해야 한다. 또한 전략목표를 달성하기 위한 과제, 세부목표, 진도를 측정하는 지표를 함께 설명하여 전략달성 프로세스의 정보를 제공해야 한다. 또한 폭넓은 경영자원을 활용하면서 전략을 달성하는 방법을 설명하는 것이 중요하다.

사업모델

통합보고서에 기업의 중요한 사업모델을 설명해야 한다. 사업모델의 구성요소는 투입, 사업활동, 결과물, 성과 4가지가 있다. 기업은 6가지 자본을 투입요소로 이용하여 사업활동을 통해 제품과 서비스, 부산물 또는 폐기물이라는 결과물을 산출한다. 이것은 현금흐름과 수익창출, 고객만족도 등 내부적 성과, 그리고 사회와 환경에 대한 영향이라는 외부적 성과를 창출한다.

프레임워크는 이러한 기업의 가치창조 흐름을 사업모델로 설명하고, 사업활동의 핵심을 통합보고서의 독자가 이해할 수 있도록 요구하고 있다. 이러한 요소를 제시하는데 그치지 않고 이런 사업모델이 어느 정도 지속가능성이 있는지 제시할 필요가 있다. 예를 들어, 시장에서 기업의 차별성, 새로운 기술도입의 니즈에 어떻게 대응하고 있는지 설명해야 한다.

실적

전략목표를 얼마나 달성하고, 어떤 영향을 가져올지 설명해야 한다. 목표 대비 실적 외에 다양한 자본을 어떻게 증감했고, 이해관계자 니즈에 어떻게 대응했는지 제시해야 한다. 통합보고서의 별도 자료를 통해 전략의 달성현황을 설명하고, 독자가 기업의 장래 전망을 평가할 때 이용할 수 있는 정보를 제공해야 한다. 수치정보를 보충하여 설명하거나 재무·비재무정보를 관련지어 설명하는 것에 초점을 두어야 한다. 실적을 제시하는 지표와 정보는 일관성을 유지하고, 시간경과에 따라 비교할 수 있도록 해야 한다.

장래 전망

기업이 전략을 실행할 때 직면하는 과제와 불확실성, 이들이 사업모델과 장래 실적에 미치는 영향을 설명해야 한다. 외부환경에 대한 경영자의 장기적 전망, 기업에 예상되는 영향과 대책을 어떻게 준비하고 있는지 제시한다. 독자가 전략이 계획대로 수행할 수 없을 때 미치는 영향을 이해하도록 보충하는 정보도 제공해야 한다.

참고문헌

■ 제1장

· 뉴시스 (2021), "삼성자산운용, ESG 경영 본격화…2조4000억 투자", https://newsis.com/view/?id=NISX20210420_0001412698&cID=15001&pID=15000(2021. 5. 4일 현재)

· 뉴스핌 (2021), "풀무원, ESG 경영으로 '식물성 식품' 키운다…'지배구조'는 물음 표", http://www.newspim.com/news/view/20210325001288(2021. 4. 9일 현재).

· 데일리안 (2021), "우리금융, "선도적 ESG 경영 위한 'ESG 금융 원칙' 제정", https://www.dailian.co.kr/news/view/985010((2021. 5. 1일 현재)

· 매거진 한경 (2021), "최태원 대한상공회의소 회장 "ESG는 규제가 아닌 새로운 기회", https://magazine.hankyung.com/business/article/202104010073b(2021. 4. 9일 현재).

· 매경프리미엄 (2021), "ESG 무시했다간 생존 못한다…10대그룹 중 8곳 조직 신설", https://www.mk.co.kr/premium/behind-story/view/2021/04/29946(2021. 4. 9일 현재).

· IT조선 (2021), "ESG에 꽂힌 기업, 친환경 사업구조 전환 본격화", http://it.chosun.com/site/data/html_dir/2021/04/02/2021040201927.html(2021. 4. 9일 현재).

· 이코노믹포스트 (2021), "ESG 경영 금융권, 잇따라 탄소중립·탈석탄 선언", http://www.economicpost.co.kr/19803 (2021. 4. 9일 현재).

· 한국경제신문 (2021), "삼성전자, 'CEO 직속' 격상한 지속가능경영 조직…제품 개발 때 환경 최우선", https://www.hankyung.com/economy/article/2021040576741(2021. 4. 9일 현재).

· 한국기업지배구조원 홈페이지, http://www.cgs.kr/business/ESG _tab03.jsp(2021. 4. 9일 현재).

· 한국경제신문 (2021), "올해가 ESG 원년"…기업들, 경영의 格을 높인다", hankyung.com/economy/article/2021040576521(2021. 4. 9일 현재).

· 전자신문 (2021), "이종익의 ESG 이야기1: 왜 ESG가 뜰까?", http://www.nextdaily.co.kr/news/article.html?id=20210406800001(2021. 4. 9일 현재).

· 조선비즈 (2021), "보험업계 ESG 경영 선포식…은성수 ESG는 보험산업에 새 기회", https://biz.chosun.com/site/data/html_dir/2021/02/23/2021022301352.html(2021. 4. 9일 현재).

· 전국경제인연합회 보도자료 (2021), "500대 기업 ESG 준비실태 및 인식조사", 2021. 4. 6. Companies Act 2006, https://www.legislation.gov.uk/ukpga/2006/46/section/172.

· Dominic Barton, Jonathan Bailey, and Joshua Zoffer (2016), "Rising to the challenge of short-termism", FCLT Global.

· WEF (2020), "Toward Common Metrics and Consistent Reporting of Sustainable Value Creation", Consultation Draft, http://www3.weforum.org/docs/WEF_IBC_ESG_Metrics_Discussion_Paper.pdf.

· 足達英一郎 (2020), "「未来世代」は視野にあるかステークホルダー資本主義隆盛", 2020. 1. 31(https://ggpartners.jp/article/000006.html(2021. 1. 2일 현재)

· 海老原城一 (2020), "社会の持続的な発展に貢献するResponsible Businessとは？", Harvard Business Review, https://www.dhbr.net/articles/-/7061?page=2(2021. 1. 2일 현재).

· キャサリン・デヴィッドソン (2020), "新型コロナウイルスと「ステークホルダー資本主義：行動は言葉よりも雄弁", https://www.schroders.com/ja-jp/jp/asset-management/insights/thought-leadership/covid-19_and_stakeholder_capitalism_actions_speak_louder_than_words(2021. 1. 2일 현재).

· Sustainable Brands (2018), "米調査: 経営者の8割, ESG 課題の発信は必須と認識", https://www.sustainablebrands.jp/community/column/detail/1191207_2557.html(2021. 4. 8일 현재).

· 島田武典 (2020), "質的変化を迫られる資本主義: ステークホルダー資本主義への転換は進むか", 三井物産戦略研究所, https://www.mitsui.com/mgssi/ja/report/detail/__icsFiles/afieldfile/2020/04/14/2004d_shimada.pdf.

· 渡邉沙弥香・三山祥平 (2020), "グローバルに進むステークホルダー主義への転換: 日本企業に求められるステークホルダーとの関係について", 株式会社みずほ銀行, Mizuho Industry Focus, 222 2020. No.1, https://www.mizuhobank.co.jp/corporate/bizinfo/industry/sangyou/pdf/mif_222.pdf.

■ 제2장

· 코트라 (2021), "사례로 보는 미국의 ESG도입 현황", https://news.kotra.or.kr/user/globalBbs/kotranews/782/globalBbsDataView.do?setIdx=243&dataIdx=188515(2021. 5. 15일 현재)

· Allan Stromfeldt Christensen (2021), "Failing States, Collapsing Systems: Biophysical Triggers of Political Violence: Review", https://www.resilience.org/stories/2017-02-13/failing-states-collapsing-systems-biophysical-triggers-of-political-violence-review(2021. 3. 23일 현재).

· A4S Homepage. https://www.accountingforsustainability.org/en/index.html(2021. 3. 10일 현재). Bradley J. Cardinale (2012), "Biodiversity loss and its impact on humanity", https://www.nature.com/articles/nature11148(2021. 2. 14일 현재).

· CASSE (2011), "Book Review: 2052: A Global Forecast for the Next Forty Years by Jorgen Randers", The Dale News, https://steadystate.org/limits-to-growth-forty-more-years(접속일: 2021. 2. 13일 현재).

· CDP Homepage, https://www.cdp.net/en/water(2021. 2. 17일 현재).

· Climate Action 100+ Homepage, https://www.climateaction100.org(2021. 2. 19일)

·GIC Homepage, https://globalinvestorcoalition.org(2021. 2. 19일 현재).

·IEA (2018), "World Energy Outlook 2018", https://www.iea.org/reports/world-energy-outlook- 2018.

·Ipbes (2019), "Summary for policymakers of the global assessment report on biodiversity and ecosystem services of the Intergovernmental Science-Policy Platform on Biodiversity and Ecosystem Services", https://www.ipbes.net/sites/default/files/ipbes_7_10_add.1_en_1.pdf.

·Nafeez Mosaddeq Ahmed (2016), "Failing States, Collapsing Systems: Biophysical Triggers of Political Violence", 1st ed., 2017 Edition.

·Natural Capital Protocol Coalition (2016), "Natural Capital Protocol Principles and Framework", https://naturalcapitalcoalition.org/wp-content/uploads/2016/07/Framework_Book_2016-07-01-2.pdf.

·OECD (2019), "Biodiversity: Finance and the Economic and Business Case for Action", https://www.oecd.org/environment/resources/biodiversity/G7-report-Biodiversity-Finance-and-the-Economic-and-Business-Case-for-Action.pdf.

·Oxfam Media Briefing (2020), "Confronting Carbon Inequality: Putting climate justice at the heart of the COVID-19 recovery", https://www.oxfamamerica.org/explore/research-publications/confronting-carbon-inequality.

·Pawel Wargan (2019), "A Green New Deal for Europe", TRIBUNE, https://tribunemag.co.uk/2019/05/a-green-new-deal-for-europe(2021. 2. 20일 현재).

·RE 100 Homepage, https://www.there100.org(2021. 2. 19일 현재).

·SBT Homepage, https://sciencebasedtargets.org(2021. 2. 19일 현재).

·TCFD Homepage, https://www.fsb-tcfd.org(2021. 2. 20일 현재).

·WEF (2020), "Nature Risk Rising: Why the Crisis Engulfing Nature Matters for Business and the Economy", New Nature Economy series, http://www3.weforum.org/docs/WEF_New_Nature_Economy_Report_2020.pdf.·WEF (2020), "The Global Risks Report 2020", Insight Report, 15th Edition, http://www3.weforum.org/docs/WEF_Global_Risk_Report_2020.pdf.

·We Mean Business Coalition Homepage, www.wemeanbusinesscoalition.org/take-action(2021. 2. 17일 현재).

·WHO (2009), "Protecting health from climate change: connecting science, policy and people", https://apps.who.int/iris/bitstream/handle/10665/44246/9789241598880_eng.pdf?sequence=1&is Allowed by=t.

·WHO (2018), "Climate change and health: connecting science, policy and people", https://www.who.int/news-room/fact-sheets/detail/climate-change-and-health(2021. 2. 20일 현재).

·World Resources Institute (2005), "Ecosystems and Human Well-being: Synthesis", A Report of the Millennium Ecosystem Assessment 2005.

·Apiste (2020), "危機的状況が迫る気候変動と対策 SDGs: 目標13.気候変動に具体的な対策を" アピステコラム, https://www.apiste.co.jp/column/detail/id=4613(2021.

2. 19일 현재)

· Idea For Good, "自然資本会計とは　意味", https://ideasforgood.jp/glossary/natural-capital- accounting(2021. 3. 10일 현재)

· ITmedia (2018), "ポストパリ協定時代における企業の気候変動対策(4): 世界トップ企業が加盟する RE100, 日本企業が再エネ100％を達成するには？", https://www.itmedia.co.jp/smartjapan/articles/1812/03/news010.html(2021. 2. 19일 현재).

· 伊藤さゆり (2020), "動き出した欧州グリーンディール: 新しさと既視感, 日本も無関係ではない", ニッセイ基礎研究所, Weekly エコノミスト　レター, https://www.nli-research.co.jp/files/topics/63693_ext_18_0.pdf?site=nli.

· NTTファシリティーズ (2019), "企業動向から学ぶTCFDに取り組むべきポイントとは", https://www.ntt-f.co.jp/column/0114.html(2020. 12. 26일 현재).

· NTTファシリティーズ (2020), "気候変動リスクの情報開示を企業に促すTCFDとは", https://www.ntt-f.co.jp/column/0113.html(2020. 12. 26일 현재).

· 環境省 (2012), "価値ある自然:生態系と生物多様性の経済学: ＴＥＥＢの紹介".·環境省 (2014), "平成26年版 図で見る環境　循環型社会　生物多様性白書", pp.82~90, https://www.env.go.jp/policy/hakusyo/zu/h26/pdf/full.pdf.

· 環境省 (2018), "企業版２℃目標ネットワーク設立及び企業版２℃目標　RE100アドバイザーについて", https://www.env.go.jp/press/105804.html(2021. 2. 19일 현재).

· 環境省 (2020), "参考資料: 気候関連財務情報開示タスクフォース(TCFD)の概要", 2020. 7.

· 環境省 (2020), "パリ協定に基づく成長戦略 としての長期戦略", pp.44~46, https://www.kantei.go.jp/jp/singi/ondanka/kaisai/dai40/pdf/senryaku.pdf

· 奇二正彦 (2018), "ミレニアム生態系評価におけるスピリチュアリティ", 立教大学学術論文, まなびあい, pp.116~126.

· 久米谷弘光 (2018), "持続的成長と成長の限界ー必要なのは「成長」ではなく発展", 株式会社ノルド社会環境研究所, http://www.nord-ise.com/note/2018/01/post-3.html(접속일: 2021. 2. 12일 현재)

· 国際科学技術財団 (2009), "成長の限界 報告を基盤とする持続可能な社会形成への貢献", https://www.japanprize.jp/data/prize/2009/2009jpnews41_j_1_achievements.pdf

· Science Based Targets (2016), "科学と整合した目標設定：アクションへの呼びかけ", https://sciencebasedtargets.org/resources/legacy/2016/04/Science-Based-Targets-Call-to-Action-Brochure-Japanese.pdf.

· Sustainable Japan (2017), "SBTイニシアチブとは何か: 科学的根拠に基づく二酸化炭素排出量削減目標", https://sustainablejapan.jp/2017/08/07/sbt-initiative/26580(2021. 2. 19일 현재).

· Sustainable Japan (2021), "自然関連財務情報開示タスクフォース(TNFD)", https://sustainablejapan.jp/2021/02/07/tnfd-2/58846(2021. 3. 11일 현재).

· SOMPO 未来研究所 (2020), "企業に求められる脱炭素化の取組:インターナルカーボンプライシングの意義", SOMPO 未来研トピックス, Vol.20, http://www.sompo-ri.

co.jp/issue/topics/data/t202020.pdf.

・Solar Journal (2020), "米気候変動政策, バイデン政権で環境分野へ巨額投資か. NEDOが予想", https://solarjournal.jp/sj-market/37382(2020. 12. 25 현재)

・Jonathan Shieber (2020), "バイデン次期大統領の気候変動対策はグリーンニューディールに依存しない", https://jp.techcrunch.com/2020/12/07/2020-11-17-a-biden-presidency-doesnt-need-a-green-new-deal-to-make-progress-on-climate-change(2020. 12. 25일 현재)

・大和総研 (2015), "新しくて古い自然資本という考え方", 大和総研調査季報, 2015年 夏季号 Vol.19,pp.109~118.

・田中信弘 (2020), 機関投資家のESG 投資と集団的エンゲージメント: 近年のトレンドとコロナ危機をめぐる対応, 杏林社会科学研究, 36巻1号, pp.117~123, https://www.kyorin-u.ac.jp/univ/faculty/social_science/research/social-science/pdf/2020Vol.36no1,2_tanaka.pdf.

・谷口正次 (2014), "自然資本経営のすすめ: 持続可能な社会と企業経営", 東洋経済新報社, pp.38~48, 62~70.Think Waste (2021), "ビル ゲイツ率いるファンド "Breakthrough Energy Ventures", クリーンテクノロジーに10億ドル調達, http://thinkwaste.net/international/3152(2021. 2. 19일 현재).

・デニス メドウズ, ヨルゲン ランダース (2005), "成長の限界人類の選択", ダイヤモンド社.

・ドネラ H.メドウズ (1972), "成長の限界──ローマ クラ: 人類の危機レポート", ダイヤモンド社.

・ドネラ H. メドウズ, ヨルゲン ランダース (1992), "限界を超えて──生きるための選択", ダイヤモンド社.

・日経ESG (2021), "バイデン政権と新型コロナが変える米国市場", スペシャルリポート, https://project.nikkeibp.co.jp/ESG/atcl/column/00003/021200012(2021. 5. 15일 현재)

・日興リサーチセンター (2020), Climate Action 100+の概要, 日興リサーチレビュー, https://www.nikko-research.co.jp/wp-content/uploads/2020/07/rc202007_0003.pdf.

・NISSAN 電気自動車（EV）総合情報サイト (2021), "機関投資家グループが気候危機への取り組みとしてネット・ゼロを誓約", https://ev.nissan.co.jp/BLOG/616(2021. 2. 18일 현재).

・長谷川 直哉, 宮崎正浩 (2018), "統合思考とESG 投資: 長期的な企業価値創出メカニズムを求めて", 文眞堂, pp.4, 31~32.

・ハーマン デイリー (2014), "定常経済"は可能だ!", 岩波書店.

・藤田香 (2017), "SDGsとESG 時代の生物多様性 自然資本経営", 日経BP, pp.32~51.

・PwC Japan (2020), "気候変動リスクと企業がとるべき対応", PwC's View 第24号, https://www.pwc.com/jp/ja/knowledge/prmagazine/pwcs-view/202001/climate-change.html(2021. 2. 20일 현재).

・松本真由美 (2016), "カーボンプライシング(炭素価格付け)とは？", 国際環境経済研

究所, http://ieei.or.jp/2016/09/special201608007(접속일: 2021. 2. 17일 현재).

・みずほ情報総研 (2020), "環境エネルギー第1部 大澤 慎吾, 気候危機への適応について考える", https://www.mizuho-ir.co.jp/publication/column/2020/1210.html(2020. 12. 26일 현재)

・森本高司 (2016), "パリ協定の発効と我が国の気候変動対策の動向", 三菱UFJフィナンシャル グループ グローバルAngle, No.11, https://www.murc.jp/wp-content/uploads/2016/12/global_1612.pdf.

・吉高まり (2018), "企業経営と気候変動リスクと機会: ESGの潮流から", 月刊 資本市場, 2018. 3, No.391, https://www.sc.mufg.jp/company/sustainability/000015646.pdf.

・ヨルゲン ランダース (2013), "2052: 今後40年のグローバル予測", 日経BP.

■ 제3장

・BSDC (2017), "Better Business Better World", https://d306pr3pise04h.cloudfront.net/docs/news_events%2F9.3%2Fbetter-business-better-world.pdf.

・CSR Europe (2017), "The Sustainable Development Goals(SDGs): The Value of Europe".

・Edelman Research (2017), "2017 Edelman Trust Barometer", https://www.edelman.com/trust/2017-trust-barometer(2021. 3. 6일 현재).

・M. E. Porter and M. R. Kramer (2006), "Strategy and Society, Harvard Business Review December", pp.78~92.

・UN Department of Economic and Social Affairs Sustainable Development Homepage, https://sdgs.un.org/goals(2021. 3. 20일 현재).

・海老原城一 (2020), "社会の持続的な発展に貢献するResponsible Businessとは?", Harvard BusinessReview, https://www.dhbr.net/articles/-/7061?page=2(2021. 1. 2일 현재).

・遠藤直見 (2017), "グローバルなCSRの潮流とサステナブルな価値創造経営についての考察, サステナブルな価値創造経営モデルの提言", 業と社会フォーラム学会誌, 第6号, pp.124~143.

・岡田正大 (2017), "社会問題の解決とビジネスは両立するか", PRESIDENT, https://president.jp/articles/-/22555(2021. 3. 7일 현재).

・太田珠美 (2019), "企業がSDGsに取り組む意義: 将来も社会から必要とされる企業であるために今何をするべきか", 大和総研, https://www.dir.co.jp/report/research/capital-mkt/ESG/20190827_020998.pdf.

・蟹江憲史 (2020), SDGs(持続可能な開発目標), 中公新書, pp.125~161.

・北川哲雄 (2019), "バックキャスト思考とSDGs/ESG投資", 同文舘出版, pp.72~79.

・菅原佑香 (2019), "ESG 情報におけるSとは何か: ダイバーシティや人権、健康や

製品サービス，地域社会に企業が関心”, 大和総研, https://www.dir.co.jp/report/research/capital-mkt/ESG /20191021_021086.pdf.

・趙雪蓮 (2011),“CSRと経営戦略: 戦略的競争優位を求めて”, 大阪産業大学経営論集第12巻第2号.

・長谷川直哉・宮崎 浩 (2018),“統合思考とESG 投資: 長期的な企業価値創出メカニズムを求めて”, 文眞堂, pp.246~249.

・マーヴィン キング, ジル アトキンス (2019),“SDGs　ESG を導くCVO(チーフ　バリュー　オフィサー): 次世代CFOの要件”, 東洋経済新報社, pp.89~91.

・三菱総合研究所 (2019),“デジタル化の社会的　経済的効果について”, https://www.soumu.go.jp/main_content/000632479.pdf.

・村井勉訳 (2008),“競争優位のCSR戦略”, ハーバードビジネスレヴュ, pp.36~52.

・森悠介 (2020),“戦略的社会貢献の実践に向けた課題と対応(前編)”, https://www.pwc.com/jp/ja/knowledge/column/sustainability/strategic-social-contribution01.html(2021. 3. 7일 현재).

■ 제4장

・이코노미 조선 (2019),“한국 여성 임원 3%, 다양성 높여야 기업 가치 높아져”, http://www.economychosun.com/client/news/view.php?boardName=C00&t_num=13607289.

・여성가족부 정책뉴스 (2019),“2019년 1분기 기준 여성 임원 4.0%, 여성 사외이사 3.1%”.

・ACGA, (2018),“Hard decisions Special report December 2018 Asia faces tough choices in CG reform”, CG Watch 2018.

・AstraZeneca (2011),“Responsible Business Summary”, https://ungc-production.s3.us-west- 2.amazonaws.com/attachments/14691/original/AstraZeneca_2011_COP_PDF.pdf?1332946393

・Boardroom Review Homepage. https://www.boardroomreview.com(2021. 2. 27일).

・Catalyst (2011),“The Bottom Line: Corporate Performance and Women's Representation on Boards(2004~2008)”.

・Erhardt, N., Werbel, J. and Shrader, C. (2003),“Board of Director Diversity and Firm Financial Performance”, Corporate Governance: An International Review, Vol.11, ISS.2, pp.1072~1089.

・ESG AUGE・The conference Board (2020), Corporate Board Practices: In The Russell 3000 and S&P 500”, 2020 Edition, https://30percentcoalition.org/images/PDF/NON_Coalitions_Documents/TCB-Corporate-Board-Practices-2020-Edition.pdf.

・European Commission (2020),“Inception Impact Assessment: Sustainable Corporate Governance”.

· FRC (2016), "Corporate Culture and The Role of Boards", https://www.frc.org.uk/getattachment/3851b9c5-92d3-4695-aeb2-87c9052dc8c1/Corporate-Culture-and-the-Role-of-Boards-Report-of-Observations.pdf.

· Glass Lewis (2017), "UK Announces Corporate Governance Reforms", https://www.glasslewis.com/uk-announces-corporate-governance-reforms(2021. 3. 13일 현재)

· Gov.UK (2017), "World-leading package of corporate governance reforms announced to increase boardroom accountability and enhance trust in business", Press release.

· NACD (2020), "NACD Announces Effort to Accelerate Diversity Among Next Generation of Board Directors", https://www.nacdonline.org/about/press_detail.cfm?ItemNumber=68640(2021. 4. 3일 현재).

· Russel Investment (2020), "2020 ESG manager survey: Turning up the volume", https://russellinvestments.com/uk/blog/2020-ESG -manager-survey.

· Sylvia Ann Hewlett·Melinda Marshall, and Laura Sherbin(2013), "How Diversity Can Drive Innovation", https://hbr.org/2013/12/how-diversity-can-drive-innovation(2021. 4. 5일 현재).

· Spencerstuart (2020), "Board Diversity Snapshot: Six Recommendations for Becoming a More Diverse and Inclusive Board".

· Spencerstuart (2020), "Board Governance: International Comparison Chart", https://www.spencerstuart.com/research-and-insight/international-comparison-chart#new(2021. 3. 13일 현재)

· Spencerstuart (2020), "Five- and ten-year trends: 2020 UK Spencer Stuart Board Index". https://www.spencerstuart.com/research-and-insight/uk-board-index/trends(2021. 3. 13일 현재)

· Spencerstuart (2020), "2020 Japan Spencer Stuart Board Index", https://www.spencerstuart.com/-/media/2021/february/japanbi2020/ssbi_jpn2020_web.pdf.

· Spencerstuart (2020), "2020 U.S. Spencer Stuart Board Index", https://www.spencerstuart.com/- /media/2020/december/ssbi2020/2020_us_spencer_stuart_board_index.pdf.

· 青水一 (2015), "企業価値を高める機関投資家のガバナンス·ガイドラインとモニタリングの枠組みの構築に向けて", 大阪経大論集 第66巻 1号, https://www.jstage.jst.go.jp/article/keidaironshu/66/1/66_205/_pdf/-char/ja.

· 汪志平 (2016), "東芝の不正会計と日本の企業統治改革の課題", 産研論集 50, https://core.ac.uk/download/pdf/230314889.pdf.

· 川本裕子 (2016), "取締役会の改革が, ガバナンス改革の出発点, 実践コーポレート ガバナンス(第2回)", Harvard Business Review, https://www.dhbr.net/articles/-/4212(2020. 12. 31일 현재).

· 北川哲雄 (2017), "ガバナンス革命の新たなロードマップ: 2つのコードの高度化による企業価値向上の実現", 東洋経済新報社, pp.15~27.

· 北川哲雄 (2019), "サステナビリティ オフィサーの時代: 取締役会との共創が鍵", 経

営센서,https://cs2.toray.co.jp/news/tbr/newsrrs01.nsf/0/525D0EC0D4EDB190
492584D30017BA79/$FILE/K1912_039_045.pdf.

·北川哲雄 (2018), サステナブル経営と資本市場: 取締役会の新たな役割とは何か, 経
営センサー, https://cs2.toray.co.jp/news/tbr/newsrrs01.nsf/0/58BB8EB69E2BEE124
9258367001CF1F9/$FILE/K1812_035_040.pdf.

·金融庁 (2020), "コロナ後の企業の変革に向けた取締役会の機能発揮及び企
業の中核人材の多様性の確保(案)", https://www.fsa.go.jp/singi/follow-up/
siryou/20201208/01.pdf.

·QUICK ESG 研究所 (2017), "英国のコーポレート ガバナンス改革案: 説明責任と信
頼性の向上へ向けて", https://www.ESG .quick.co.jp/news/794(2021. 3. 13일 현재)

·黒田一賢 (2019), "取締役のスキルマトリックスに求められる質の向上: 社内昇
格取締役も公表し, 必要なスキルの理由も開示", ENECO, https://www.jri.co.jp/
MediaLibrary/file/pdf/company/publicity/2019/190628_kuroda.pdf.

·経済産業省 (2017), "価値協創のための統合的開示 対話ガイダンス: ESG ·非財務
情報と無形資産投資", https://www.meti.go.jp/policy/economy/keiei_innovation/
kigyoukaikei/Guidance.pdf.

·経済産業省 (2020), "社外取締役の在り方に関する実務指針(社外取締役ガイドライン
)", https://www.meti.go.jp/press/2020/07/20200731004/20200731004-1.pdf.

·公益財団法人日本生産性本部 (2015), "守りから攻めへのコーポレートガバナンス
の変革: 外部視点を活用した企業価値の向上に向けて", https://www.jpc-net.jp/
research/assets/pdf/R340attached2.pdf.

·スチュワードシップ研究会 (2020), "持続可能なコーポレートガバナンス: EUの取り
組み", http://stewardship.or.jp/cgcord/euscg(2021. 3. 13일 현재)

·スチュワードシップ研究会 (2021), "コーポレートガバナンスの新たな潮流, ステー
クホルダー重視", http://stewardship.or.jp/cgcord/newcg(2021. 3. 13일 현재).

·スティーブン ターバン ダン ウー レーティエン チャン (2019), "ジェンダーの多
様性が生産性を上げる3つの理由", https://www.dhbr.net/articles/-/5802(2021. 4. 5
일 현재).

·スペンサースチュアート(2021), "2020 Japan Spencer Stuart Board Index", https://
www.spencerstuart.jp/research-and-insight/japan-board-index(2021. 3. 13일 현
재)

·Token Express (2021), "ガバナンスとは？ESG の"G"ガバナンス(企業統治)を徹底解
説", https://token-express.com/magazine/ESG -governance-detail(2021. 3. 31일 현
재)

·内閣府 (2016), "平成27年度資本市場における女性活躍状況の見える化と女性活躍情
報を中心とした非財務情報の投資における活用状況に関する調査報告書.

·内閣府 (2016), "平成28年度年次経済財政報告: リスクを越えて好循環の確立へ",
pp.110~120.

·新倉博明·瀬古美喜 (2017), "取締役会における女性役員と企業成果の関係", 慶応義
塾大学 経済学会 三田学会雑誌, Vol.110, No.1, pp.1~20.

・日経ESG (2020), "コロナで変わる取締役会, 米英で「サステナビリティ委員会の設置が進む", https://project.nikkeibp.co.jp/ESG /atcl/column/00003/110500007(2020. 12. 29일 현재).

・林順一 (2014), "英国コーポレートガバナンスの特徴とわが国への示唆", 証券経済学会年報, 第50号 別冊, 第83回春季全国大会 学会報告論文, https://www.sess.jp/publish/annual_sv/pdf/sv50/m83_02.pdf.

・林拓矢 (2019), "社外取締役の現在地と未来像", KPMG Insight KPMG Newsletter, Vol.36, https://assets.kpmg/content/dam/kpmg/jp/pdf/2019/jp-outside-director-trend-20190515.pdf.

・藤田勉 (2017), "形式重視のガバナンス改革は失敗する", 月刊 資本市場, No.381, http://www.camri.or.jp/files/libs/907/201706061711359068.pdf.

・藤田勉 (2020), "英国のコーポレートガバナンス・コードの失敗に学ぶ", 月刊 資本市場, No.417, http://www.camri.or.jp/files/libs/1477/202006011040233963.pdf.

・PwCコンサルティング (2019), "サステナビリティ経営に資するガバナンスの構築", Strategy&Foresight Vol.20 2019-III, https://www.strategyand.pwc.com/jp/ja/publications/periodical/strategyand-foresight-20/sf20-04.pdf.

・松田千恵子 (2018), "ESG 経営を強くするコーポレートガバナンスの実践", 日経ＢＰ社, pp.5~6, 260~263.

・森川正之 (2019), "社外取締役と投資行動　経営成果", 経済産業研究所, RIETI Discussion Paper 19-J-030, https://www.rieti.go.jp/jp/publications/dp/19j030.pdf.

・山内達夫・村石至 (2018), "経営環境の変化に応じた取締役会の課題: 時価総額上位100社の取締役会の実効性分析　評価の開示分析", デロイトトーマツグループ, https://www2.deloitte.com/content/dam/Deloitte/jp/Documents/risk/srr/jp-srr-changes-in-the-business-environment_1.2.pdf.

・山田英司 (2021), "コーポレート　ガバナンス改革の展望, 第3回変化する社外取締役の役割①: 日米英のスキル分析からの示唆", 日本総合研究所, https://www.jri.co.jp/page.jsp?id=38083.

・領家広晴 (2020), "取締役会構成とダイバーシティ", MUFJ信託銀行, ２０２０年６月号, https://www.tr.mufg.jp/houjin/jutaku/pdf/u202006_1.pdf.

・渡辺武雄 (2015), "米国企業ガバナンスにおける女性起用の動向", EYjapan 情報センサー, Vol.110, https://www.eyjapan.jp/library/issue/info-sensor/pdf/info-sensor-2015-12-05.pdf

■ 제5장

・동아일보 (2021), "정부, 한국형 ESG 지표 연내 만든다", https://www.donga.com/news/article/all/20210422/106530997/1(2021. 5. 1일 현재)

・아주경제 (2021), "기업 경영의 뉴패러다임, ESG , KCGS·서스틴·대신경제硏 국내 ESG 평가업계 빅3", https://www.ajunews.com/view/20210315091321296 (2021. 5. 1일 현재)

· PRI (2018), "ESG Engagement for Fixed Income Investors: Managing Risks, Enhancing Returns", https://www.unpri.org/download?ac=4449.

· PRI Homepage, "Statement on ESG in credit risk and ratings", https://www.unpri.org/credit-risk-and-ratings/statement-on-ESG -in-credit-risk-and-ratings-available-in-different-languages/77.article(2021. 3. 16일).

· Sakis Kotsantonis and George Serafeim, Four Things No One Will Tell You About ESG Data, Journal of Applied Corporate Finance 31(2), pp.50~58, https://papers.ssrn.com/sol3/papers.cfm?abstract_id=3420297&download=yes.

· S&P Global Rating (2017), "How Environmental and Climate Risks and Opportunities Factor Into Global Corporate Ratings-An Update", https://www.spglobal.com/en/research-insights/articles/environmental-and-climate-risks-factor-into-ratings.

· S&P Global Rating (2018), "How Social Risks and Opportunities Factor into Global Corporate Ratings", https://www.spglobal.com/en/research-insights/articles/How-Social-Risks-and-Opportunities-Factor-Into-Global-Corporate-Rating

· Sustainability (2019), "Rate the Raters 2019: Expert Views on ESG Ratings", https://www.sustainability.com/globalassets/sustainability.com/thinking/pdfs/sa-ratetheraters-2019-1.pdf.

· Sustainability (2020), "Rate the Raters 2020: Investor Survey and Interview Results", https://www.sustainability.com/globalassets/sustainability.com/thinking/pdfs/sustainability-ratetheraters2020-report.pdf.

· Timothy M. Doyle (2018), "Ratings That Don't Rate The Subjective World of ESG Ratings Agencies", ACCF.

· 井上保子 (2020), "ESG 投資の市場規模, 増加の要因とは？世界と日本の現状と今後", https://token- express.com/magazine/ESG -market-size(2021. 1. 23일 현재).

· 一般社団法人環境金融研究機構 (2018), "米サステナブル会計基準審議会(SASB), 11産業77業種の環境 社会の非財務情報開示基準を正式に公表. SEC財務報告書への開示, TCFDの気候リスク情報開示等に期待(RIEF), http://rief-jp.org/ct4/84386(2021. 1. 21일 현재)

· 太田珠美 (2019), "債券でも広がるESG 投資: 信用リスク分析にESG 要素を考慮する動き", 株式会社大和総研, https://www.dir.co.jp/report/research/capital-mkt/ESG /20190110_020570.pdf.

· 越智信仁 (2019), "比較可能なESG 評価の可能性と課題", インベスターリレーションズ, 13巻 1号, pp.17~31. https://www.jstage.jst.go.jp/article/investorrelations/13/1/13_17/_pdf.

· Simon Moore (2020), "評価基準に混乱も, 社会的責任への関心向上で人気のESG 投資", Forbes Japan, https://forbesjapan.com/articles/detail/38380(2021. 1. 19일 현재)

· 世界銀行グループ(WAG)・年金積立金管理運用独立行政法人(GPIF) (2018), "債券投資への環境, 社会, ガバナンス(ESG)要素の統合, https://www.gpif.go.jp/topics/301107_joint_research_report_jp.pdf.

· 田中大介 (2019), "ESG 格付は利用者ニーズに応えているか質と実用性の面で一定の評価は得ているが, 向上の余地あり", 株式会社大和総研, https://www.dir.co.jp/report/research/capital-mkt/ESG /20190513_020790.pdf.

· 田中大介 (2020), "ESG 格付の評価向上は株価に影響する？: 株価に好影響をもたらす経路を考える", 株式会社大和総研, https://www.dir.co.jp/report/research/capital-mkt/ESG /20200218_021323.pdf.

· 鳥居夏帆 (2020), "ESG 情報開示実践ハンドブックについて: 企業価値向上を目指したESG 情報開示", 月刊 資本市場, No. 417, http://www.camri.or.jp/files/libs/1475/202006011040213441.pdf.

· 日本格付研究所 (2017), "国連責任投資原則(UNPRI) Initiative on ESG in Credit Ratings Statementに署名", https://www.jcr.co.jp/pdf/greenfinance/PRI-Initiative-signed(JP)_r.pdf.

· 長谷川直哉·宮崎正浩他 (2018), "統合思考とESG 投資:長期的な企業価値創出メカニズムを求めて", 文眞堂, pp.103~104.

· Hedge Guide 投資ニュース (2020), "ESG 投資判断に活用, 機関投資家の98%, 目的はリスク低減 リターン獲得", https://hedge.guide/news/meti-ESG-research-201912.html(접속일 2021. 1. 20일 현재).

· Business Lawyers (2017), "弁護士 投資家 企業の目から見た建設的な対話の価値", https://www.businesslawyers.jp/articles/239(2021. 1. 23일 현재).

· 松﨑祥悟 (2019), "AIが実現する最先端のESG 評価S-Ray®の真価(前編), CCL, https://consult.nikkeibp.co.jp/ccl/atcl/20191021_3(2021. 1. 21일 현재).

· 湯山智教 (2020), "ESG 投資とパフォーマンス―SDGs 持続可能な社会に向けた投資はどうあるべきか", きんざい, pp.51~61.

· 横山淳 (2020), "日本版スチュワードシップ コード再改訂: サステナビリティ, 債券等投資, 議決権行使助言会社など", 株式会社大和総研,https://www.dir.co.jp/report/research/law-research/securities/20200403_021438.pdf.

· 吉川英徳 (2020), "ESG スコアの概要と開示対応の実務: 資本市場で高まるESG スコアの存在感と上場企業の対応の重要性", 株式会社大和総研, コンサルティングレポート テーマレポート, https://www.dir.co.jp/report/consulting/ir/20201007_021812.pdf.

■ 제6장

· Carbon Tracker Initiative, "Unburnable Carbon 2013: Wasted capital and stranded assets", http://carbontracker.live.kiln.digital/Unburnable-Carbon-2-Web-Version.pdf.

· GIIN (2020), "GIIN Annual Impact Investor Survey 2020", Tenth Edition, https://thegiin.org/assets/GIIN%20Annual%20Impact%20Investor%20Survey%202020.pdf.

· OECD (2019), "Social Impact Investment 2019: The Impact Imperative for Sustainable Development", http://www.oecd.org/dac/financing-sustainabledevelopment/development-finance-topics/Social-Impact-Investment-2019.pdf.

· Operating Principles for Impact Management Homepage, https://www.impactprinciples.org/signatories-reporting(2021. 2. 3일 현재)

· PRI Homepage, https://www.unpri.org/pri/about-the-pri(2021. 3. 16일 현재)

· Sorkin, Andrew R. (2020), "BlackRock Will Put Climate Change at Center of Investment Strategy", New York Times, https://www.npr.org/2020/01/14/796252481/worlds-largest-asset-manager-puts-climate-at-the-center-of-its-investment-strate(2021. 3. 18일 현재).

· TCFD (2017), "Final Report: Recommendations of the Task Force on Climate-related Financial Disclosures", https://www.fsb.org/wp-content/uploads/P290617-5.pdf.

· 板津直孝 (2018), "機関投資家が注目し始めた気候関連財務情報ESG投資拡大による重要性が高まる積極公示", 野村資本市場クォータリー, http://www.nicmr.com/nicmr/report/repo/2018/2018sum03.pdf.

· 板津直孝 (2018), "世界的エネルギー政策の転換と気候関連財務情報公示", 野村資本市場クォー, http://www.nicmr.com/nicmr/report/repo/2018/2018aut11.pdf.

· EY Japan (2017), "SDGsの資金調達におけるインパクト投資の現状と可能性について", 情報センサー, https://www.eyjapan.jp/library/issue/info-sensor/pdf/info-sensor-2017-12-08.pdf.

· 柿沼英理子 (2019), "社会的インパクト投資シリーズ① 社会的インパクト投資とは何かSDGsの達成に貢献する, 持続可能な資金の流れを作るには", 株式会社大和総研, https://www.dir.co.jp/report/research/capital-mkt/ESG/20191024_021099.pdf.

· 加藤康之 (2019), "ESG 投資の研究: 理論と実践の最前線", 一灯舎, pp.3~4, 231~268.

· 加藤康之 (2020), "アフターコロナ下のESG 投資パンデミックにより投資家 企業のESG 重視の流れ加速", https://j-money.jp/article/33818(2021. 2. 6일 현재)

· 河口真理子 (2014), "ＥＳＧ投資: 倫理としてのＳＲＩから企業価値評価の手段として", 大和総研調査季報, Vol.14, https://www.dir.co.jp/report/research/capital-mkt/ESG/20140602_008572.pdf.

· 川村雅彦 (2016), "ＥＳＧ投資と統合思考のために: サステナビリティのメガトレンドを背景に", ビジネス パラダイムの大転換, 基礎研レポート, https://www.nli-research.co.jp/files/topics/54150_ext_18_0.pdf?site=nli.

· 環境省 (2017), "ESG 検討会報告書", 持続可能性を巡る課題を考慮した投資に関する検討会(ESG 検討会), https://www.env.go.jp/policy/ESG/pdf/rep_h2901.pdf.

· QuickESG 研究所 (2021), "イギリスBP、年次総会で低炭素経済への移行に向けた株主提案を可決", https://www.ESG.quick.co.jp/research/152(2021. 2. 9일 현재)

· 経済産業省 (2017), "価値協創のための統合的開示 対話ガイダンス: ESG 非財務情報と無形資産投資", https://www.meti.go.jp/policy/economy/keiei_innovation/kigyoukaikei/Guidance.pdf.

· 広報会議 (2013), "ESG 視点で投資家から助言得る, TOTOのIR", https://mag.sendenkaigi.com/kouhou/201312/scene-ir/000897.php(2021. 2. 11일 현재).

・国際金融公社(IFC)Homepage, "ESG 投資を超えて: インパクト投資の運用原則を公表", https://www.ifc.org/wps/wcm/connect/multilingual_ext_content/ifc_external_corporate_site/ifc_home_japan/ja_services/investments/impact_investment(2021. 2. 11일 현재).

・国際協力機構 (2019), "JICAがインパクト投資の運用原則に署名: 社会 環境に対するインパクト投資推進に向け", 日本初の加盟", https://www.jica.go.jp/press/2019/20190826_10.html(2021. 2. 3일 현재).

・Sustainable Japan (2016), "座礁資産(Stranded Asset)", https://sustainablejapan.jp/2016/05/22/strandedasset/18377(2021. 3. 18일 현재).

・杉浦康之 (2015), "欧州機関投資家によるエンゲージメント事例の紹介と日本への示唆", FⅠリサーチ レビュー, https://www.nikko-research.co.jp/wp-content/uploads/2015/01/1396.pdf.

・中村 稔 (2020), "急拡大するESG 投資で日本が抱える最大の課題", 東洋経済, https://toyokeizai.net/articles/-/361390(2021. 1. 31일).

・年金積立金管理運用独立行政法人 (2016), "インベストメントチェーンにおけるWin-Win環境の構築を目指してGovernment Pension Investment Fund: スチュワードシップ責任とESG の観点から", https://www.kantei.go.jp/jp/singi/keizaisaisei/miraitoshikaigi/suishinkaigo_saihen_dai3/siryou4.pdf.

・野村アセットマネジメント Homepage, https://www.nomura- am.co.jp/corporate/service/responsibility_investment/engagement.html.

・長谷川直哉, 宮崎正浩 (2018), "統合思考とESG 投資: 長期的な企業価値創出メカニズムを求めて", 文眞堂, pp.117~151.

・宮垣淳一 (2019), "マルクスからＥＳＧへ", ニッセイ基礎研究所, 研究員の眼, https://www.nli- research.co.jp/files/topics/61435_ext_18_0.pdf?site=nli.

・三和裕美子 (2016), "機関投資家のエンゲージメントとはなにか: 国内外の機関投資家のヒアリング調査をもとに", 証券経済学会年報, 第50号, https://www.sess.jp/publish/annual_sv/pdf/sv50/m84_08.pdf.

■ 제7장

・Guthrie, L. (2016), "Mapping the Sustainability Reporting Landscape: Lost in the Right Direction, London: Association of Chartered Certified Accountants and Climate Disclosure Standards Board.

・IIRC (2021), "International Integrated Reporting Framework", https://integratedreporting.org/wp- content/uploads/2021/01/InternationalIntegratedReportingFramework.pdf.

・OCEON TOMO Homepage, "Intangible Asset Market Value Study", https://www.oceantomo.com/intangible-asset-market-value-study(2021. 1. 26일 현재).

・FBI Communication Homepage, "統合報告から見える新しい広報のかたち", https://www.fbicom.co.jp/pdf/integrated_reporting_01-03.pdf.

·一般社団法人WICIジャパン, "ＷＩＣＩジャパン 統合リポート アウォード 2020 の審査結果と表彰式", https://wici-global.com/index_ja/wp-content/uploads/2020/12/20201203release2.pdf.

·大西弘一 (2018), "財務 非財務情報の統合による経営管理への影響: 統合報告の意義と内部監査の重要性", 経営戦略研究 Vol.12, pp.67~77, https://kwansei-ac.jp/dl/journal/studies_in_BandA_2018_p67-78.pdf.

·北川哲雄 (2017), "ガバナンス革命の新たなロードマップ, 2つのコードの高度化による企業価値向上の実現", 東洋経済新報社, pp.93~122.

·昆政彦 (2019), "統合報告書の作成が企業の競争力強化につながる", Harvard Business Review, https://www.dhbr.net/articles/-/6032(2021. 3. 1일 현재).

·佐原珠美 (2014), "企業の価値創造プロセスを伝える統合報告とは, 野村インベスター リレーションズ", http://www2.nomura-ir.co.jp/irweb/column/integratedreport01.html(2021. 1. 25일 현재).

·齋尾浩一朗·橋本純佳 (2016), "コーポレートコミュニケーションの新潮流② 統合報告書に求められるものとは", https://assets.kpmg/content/dam/kpmg/pdf/2016/03/jp-required-things-20130802.pdf.

·鈴木行生 (2018), "今なぜ統合報告書なのか", EY 情報センサー Vol.129, https://www.eyjapan.jp/library/issue/info-sensor/pdf/info-sensor-2018-02-07.pdf.

·デロイトトーマツ (2016), "2016年デロイトミレニアル年次調査: 次世代のリーダーたちの獲得をめざして", https://www2.deloitte.com/content/dam/Deloitte/jp/Documents/about-deloitte/about-deloitte-japan/jp-group-millennial-survey-2016.pdf.

·事業構想 (2019), "見えない資産が将来を決する経営者が取り組むべき知財戦略", https://www.projectdesign.jp/201911/creation-future-business/007071.php(2021. 1. 26일 현재).

·長谷川直哉, 宮崎正浩 (2018), "統合思考とESG 投資: 長期的な企業価値創出メカニズムを求めて", 文眞堂, pp.11~21, 72~85.

·年金積立金管理運用独立行政法人 (2021), "GPIFの国内株式運用機関が選ぶ優れた統合報告書と改善度の高い統合報告書", https://www.gpif.go.jp/investment/20210224_integration_report.pdf.

·マーヴィン キング, ジル アトキンス (2019), "SDGs ESG を導くCVO(チーフ バリュー オフィサー): 次世代CFOの要件", 東洋経済新報社, pp.53~55.

·山内由紀夫 (2019), "統合報告書, 何のためにつくる？", CCL, https://consult.nikkeibp.co.jp/ccl/atcl/20191226_2(2021. 3. 8일 현재).

·渡邉沙弥香·三山祥平 (2020), "グローバルに進むステークホルダー主義への転換: 日本企業に求められるステークホルダーとの関係について", 株式会社みずほ銀行, Mizuho Industry Focus/222 2020. No.1, https://www.mizuhobank.co.jp/corporate/bizinfo/industry/sangyou/pdf/mif_222.pdf.

KI신서 9738

ESG 경영과 자본주의 혁신
1판 1쇄 인쇄 2021년 5월 24일
1판 1쇄 발행 2021년 5월 31일

지은이 이형종 · 송양민
펴낸이 김영곤
펴낸곳 (주)북이십일 21세기북스

TF팀 이사 신승철
TF팀장 김익겸
영업팀 한충희 김한성
제작팀 이영민 권경민
디자인 함성주 다함미디어

출판등록 2000년 5월 6일 제406-2003-061호
주소 (10881) 경기도 파주시 회동길 201(문발동)
대표전화 031-955-2100 팩스 031-955-2151 이메일 book21@book21.co.kr

© 이형종 · 송양민
ISBN 978-89-509-9581-2 (03320)